汉语篇章中的时间推进系统

饶宏泉 著

学林出版社

本书系国家社会科学基金青年项目“篇章时间推进的模式和变异研究”(批准号：12CYY053)的结项成果

序

牛年伊始，饶宏泉请我为他即将出版的专著《汉语篇章中的时间推进系统》写个序言。饶宏泉在安徽师范大学文学院本科毕业就留校工作了，2008年报考录取为华中师范大学文学院语言学及应用语言学专业博士研究生，我是他的导师。饶宏泉在攻读博士学位期间，认真学习专业课程，积极参加北京、上海、天津、香港等地的高水平学术研讨会，学习最新的语言学研究方法，拓宽学术思路，发表研究论文6篇，主持部、省级科研课题3项。2009年7月，他受香港浸会大学杨素英教授的邀请，赴香港浸会大学外国语言文学系开展近半年的合作研究，期间接触到国际语言学界的前沿，更深地体会到科学的研究方法的重要性，并且系统学习了篇章语法和类型学理论，注重采用跨学科的新视角、新方法来切入传统老问题的研究，由此选定了博士学位论文的研究方向。他的博士学位论文《汉语篇章的时间推进系统及相关影响因素研究》基于真实的汉语篇章语料，运用时体理论探讨了现代汉语的篇章时间推进现象。全文建构了时间推进的系统模型，并采用概率统计和理论解释整合的思路对影响时间推进的四个相关因素进行了分析，具体定位了每个因素的影响层面、影响程度和影响机制，从而沟通了句法、语义和篇章的交叉研究。我当年的"导师评语"认为他的论文突出优点有二：

其一，基于汉语篇章语料库，建构汉语篇章时间推进的系统模型，创新思维，言之成理，持之有据。

论文阐明篇章时间推进是一个包含宏观、中观和微观三个层面的立体系统。时间推进可以区分出宏观、中观和微观三个不同的层面，不同层面上影响时间推进的因素并不相同。具体讨论了宏观层面的不同推进模式以及时间参考的篇章功能；运用修辞结构理论分析了中观层面上修辞关系的作用；建立起影响因素众多的微观层面的分析框架。三个层面的时间推进构成互动系统：宏观操控全局性的时间进展；中观搭建篇章的时间层次；微观调配时间推进的速度和品质。论文的研究基于汉语篇章语料库，系统考察各重要影响因素，通过方差分析、概率统计等定量手段建构一个分析框架，从细部完善了 Smith(2003)的理论。不仅可以深化篇章组织机制的研究，还可以为汉语研究提供语料库驱动和理论驱动结合的实证方法，对语言学和计算语言学都具有切实、明显的理论价值和应用价值。

其二，注重探求语法事实，讲究运用理论方法，拓展交叉研究视角。

论文重点展开影响微观层面时间推进的多因素分析，分别阐述了四个因素（动词情状、补语、体标记、时间状语）对时间推进的影响。论文的研究发现，四类影响时间推进的语法成分中，动词情状提供时间推进的基本动力；补语关闭所述事件，同时开启新事件；体标记激活事件之间的关联；时间状语从外部进行时轴上的定位。可以说，它们都是兼有句法和篇章功能，在句法功能上，每个成分对小句的语义整合和句法实现都很重要，同时它们也参与篇章时间推进的构建，服务于篇章，我们很难将它们的句法和篇章功能截然分开，最好视为一种连续统。论文的研究思路符合计算语言学"理论与概率模型整合研究"的研究趋势，因而还能为计算语言学的时间信息提取和注释等相关研究提供应用支持。

在博士学位论文的基础上，饶宏泉申报国家社科基金青年项目"篇章时间推进的模式和变异研究"获批立项，这部《汉语篇章中的时间推进系统》就是结项成果。作为专著，本书更加全面地介绍了国内外篇章时间推进的研究成果，立足汉语事实放眼语言类型，拓展了时体的篇章功能研究，为汉语的传统时体问题提供新的观察和思考，发展了时间推进的理论体系。该体系主要包括：

(1) 时间推进的分层模型。时间推进是一个包含宏观、中观和微观三个层面的立体交互系统。

(2) 时间推进系统的运行机制。时间推进本质上是参照时间的动态更新，系统运转遵循参照时间规则。

(3) 时间推进的构成要素及其影响。动词情状、补语、体标记和时间状语从内而外地影响了时间推进，综合提供内推外拉式的推进力。

(4) 时间推进的变异表现。时间推进会受到内外不同因素的影响而发生变化。内部主要是成分间的互动及跨层联动，外部主要是语体和其他篇章组织的影响。

(5) 时间推进与语言类型。不同语言类型中，时间推进所调用的语言手段不同，同一种手段的跨语言功能也有差别。

全书分为四个部分，共十四章。第一部分通过综合分析相关的研究文献来明确时间推进现象及其界定，评述目前的研究成果及其研究趋势。同时提出本书所建构的时间推进分析框架，即篇章时间推进的三层（宏观层面、中观层面和微观层面）系统。第二部分从系统内部成员和运转机制的角度，搭建篇章时间推进的系统模型，详细分析时间推进系统的主要成员（动词情状、补语、体标记和时间词语）对时间推进的影响，四个要素实现了内推外引（内部推动力和外部牵引力）。该系统内部是分层的，遵循参照时间规则。第三部分从多个维度展示时间推进运行中的变异，具体涉及：宏观层面时间推进模式的变化；个案展示三个层面之间的联动以及成员之间的互动所带来的变化；时间推进与叙述注视点的关系；时间推进的语体变异。第四部分从英汉语言类型特征的角度，基于篇章时间推进这一视角，考察汉语时制的功能和定位；汉语完成体的篇章功能。

饶宏泉一直在安徽师范大学文学院从事教学和科研工作，称得上“研教双优”。他曾经在安徽师范大学文学院举办的四届“年度最受学生欢迎的青年教师”评选活动中三次当选，2013 年还荣获安徽省“教坛新秀”称号。他以师范专业核心基础课程《语言学概论》为切入点，探究线下和线上教学内容的分配，录制微课视频，整合类型多样的教学资源，精心设计思考预习题，利用智慧平台与学生积极互动，动态调整课程建设，2019 年 12 月以此参加“首届长三角师范院校教师智慧教学大赛”获得一等奖。饶宏泉具有勤奋刻苦、严谨踏实的学风，他主持国家社会科学基金、教育部人文社会科学研究基金、国家语言文字工作委员会重点项目及多项省级课题，在《中国语文》《世界汉语教学》《语言教学与研究》《语言科学》《语文研究》《汉语学报》《汉语学习》《语言研究》等专业期刊发表论文 20 多篇。担任《世界汉语教学》《语言教学与研究》《语言科学》等多家专业杂志匿名审稿专家。

目前饶宏泉的研究方向为话语功能语法和应用语言学。在话语功能语法方向，这部专著足见其成；在应用语言学领域尤其是儿童语言发展方面也有扎实基础和创新拓展。他的硕士学位论文《汉族儿童语言时体习得》系统描写和探讨了儿童语言中时体标记的习得及机制。他主持国家语委重点项目的阶段性研究成果“国产动画片语言暴力调查”入选《2019 中国语言生活状况报告》(绿皮书)。他正在尝试将互动语言学与儿童语言研究相结合，申请国家社科基金项目，系统描写儿童语用发展的事实和规律，更好地指导成人开展儿童社会化教育。同时他还加入了北京语言大学李宇明教授主持的国家社科基金重点项目“中国学前儿童语料库建设及运作研究”团队，相信这些研究经历将为他更好地从事科学研究提供有利条件和重要保证。

“三十而立，四十不惑。”饶宏泉是 1981 年生人，今年正好进入不惑之年；今年又恰逢农历牛年，我希望饶宏泉发扬为民服务“孺子牛”、创新发展“拓荒牛”、艰苦奋斗“老黄牛”的精神，永远保持慎终如始、戒骄戒躁的清醒头脑，永远保持不畏艰险、锐意进取的奋斗韧劲，与时俱进，行稳致远。

是为序。

李向农

辛丑年正月十二于武昌华大家园

目　　录

绪　论

一、时间推进

时间推进(Temporal Progression)是叙述篇章(Narrative)的基本原则。用通俗的话来说,就是篇章中一个句子所述的事件在前面句子所述事件的时间基础上往前推进。它体现了篇章中事件之间的动态时间关系。比如例(1):

(1) 小英子把明海请到家里来,给他磨墨铺纸,小和尚画了几张,大英子喜欢得了不得……(汪曾祺《受戒》)

例句(1)描绘了句子所述事件之间清晰的时间先后关系。随着这种时间推进,读者在作者营造的时空中穿行,体会情节发展,感受故事的精彩。

Smith(2003)使用"参照时间(reference time, RT)[①]"来指叙述中推进的时间:每个有界(bounded)的事件(event)将参照时间往前推进。这样,在第一句话之后,叙述的事件和状态(state)就与前文事件和时间建立了关联,而不是和说话时间(speech time,ST)有关。比如例(2),其中1、2等代表句子,每个小句则在之前标以E或S,分别代表事件或状态,"→"代表时间推进:

(2) $\mathbf{1}_{\mathbf{E1}}$ →She put on her apron, $_{\mathbf{E2}}$ →took a lump of clay from the bin and $_{\mathbf{E3}}$ → weighed off enough for a small vase. $\mathbf{2}_{\mathbf{S1}}$ The clay was wet. **3** Frowning, $_{\mathbf{E4}}$ →she cut the lump in half with a cheese-wire to check for air bubbles, $_{\mathbf{E5}}$ → then slammed the pieces together much harder than usual. $\mathbf{4}_{\mathbf{E6}}$ →A fleck of clay spun off and $_{\mathbf{E7}}$ →hit her forehead, just above her right eye. (Peter Robinson *A Necessary End*)

例(2)时间线如下,表达了一系列事件E(2表达状态S,与先前事件共时)。

… t1…	t2…	t3…	t4…	t5…	t6…	t7…	<ST
E1	E2	E3	E4	E5	E6	E7	
		S1					

例(2)中所有的句子都定位在说话时间之前的一个时间。随着叙述的推进,建立了一系列不同的参照时间。在表达有界事件的句子中,参照时间推进了。在表状态和进行的句子中,时间就是前文已经建立的参照时间。这可以用两个普遍原

---

① 第三章将具体解释有关参照时间的理解。

则来解读(Smith 2003：94)：

a 继续模式(continuity)：有界事件

E_1…　　E_2…　　E_3…

$RT_1 < ST$　$RT_2 > RT_1$　$RT_3 > RT_2$

b 有限照应模式(limited anaphoric)：状态、进行

E_3…　S_1…

RT_3　$RT_4 = RT_3$

研究中学者们逐渐达成了一致共识，即时间推进本质上就是参照时间的动态更新。

二、研 究 价 值

(一) 深度理解篇章的组织运转机制

时间推进是篇章的重要组织机制(Smith 2003)。在篇章解读中，时间既可以为读者还原事件和情境提供重要线索，也可以标示事件的间隔，标明话题的转换。如果不能充分理解时间在篇章中的特征，也就难以真正理解篇章本质。该领域研究尽管国外起步较早也达到了一定的纵深，但仍需进一步统筹各个主要影响因素，建构一个系统的分析框架和理论模型，尤其是急需汉语篇章和汉语语法要素的深度分析，从语言类型视角为篇章组织机制的研究做出独到的理论贡献。

(二) 拓展句法和篇章的交互研究

时间推进对篇章语法的研究有重要价值，因为它体现了句法、语义和语用的时间编码的互动。系统地考察篇章中的时间推进，可以有效地观察句法、语义与篇章原则的互动。从篇章层级组织来观察句法-语义界面的因素，能看到哪些因素在哪个层面发挥了怎样的作用，以及不同层面之间的衔接方式。这可以拓展汉语篇章语法的研究视野，给汉语语法研究提供动态互动的分析思路。但当前篇章推进结构研究仍是篇章分析中的软肋(顾曰国 2010)，所以也急需以时间推进的研究来突破困境。

(三) 深化篇章角度的时体研究

语言学中，时间是一个至关重要的系统。Klein & Li(2009)指出人类语言采用六大手段编码时间：时制(tense)、体(aspect)、情状类型(situation type)、时间副词(temporal adverbials)、助词(partical)和篇章原则(discourse principle)。但由于研究重心和方法等原因，篇章层面的时间研究还很不够，系统性并不强。时间推进

是篇章中的动态时间研究，强调的是句子之间的时间关系，它能从更广阔的篇章背景出发，思考传统的时体理论问题，为时体的篇章功能研究提供新的视域和新的路径。

（四）提供跨领域的应用支持

时间推进还是篇章连贯的重要手段。研究时间推进的系统模型和变异、影响时间推进的要素以及运转机制，并探讨时间推进与篇章其他组织的关联，有针对性地进行教学设计，将非常有利于学习者科学地把握汉语时间信息，增强写作的篇章连贯。同时还有助于提高相关时体问题的教学效果。此外，本研究的思路符合计算语言学“理论与概率模型整合研究”的研究趋势（黄居仁 2010），因而也能一定程度为计算语言学的时间信息提取和注释等相关研究提供应用支持。

三、研究重点和本书架构

在篇章时间推进的研究中，以下几个方面显得尤为重要：

（一）时间推进的分析模型

尽管现有理论研究建构了一些理论模型，但总体来看，篇章时间推进并非单因素作用的结果，而且也不在同一个层面上互动。只有基于语言事实的深入分析，才能提出一个更为系统可操作的分析模型。我们认为，模型对于篇章语法的研究意义非常重大，它主要是能析离出主要因素并建立因素间的关联，从本质上反映篇章的运行机制（第二章、第三章）。

（二）时间推进的系统运转

篇章的时间推进，具体可以调用哪些语言资源或者说语法手段？这些资源对时间推进产生多大的影响？又是如何影响的？对这些问题的深入探讨能引导我们思考语用与句法的互动。研究发现，有的是时间推进的动力内核（第四章），有的是结果凸显（第五章），有的是界性加推（第六章），有的则是外部牵引（第七章）。

（三）时间推进的变异表现

任何的理论模型在运行中总会发生一定的变异，这是多因素交叉互动的必然结果，是常态，它能促使我们进一步反思并完善模型。研究发现，时间推进的宏观模式存在不同程度的变异（第八章）；三个层面之间不是孤立的而是联动的（第九章）；微观层面上，结构内部的互动能给时间推进带来变化（第十章）；另外，叙事视角以及语体差异也会影响时间推进（第十一章、第十二章）。

（四）时间推进对功能的塑造

篇章组织在对语言成分进行调用的同时，也对其功能进行了塑造，这是一个观察语言成分篇章功能的新视角。相当于拿着放大镜，去定位语言成分的功能层面，去析离语言成分的核心功能。尤其是时体成分，其功能历来备受争议，尤其需要从篇章配置角度切入，探讨不同时体要素在不同篇章层面上的功能（第六章、第九章、第十章等）。

（五）英汉比较视域下的时间推进研究

汉语和英语从时制上看属于不同类型，有无时制是否对两种语言篇章的时间推进产生影响？如果有，那么产生了怎样的影响？语言对比的视角会给汉语时体成分的篇章功能研究带来怎样的新认识？更进一步说，这对于语言类型研究有何价值？（第十三章、十四章）

综合以上的研究重点，全书共计四大部分十四章的内容。

第一大部分通过综合分析相关的研究文献来明确时间推进现象及其界定，评述目前的研究成果及其研究趋势，同时提出本书所建构的时间推进分析框架，即篇章时间推进的三层（宏观层面、中观层面和微观层面）系统。第二大部分从系统内部成员和运转机制的角度，深入篇章时间推进的微观模型，详细分析时间推进系统的主要成员（动词情状、补语、体标记和时间状语）对时间推进的影响，四个要素实现了内推外引（内部推动力和外部牵引力）。该系统内部是分层的，遵循参照时间规则。第三大部分从多个维度展示时间推进运行中的变异，具体涉及：宏观层面时间推进模式的变化；个案展示三个层面之间的联动以及成员之间的互动所带来的变化；时间推进与叙述注视点的关系；时间推进的语体变异。第四大部分从英汉语言类型特征的角度，基于篇章时间推进这一视角，考察汉语时制的功能和定位；汉语完成体的篇章功能。

希望通过本书的研究为汉语的传统时体问题提供一些新的观察和思考。

四、语料来源和标注处理

由于现有的汉语语料库都不是按照本书的研究需求做出标注的，为了使研究更为集中和深入，我们选择非方言味、主流作家的代表性短篇小说建立一个小型的汉语篇章语料库，在一个相对封闭的小样本中展开深入的实证研究。受语料人工标注的工作量限制，我们一共选取了八篇短篇叙事小说，分别是苏童的《茨菰》、迟子建的《一坛猪油》、铁凝的《第十二夜》、格非的《迷舟》、莫言的《拇指铐》和《冰雪美人》、王安忆的《本次列车终点》、赵本夫的《天下无贼》，共计 101 523 字①。这些小

① 全书主要语料来自这八篇小说，无特别需要，就不再标注出处了。其他语料则注明出处。

说均是获奖小说，选择短篇叙事小说是因为相比长篇叙事小说，它能更为集中地展示时间推进这一篇章组织原则。

首先我们区分不同的推进模式。采用 RSTTool345 软件刻画篇章段落的修辞结构树库，并详细统计小句之间修辞关系的权重情况，以便分析修辞关系对时间推进的影响；其次采用自动切句和人工核查相结合，切分出篇章小句并对其编号，设置动词情状、补语、体标记、时间状语这四个因素的不同水平来人工逐句标注；然后使用 Foxpro 和 SPSS 软件对语料库进行数据处理，采用多种统计学方法对每个变量中每个水平的使用频率，以及变量之间的使用模式等做统计学分析，力争找出影响时间推进的变量和内部的影响度等级。

下面简单介绍本书对篇章小句的切分处理。众所周知，篇章小句的切分是个难题，目前也没有一个统一的标准，学者们大多是出于自身研究的不同需要而选择不同的切分标准。我们主要依据动词的出现和谓语表述的完整性来切分。具体操作标准如下：

（一）基本的篇章小句

仅有一个谓语（包括动词谓语、形容词谓语和名词谓语），在末尾使用逗号（或句号）停顿。这时的变量标注依据该谓语来，没有问题。如：

（3）傻根已经五年没回家了。

（二）一个片段中出现多个谓语

这要区分不同的情况：

如果多个谓语是以并列方式（尤其是体现时间先后的连动关系）连接，当中并未采用逗号隔开，则要处理为两个小句。这时的变量标注也没问题。如：

（4）a 但那只手在空中抡了一下
　　b 就落下了。
（5）a 脱下身上的黑色羊绒大衣
　　b 对着门外抖了几下，

要注意的是，如果多个谓语之间是不涉及时间先后的连动关系或兼语关系，则还是作为一个小句处理。如下面两句的画线部分：

（6）一只母猫站在墙角堆积的药包中伸着懒腰；
（7）我母亲让他把盛茨菰的篮子带回家去，

这时的变量标注则考虑主要动词，即（6）中的“伸”和（7）中的“让”。如果多个谓语以从属方式连接，也处理为一个小句，如下面两句的画线部分：

（8）他看到母亲用枕头顶着腹部跪在炕沿上，

(9) 萧忽然觉得喉头涌出了一股咸涩的味道。

尽管之间用逗号隔开，我们仍将这种从属连接整合成一个小句，如下：

(10) 他看到在紫红的大道上，狂奔着一群金光闪闪的牛，

由于时间推进研究的是主要事件，于是这时的变量标注可能要考虑从句中的动词了，尤其是遇到主句中“看到”“听到”这类感知性意向动词时，因为这类动词有时只是指示叙述视角：

(11) 然后我们看到她用手捂住了嘴巴。

(12) a 把她的额头撞在年级主任的嘴上。

b 我，包括躲在树干后和趴在楼道玻璃后偷看的同学们，都听到年级主任发出了一声令人心悸的尖叫，

尤其是(12)b 中的从句动词“发”是衔接上文“撞”的主要事件，因而需要标注从句。

总的来说，大体上的考虑就是谓语事件结合的紧密度。不涉及时间的连动关系、从属关系、兼语关系都属于结合比较紧密的，而一般的并列关系则可以视为结合比较松散的。

（三）涉及说话内容的和心理活动的片段

全部整合为一句，归入言说动词所在的小句中。如：

(13) “还好，她在家里烧饭。今天早上三点钟她就去买菜。”弟弟说。

（四）“（当）……的时候”

对此我们的处理是：当它描述具体事件时，作为一个单独的小句；而当它只是标记纯时间信息的参考点时，则将它和随后片段并作一句，标注随后片段的主要谓语。如：

(14) a 当火车开动的时候，

b 他却挤上前。

(15) 傍晚的时候，汽车终于在老鸹岭客栈停了下来。

总之，语料标注服务于研究目的，我们对语料的这些处理所体现的基本思路就是以涉及时间推进的谓词为轴，尽可能地把动词情状、动词后的补语成分、动词上的体标记和时间状语标注出来，以便展开细致的统计。为了行文方便，后文所举的例子中不再做切分展示和成分标注。

1

第一部分

时间推进及其层级系统

尽管语言表达是一维线性的，但篇章中的时间推进却是一个立体分层的系统。它包含了宏观、中观和微观三个层面的互动网络，宏观布局时间板块，中观架构时间组织，微观调配时间手段。

第一章　时间推进的研究综述

科学研究表明时间是一个特殊维度，人们一直致力于探究其本质和特征[①]。同样，时间范畴对于语言学来说也是意义重大，研究时间在语言各个层面的编码以及在各语言中的表达共性与差异，一直是语言学的重大核心课题，也是学界持续关注的前沿和热点。近些年来，人们从篇章中时间的动态组织机制出发，探索句法、语义和篇章的时间编码互动，时间推进研究体现的便是这种思路。但目前人们对时间推进的研究未达成术语的统一，学者们在不同的理论框架下展开各有侧重的探讨。其中汉语的相关研究相对薄弱，篇章时间推进方面的类型特征还未得到有力的揭示。因此本章希望能厘清时间推进概念，系统梳理国内外相关研究成果，在呈现研究前沿的同时，提供进一步的研究方向。

一、时间推进与参照时间

正如语言学领域的很多概念都被学者们视为既有概念并未规范一样，人们对篇章中的时间推进现象关注已久，却一直未能做到术语统一。相关术语如 Labov(1972)的“叙述骨架(skeleton)”、Hopper(1979)的“前景(foreground)”、Dry(1981)的“时间运动(time movement)”、Reinhart(1984)的“参照时间推进(reference time progression)”等等。学者们出于不同的研究需要，在不同的研究框架下展开讨论。

绪论中已经说过，时间推进的概念与参照时间密切相关。语言学中，主要有两个领域在使用“参照时间”这一概念：时间语义(temporal semantics)和篇章研究。理论上说，参照时间的定义应该能同时反映跨语言时制系统的基本属性和叙述篇章的时间属性，但是这两个领域的研究往往彼此独立。最早将参照时间引入语言学研究的是德国哲学家 Reichenbach(1947)，他根据三个概念(说话点 S，事件点 E，参照点 R)来分析英语的时制系统，引入 R 的主要目的是处理复杂的时制(如过去完成时)。于是英语的时制系统可以根据两组关系来区分：根据 R 和 S 的关系可以区分过去、现在和将来；根据 R 和 E 的关系可以区分先事、当事和后事。此外，Reichenbach 还注意到参照时间可以按顺序排列，在复杂句的几个小句之间建立时间关系。

此后，学者们将参照时间在复杂句中的使用扩展到一系列句子(扩展最早出现

① *SCIENCE* 杂志在庆祝创刊 125 周年之际，公布了 125 个最具挑战性的科学问题。在今后四分之一个世纪的时间里，人们将致力于研究解决这些问题，其中就有“时间为何不同于其他维度”。

在 Kamp & Rohrer 1983、Partee 1984、Hinrichs 1986 等的研究中)，参照时间成为理解跨句时间照应关系的关键。篇章中参照时间形成了运动态势，研究得出参照时间运动的基本机制是：事件是被包含在它们的参照时间内([$_{R}e$])，而状态自身就包含了参照时间([$_{s}$R])。叙述篇章的第一个句子总是呈现起始参照时间，当篇章引入一个事件时，由于事件总是包含在其参照时间内，所以就诱发了它的参照时间来取代起始参照时间；而当篇章引入一个状态时，并没有引进新的参照时间。

时间推进的研究中特别要提到的是 Smith(2003)。她的研究开拓了篇章研究的大视野，将时间推进的研究上升到更高、更系统的层面。她指出在表达有界事件的句子中，参照时间推进了。在表状态和进行的句子中，时间就是前文已经建立的参照时间。

可以说，目前学界基本上达成共识，时间推进本质上就是篇章中参照时间的动态更新，它是篇章发展的基本原则，或者更通俗地理解，它体现了篇章中事件间的"时间顺序"。

二、英语等语言的相关研究

下面我们从叙述结构、前景和篇章表征理论三个角度系统梳理相关研究。其实还有些领域也涉及，如叙事学领域关注时间的经验建构研究；心理认知领域关注情境模型(situation model)的构建和时间顺序的感知研究；计算语言学领域研究篇章时间信息的抽取等。但由于它们与篇章语法的时间推进研究关联不强，所以本章不纳入综述对象。

(一) 叙述结构角度

叙述篇章通过时间组织区别于其他篇章，这一共识可以追溯到亚里士多德。现代语言学意义上，Labov & Waletzky(1967)对叙述基本框架的分析引发了人们对叙述中时间顺序的重要性的认识。Labov(1972)进一步指出时间顺序是"叙述骨架"，Smith(1980)采用"扩展的时间结构"来分析叙述的时间顺序，这些研究都提出了初步构想，随后有研究深入探讨句子的时体要素对时间推进的影响[①]。Caenepeel & Moens(1994)认为句子的体类型会影响参照时间：事件句引进新的参照时间，连续的事件句产生时间运动；过程句和状态句围绕当前的参照时间，并不产生时间推进。Almeida(1995)也指出如果是完整体(perfective)事件，则会向前移动参照时间(他称为"叙述现在点")；如果是非完整体(imperfective)事件，则没有时间运动。再如 Schiffrin(1981)发现叙述中使用现在时来描述一系列时间上

① 早在叶斯柏森(2009：422)[Jespersen(1924：276)]中就已经提到：不定过去时使叙述传递下去，它告诉我们随后又发生了什么事，而未完成时则徘徊于当时的情况上，多少有些琐细地叙述这些情况。一种时态给人以运动的感觉，另一种给人以停顿的感觉。

排序的过去事件是很重要的一种方式。Ritz & Engel(2008)、Ritz(2010)探讨了澳洲英语现在完成体和"逼真的叙述运用"的关系,发现现在完成体(perfect)可以作为叙述时制用于口语篇章,用在表达时间推进的系列小句中。Carruthers(2012)也讨论了叙述中的时制问题,尤其是未完成体(imperfect)与时间推进的关系。

此外,学者们还注意到叙述中时间组织具有变异性。尤其值得关注的是Tickoo(2003),该研究着眼于叙述的时间调整系统,详细探讨了时间推进的内部变异。作者基于哈代和毛姆的小说,区分出句子层面和篇章组织层面的时间推进。句子层面上有三类时间推进:

类型1:通过信息上为新的、凸显的事件来实现时间推进。如例(1):

(1) I collected my clothes from various parts of the house. They were already tidily stacked in piles of like items, so there was really little to do to get them ready. I **pulled out a large, old travel bag** from the back of my bedroom closet ...

类型2:通过then来标记凸显事件,从而实现时间推进。如例(2):

(2) She had a girl. **then** she had a boy.

类型3:通过高预期和独立完成事件来实现时间推进,主要是指动词短语的直接关联,因而这种时间推进速度更快,如例(3):

(3) I **pulled out** a large, old travel bag from the back of my bedroom closet, and, dusting it off, **took** the piles of clothes one at a time. and **stacked** them tightly into the bag.

凭借这三类,叙述者就能以最适合他的叙述目的的方式来调控时间推进了。通常,叙述者习惯于在不同的时间推进类型之间做变换。篇章层面上时间推进的变异是通过将叙述分为一系列连续的时间/信息顶峰以及低谷来实现的,进一步可以根据"顶峰与顶峰的距离""峰高""峰谷差幅"等特征来建立时间推进的变异模式。

总的来说,从叙述结构角度展开的相关研究,关注的重点是叙述中时间推进的模式和变异与篇章架构的关联。人们充分认识到时间对叙述的重要性,正在逐步细化叙述类型并展开更加深入的研究。

(二)前景角度

Hopper(1979)从类型学角度提供了前景和背景的区别,认为主要与时间有关:前景事件一个接一个按照其在真实世界中的顺序安排,形成时间线;而背景事件则偏离正常的时间框架,常常是对主要叙述事件做评论或展开。Hopper & Thompson(1980)从及物性(transitivity)的角度对前景进一步做了深入阐述。此后，学者们对前景时间线展开了深入的研究：

Dry(1981)发现前景时间运动主要与两个因素有关：一是句子的体范畴；一是该句内容与前文之间的逻辑关系。Dry(1983)进一步区分了句子的体和时间图式，从微观层面探讨了触发时间运动的句法结构。指出触发时间运动的关键之一是指示连续时间点，只有指示起始点和终结点的结构才能推进时间，因此完整体句子、起始体句子和蕴含起始意义的状态句都可以推进时间，而非完整体句子则不会。

Hatav(1989)重点探讨状态和活动能否出现在前景时间线上。发现最直接的诱因是情状的终结点属性。他以希伯来语、法语和俄语的例子来展示，事件总是被包含在其参照时间内，因此具有终结点，能推动参照时间前进；状态和活动却未必总是包含参照时间，它们并不蕴含终结点。据此他提出参照时间运动的规则：只有当引入叙述篇章的小句指示一个在语义上终结点明确的情状时，才会引进一个新的参照时间。Seiki Ayano(1998)探讨了进行体引发时间前进的条件。他以日语为例，提出一个普遍原则：如果作为事件起始点而在心理上得到凸显的话，那么进行体也可以推进时间。要使进行体具有起始解读，通常有两种方式：一种方式是致使关系能触发非完整体句子实现时间上的前进；另一种方式是显示状态或事件变化的时间副词会触发时间前进。

也有些研究注意到前景理论的不足，并尝试做局部调整。Reinhart(1984)认为背景中也可能会包含时间成分。因此前景的标准包括：时间继续性、瞬间性、完成性，这其实是空间格式塔原则中图像和背景区分的时间版本。Fleischman(1985)详细讨论了前景的判断标准，并指出前景/背景二值对立的局限性，借此建立一个采用连续统方法的“设景(grounding)”理论。Couper-Kuhlen(1989)对前景/背景认识也提出批评，指出参照时间的推进可以更好地说明前景。Thelin(1990)也认识到问题所在，指出体的研究应该拓展到时间透视(temporal perspective)分析，重新定位篇章的三个层次：完全背景、当前背景和前景。从而揭示体在本质上是一种凸显的篇章连贯载体。

20世纪90年代末至今，学者们进一步从类型学角度，或通过跨语言比较或通过观察混合语，来洞察前景和时间的关系(Bardovi-Harlig 1998；Youssef & James 1999；Gooden 2008；Lee & Tonhauser 2010；Mayberry 2011；Mucha 2013)，研究体、谓词结构和篇章语境对时间推进的影响。可以说，前景理论使人们深刻认识到篇章中动态的时间运动所关涉的句法、语义等现象，并展开了较为系统的研究，这无疑为时间推进的研究划出了广阔的研究前景。

(三) 篇章表征理论角度

篇章表征理论(Discourse Representation Theory，DRT)采用照应约束机制来探讨篇章中动态的时间关系。Kamp & Rohrer(1983)认为篇章表征结构中的事件或一个特定的时间被标记为“参照点”，通常这一参照点会转换到下一个事件，产生时间推进,而状态则覆盖包含该参照点的一个阶段。Partee(1984)指出时间照应和代词照应具有平行性,时间照应会形成参照时间链,时间推进本质上说是一种照应关系,是否推进叙述时间与事件的终结点有关。Hinrichs(1986)进一步指出主句的行为类型、时间连接词和定位副词等都会引入新的参照点,具有时间照应功能,它们的解读依赖于篇章中前文所建立的一个参照点。

Dowty(1986)归纳了谓语类型影响时间顺序的三原则。原则 1:如果句子包含一个完结或达成谓语,但没有明确的时间副词,那么叙述时间前进了。原则 2:如果第二个句子包含一个状态或活动谓语,那么通常被理解为与先前句子重叠,即叙述时间没有前进。原则 3:如果第二个句子使用进行时制,那么无论其谓语类型如何,都没有时间前进。他进一步明确了相邻句子的时间关系主要由以下三者决定:① 句子的体类型;② 连续句子的篇章时间解读原则(the temporal discourse interpretation principle, TDIP),即假定一系列叙述篇章的句子 S_1, S_2…S_n 构成叙述篇章,每个句子 S_i 的参照时间($1<i\leqslant n$)可以有以下解读:当有明确的时间副词时,句子的参照时间就和它一致,如果没有,参照时间就是直接跟着前一个句子的参照时间 S_{i-1};③ 基于世界知识的语用推理会影响 TDIP。

Smith(2003)用“推进原则”来统摄所有篇章模式,其中最基本的就是时间推进。就叙述模式而言,依靠时间推进来展开文本发展,其时间解读可以用两个普遍原则来表达,那就是继续原则和有限照应原则。随着叙述的推进,建立了一系列不同的参照时间,在表达有界事件的句子中,参照时间推进了,这便是继续性原则。在状态和进行事件的句子中,时间就是前文已经建立的参照时间,这便是有限照应原则。Lee(2007)探讨韩语中两个过去时标记(-ess 和-essess)的篇章功能。前者能提供动态信息,因而能用一个新事件来更新已有语境,转换当前的时间视角,推进叙述时间;而后者则提供状态、背景信息,只是引入一个发生在参照时间之前的事件,触发倒叙,并不能推进时间。Altshuler(2010、2012)从俄语的非完整体切入,指出体标记在决定小句时间连贯上发挥了重要作用,通过体的二元关系分析,揭示了非完整体不能产生时间推进的原因。

此外,Lascarides & Asher(1993)在 DRT 的基础上发展出“分段式篇章表征理论(SDRT)”,SDRT 采用修辞关系(rhetorical relations)来确定篇章的动态时间关系。在此框架下,Schilder(1997)指出时制、体信息、世界知识和修辞关系等因素提供的线索有助于明确德语叙述中的时间关系。De Swart(2007)从跨语言角度探讨了英语、法语、荷兰语和德语中的完成体结构对时间推进的影响,发现完成体可以使用时间连接词、动词的词汇语义和表达时间前进的副词以及修辞结构来推进叙述。Ritz(2007)定量研究了澳洲英语,发现现在完成体的使用占 56%,其中修辞关系为叙述(Narration)的占绝对优势(73%)。Caudal(2012)进一步从理论上探讨了 SDRT 中时体信息与修辞关系的互动。

总的来说,篇章表征理论从理论建构的层面为时间推进建立了一个整体框架,更加重视多种因素对篇章时间推进的影响，而且试图通过形式化推导来建构时间动态理解。以上我们从叙述结构、前景和篇章表征理论三个角度进行了梳理。尽管我们将这些研究成果进行了归类，但显然这只是为了综述的方便，这三个角度虽有各自的切入点，但彼此相互影响，在时间先后上也彼此交叉。可以说，时间推进的研究从传统的叙述结构研究中逐渐脱离出来，走向了篇章、语义、句法互动的研究。

三、汉语的相关研究

上面三个方面的相关研究都是以英语或者其他语言的时间推进为研究对象，下面我们对为数不多的汉语相关研究做简要介绍。

（一）欧美的相关研究

欧美对汉语时间推进的相关研究基本上是从英语等语言的研究拓展开来的。

Li & Thompson(1981)提到完整体“了”用于小句间的前向关联，这种时间顺序的解读主要是通过“了”的有界意义推导的。Andreasen(1981)选择三个时期的11篇中国文学作品片段，在“前景”和“背景”的基础上区分出“中景”(middle ground，主要是指引语和从句)，采用定量和定性结合的方法，具体分析了小句内的动词、补语、量化宾语、时间短语、体标记、连词、方所短语等等成分的篇章分布及功能。研究显示，汉语倾向于采用多种完整化手段来建构前景。屈承熹(2006)在张武昌(Chang 1986)等人的基础上提出“背景向前景推进(BFP)”原则，即如果不做特别标记，小句间的结合应是由背景向前景推进的过程。小句也可以通过从属结构明确地标记为背景，这样其他的事件或者情境就更加凸显为前景。屈承熹认为，通过三种语用关系(事件线索、情景设置、降低权重)可以实现前景/背景的配置，因而前景/背景的配置具有梯度性，不再是以往的二分，而是更加灵活，更加具体、可操作。

Smith & Erbaugh(2005)阐述了体信息在汉语时间解读中所起的关键作用。作者提出叙述动态原则：叙述以有界、完整体事件和明确的时间副词来推进，状态和进行事件除非附加了蕴含推进的信息，否则不能推进时间。汉语和英语不太一样，事件句不需要是非常明确的完整体。叙述时间通过带有完整体“了”和结果性补足语(RVCs)的句子，或者是零标记的事件句来推进，并不需要新的机制。带有“过”的句子并不推进时间：它们是状态性的。带有非完整体“在”“着”的句子以及带有状态动词组的零标记句，也都不推进叙述时间。

Li Wendan(2012)指出汉语的时间参照在很大程度上是篇章现象。在叙述篇章中，每个小句的时间推进都采用象似性两步程序：第一步，动词确定事件的动态性；第二步“了”或有界化表达编码了事件的终点边界，明确事件之间的时间接缝

(temporal junctures)。这两步的交替对于促成时间推进不可或缺。Li(2014)从汉语完整体的角度论述了篇章设景功能。她认为汉语不仅通过“了”来表示完整体、有界表达都可以指示事件终点,小句的及物性特征以及出现的语境还会决定不同的设景功能。可以说,这些研究都准确地指明了汉语篇章时间解读中的重要理论问题。

(二) 中国学者的相关研究

自从 20 世纪 80 年代廖秋忠将篇章分析引入国内语言学界以来,学者们主要关注的是篇章中的时间表达(时间词语、时体表达),涉及动态时间推进的研究较少。

时间表达研究方面,廖秋忠(1986)对现代汉语篇章中的连接成分进行了系统的分类和描写。他将时间关系连接成分分为两类:一类是序列时间连接成分,指一系列相关事件按先后顺序排列构成一个时间序列;另一类是先后时间连接成分,通常是连接两个事件或阶段,表示它们发生的时间是先后关系或共时关系。

郑庆君(2003)基于《骆驼祥子》指出在汉语的话语表达中,语句之间的时间以及时间关系的表达主要依靠潜性表达法和显性表达法。前者主要依靠语序来表现时间顺序,是一种无标志形态;后者通过在话语组织中使用表示时间的词语来显示前后语句之间的时间关系。

丁建新(2004)认为时间顺序是由语言使用者所选择的作为“取向轴线”的事件决定的。公共时间表达(钟点时间和日历时间)在话语中一般可以安排事件的时间顺序,话语中的时间搭配可以使话语中事件发生的时间顺序清晰化,并为话语的衔接与连贯做出贡献。

杨同用、谢淑芬(2005)研究了现代汉语表示时间顺序的位序词语(包括起始词语、承接词语和终止词语),研究了作用相当于位序词语连用的时间单位词语或时间名词,并在此基础上总结出现代汉语篇章中的时间表达模型:VP 前……VP 时……VP 后,VP1 时……VP2 时。

金晓艳、马庆株(2010)认为时间连接成分反映了篇章中相关事件的时间先后关系,是篇章组织中时间顺序义的显性表达法。作者从狭域篇章的角度考察了时间连接成分的位置情况,并将时间连接成分进一步区分为定位和非定位两类。

孟建安(2010)从修辞行为和话语建构的角度,以《围城》为例,从静态角度分别交代了构成时间表达系统的要素,主要有时间视点、时间位置、时间方向、时间量度、时间情状和时间词语等;还从动态的表达序列角度阐述了时间表达的三个基本原则:坚持宏观时间表达的主导性;坚持零度时间表达的首位性;坚持准确性与模糊性表达的有机统一性。

动态推进研究方面,方梅(2000)指出“V 着”的功能在于表现背景,从而探索体限制背后的篇章功能动因。武果(2004)也从篇章设景的角度分析“了”的前景功能。秦洪武(2005)从话语中体的意义和设景功能入手,认为体意义的分析有赖于话语,其设景功能可以运用 Thelin 的"时间透视分析"来做统一解释。叙述时间随表达已完成事件的语句向前流动,构成前景事件,前景事件链必定由时间有定并做整体透视的事件构成;否则事件在时间上就不确定,叙述时间因此无法往前流动,形成背景事件。秦洪武、崔蓉(2009)则探讨了不同话语模式中事件共指的连贯功能。他们依据 Smith(2003)指出:叙述/报道模式中,概括式共指定位于过去,两个事件有先后关系,都负责推进话语时间。详述式共指也定位于过去,但活动情状句主要是为活动次事件提供细节,不负责话语时间的推进。

黄敏(2006)将"时"范畴视为篇章的范畴,详细阐述了它的篇章组织功能和表达功能,探讨了参照时间的动态解读对叙事推进的影响。她认为,在没有专门"时"形式的语言如汉语中,"时"的篇章表达功能就具体地反应于体、时间词、动词的时间性质、语序等表"时"的各种手段的篇章表达功能。

徐赳赳(2010)论述了现代汉语篇章中的推进结构,认为启承结构也是一种重要的推进方式。其中的顺序搭配指的是启后词和承前词表示序列,涉及时间连接成分,还提到时间词、体助词的启后性功能。

饶宏泉(2011)基于汉语短篇叙事小说区分了宏观、中观和微观三个层面的时间推进,认为三个层面上影响时间推进的因素各不相同,涉及时间词语、时间副词、修辞关系、体标记、动词情状和补语等因素,建立了一个初步分析框架。饶宏泉(2012b)以时间推进的三个层面为视角,基于语料库实证考察体标记"了"的篇章功能。研究发现:宏观层面上,"了"能标示时间区间的边界;中观层面上,"了"能标记时间推进结构段的核心,并主要通过序列关系和阐述关系与其他小句关联;微观层面上,"了"能牵引出后续事件,其连用能快速推进时间,使事件关联更紧凑。饶宏泉(2015)基于参照时间规则来解读体标记"着"在时间推进小句中的作用,认为时间推进并非由"着"引起,但"着"会与事件类型互动来影响时间推进的速度和质感,"着"是速度调控器。饶宏泉(2018)以时间词语为切入点来系统考察宏观和微观不同层面的功能。这些研究将在本书中一一展开评述。另外,饶萍、刘小林(2015)从事件终止点、起始点以及篇章终止点的功能层面,讨论了汉语叙事篇章中体范畴对篇章时间结构的影响。

港台方面,杨素英、黄月圆(2013)结合篇章结构,对体标记在语体中的分布做了实证考察。研究发现,"着"和"在"不出现在"叙述"动词/小句(即篇章中提供过去事件的前景信息,能够推进过去事件的进展等)中,"了$_1$"绝大部分出现在"叙述"动词/小句中。

吴俊雄(Wu Jiun-Shiung)对时间推进展开了系列研究。Wu(2003)基于语料库详细考察了汉语四类篇章(评论、报道、小说和散文)中时间推进和体标记之间的关系,并探讨了体在决定汉语句子时间关系中的作用机制。作者的理论框架是 SDRT,认为篇章中两个小句的时间关系是通过连接这两个小句的修辞关系决定的，而这一修辞关系受到体标记的属性影响。具体来说，进行体“在”呈现一个事件在某一时点正在进行，因而通过“在”所呈现的事件在时间上不能推进。如例(4)：

(4) a 山川沼泽是无机物，b 草木鸟兽虫鱼是有机物，c 但是不论有没有生命，d 它们都有一个共同的特性，e 那就是都**在**不停地变化和运动。

持续体“着”呈现一个事件在时段上延续，因而“着”所呈现的事件时间也没有被推进，除非指示事件终止或完成的动词被包孕在“着”所标记的动词之中。如例(5)：

(5) a 他从瓦壶里倒了一碗热奶酪，b 瞧**着**她喝下了，c 又替她拢好被窝。

(5)b 中“喝下”使“着”所呈现的事件得以终止，于是叙述时间被推进。完整体“了”明确了一个事件的显著点(Significant Point)并将其定位在参照时间之前，因而它可以推进时间。如例(6)：

(6) a 他不能再听苏步这般哭叫，b 于是回到**了**季老人家中，c 从被褥底下拿出那张狼皮来，d 看了很久很久。

经验体“过”小句的事件时间并不能被推进，除非得到时间定位短语的辅助。如(7)c 中的“1989 年”：

(7) a 实达健康中心原本设有餐饮卫教组，b 由实达卫教系的学生执行，c1989 年就举办**过**类似的体重控制活动，d 直到 1993 年才正式成立体重控制组。

Wu(2005a/b、2009)进一步对汉语篇章中没有任何体标记的小句之间的时间关系做了深入探讨。结果发现，汉语中体标记不出现时，谓语情状类型会以类似于体标记的方式决定默认的修辞关系。Wu(2010)在此前一系列研究的基础上进行了理论提升，指出汉语中是由终结性(telicity)通过修辞关系间接影响时间推进关系，终结情状要么确定默认的修辞关系，要么施加时间限制，从而影响时间推进。

总的来说，港台地区的相关研究虽然数量不多，但整体上视野还是比较开阔的，既注重类型比较，又重视汉语个性挖掘，在这方面与国际的前沿研究保持着良好的接轨态势。大陆汉语学界近年来越来越重视篇章中的时间问题，已由单纯的分类描写走向宏观的结构考察，并试图以此为新视角拓展对体标记的动态研究，体现出良好的研究态势，但仍需要进行系统建构。

四、小 结

从以上综述可以看出，学者们从不同角度选择不同的切入点观察篇章的时间推进关系。总的来说，叙述时间结构的研究不乏精辟的见解，但是研究相对零散，缺少一个统一的分析框架。提及的因素很多，涉及时制转换、体类型、时间副词、时间词语、逻辑关系、修辞关系等等，但究竟哪些最重要、哪些次要等等，并没有一致的看法。前景/背景的研究比较笼统，理论架构很宏观，但有循环论之嫌，且前景/背景的操作标准历来受到诟病，尤其是面对复杂的篇章，学者们大多是从学理上进行论证，并未涉及真实文本的实证操作。篇章表征理论的发展很快，是一种比较成熟的篇章分析技术，学者们也借鉴这一理论，重点探讨句子之间的时间关系。但这种思路的问题在于，名词照应和时间照应之间并没有绝对的平行性，而且其形式操作烦琐，对于时间推进的相关分析局限于相邻句子之间。汉语的相关研究尤其是国内学者的研究，对海外以及英语等语言的最新研究成果的关注和跟进不够及时，近年来才开始真正涉及时间推进的专题研究，整体研究水平尚有待提高。海外针对汉语的相关研究虽做了一些较为系统的探讨，但要么缺少基于语料库的实证分析，要么不能做到全面研究因素之间的功能差别。

因此，已有研究成果虽大大拓展了人们的视野，呈现出多样化态势，但整体上看尚存以下问题：① 研究相对零散，对于影响时间推进的因素有哪些、它们的作用尤其是互动机制等一系列深层问题，还存在诸多争议，缺乏统一的操作性强的分析框架；② 大多是从理论角度来定性研究，很少从语料库实证的角度整合定量和定性研究；③ 缺乏类型比较，没有揭示不同语言中时间推进手段的差异。尤其是汉语时间推进表现出哪些类型共性和个性特征，都有待进一步的详细调查。我们认为可行的研究方案是：一方面从篇章语法理论上建构时间推进的体系，揭示其本质和运作机制，另一方面则基于真实篇章语料的实证考察，定位主要语法因素的作用层面，提取微观模型，进而探讨时间在不同层面的编码互动情况，最后通过跨语言视野的比较来充实理论架构。这些正是本书的研究目标。

第二章　时间推进的三层系统

篇章是一个内部复杂交错的多层实体。Waugh & Monville-Burston(1986)曾使用密度隐喻来讨论篇章的复杂性,认为一个篇章就是一个密度结构,有着不同深度的层面。可以说,篇章分层一直是篇章结构分析的重点。我们认为,篇章时间推进也不是一维的线性序列,而是一个包含三个层面的立体系统:分别是宏观层面(Macro-level)、中观层面(Meso-level)和微观层面(Micro-level)。本章结构安排如下:第一节主要论述宏观层面的时间推进,指出时间区间的界定以及推进模式;第二节运用修辞结构理论再现段落篇章结构,论述中观层面的时间推进,指出修辞关系是影响的关键;第三节阐述微观层面的时间推进,指出动词的词汇搭配衔接是基础,但还要受到四个因素的影响;第四节则从三个层面互动的角度指出,它们各有分工却又互动协调,共同塑造篇章的动态时间进程。

一、宏观层面的时间推进

叙述文一般是根据时间线索来设计故事情节的,时间线索可以划分出一个个时间区间,情节沿着时间区间铺开。所谓宏观层面的时间推进就是指以段落为单位,段落之间依靠时间参考(temporal reference)而形成一定的时间区间,时间区间相互衔接,从而形成全文的时间线索。本章用“时间参考”来指篇章中一个段落或接下来的几个段落中主要事件发生的时间背景,时间参考所管辖的段落形成一个时间区间。图 2.1 是短篇小说《茨菰》的所有自然段落,共 67 段。数字后面括号中标出该段落的时间参考,灰色框中的数字表示这一时间参考所管辖的段落:

1(姑妈回家)—2 → 3(那天夜里)—4—5—6—7 → 8(彩袖到我家的第一天早晨)—9—10—11—12—13—14—15—16—17—18—19—20—21—22—23—24 → 25(第一天白天)—26 → 27(第一天晚上回来)→ 28(糖罐事件)—29—30—31—32—33—34—35 → 36(糖罐事件后)—37—38 → 39(第四天或第五天傍晚)—40—41—42—43—44—45—46—47—48 → 49(那天夜里)—50—51—52—53—54—55 → 56(几天以后)—57—58—59—60 → 61(后来)→ 62(有一天)→ 63(后来)→ 64(再后来→表哥春节回来→表哥五一节回来)—65 → 66(那年搬家)→ 67(现在我人到中年)

图 2.1　《茨菰》的宏观时间推进

图 2.1 显示，这篇小说由 16 个时间区间组成。第一个区间管辖了两个自然段，所述事件均发生在“姑妈回家”这样一个大的时间背景内，同理，第 3 自然段到第 7 自然段所述事件都有共同的时间背景，即“那天夜里”，于是形成了第二个区间，依次类推。时间区间之间衔接连贯，“→”代表的正是时间区间之间的推进，这样就非常清楚地显示了宏观层面时间推进的跨度和跳跃性。有时一个段落就是一个时间参考（如第 61 段），有时几个段落共享一个时间参考（如第 39 段到第 48 段），还有的时候一个段落内部涵盖了几个时间参考（如第 64 段）。可以说，时间区间能显示时间推进的速度快慢，反映了作者对所叙述情节的取舍，体现了作者对某些重点事件的聚焦，在篇章上就表现为情节的详略设计。

（一）时间区间的划分依据

时间区间的划分标准主要是依据时间参考，而时间参考本质上是时间的表述形式。我们可以从时间词和时间结构两个角度对其进行归纳。时间词是时间表述的单纯形式，而时间结构则是时间表述的组合形式（李向农 2003）。从我们的语料库来看，时间参考的形式非常丰富。下面结合语料库中的表现形式加以分析。

1. 时间词

第三天（《迷舟》）、第二天（《天下无贼》）、初夏的一个日子（《一坛猪油》）、第二年（《一坛猪油》）、1928 年 3 月 21 日（《迷舟》）、七点半钟（《本次列车终点》）、1956 年（《一坛猪油》）、7 月（《一坛猪油》）、晚上八点多钟（《一坛猪油》）、1957 年 4 月（《一坛猪油》）、四月七日的上午（《迷舟》）、那天晚上（《迷舟》）、当天晚上（《迷舟》）、这天晌午（《迷舟》）、正午（《迷舟》）、夏末的一个中午（《迷舟》）、昨天深夜（《迷舟》）、次日凌晨（《迷舟》）、下午一点多（《拇指铐》）、昨天下午（《迷舟》）、半上午（《拇指铐》）、这天晚上（《天下无贼》）、那天夜里（《茨菰》）、彩袖到我家的第一天早晨（《茨菰》）、第一天白天（《茨菰》）、晚上（《茨菰》）、那天夜里（《茨菰》）、第二天下午（《一坛猪油》）、第三天早晨（《一坛猪油》）、一宿（《一坛猪油》）、夏天的一个礼拜天（《一坛猪油》）、七月的这个下午（《第十二夜》）、晚上（《第十二夜》）、上午（《第十二夜》）、半年多（《冰雪美人》）、此后的三天三夜（《天下无贼》）、后来（《茨菰》）、至今（《第十二夜》）

2. 时间结构

前附加： 父亲把我送到诊所那天（《冰雪美人》）、这几天（《冰雪美人》）、那年（《茨菰》）、这晚（《第十二夜》）

后附加： 叔叔从市医院退休以后（《冰雪美人》）、改革开放后（《冰雪美人》）、进入冬天后（《冰雪美人》）、当孟喜喜从她的母亲方才走去的方向款款而来时（《冰雪美人》）、黄昏时分（《迷舟》）、子夜时分（《迷舟》）、午夜之后（《迷舟》）、来到榆关的最初一段日子里（《迷舟》）、傍晚的时候（《迷舟》）、他醒来的时候(《迷舟》)、临近黎明时(《拇指铐》)、去年腊月村上人回家时(《天下无贼》)、十年前(《本次列车终点》)、在随后的时间里(《拇指铐》)、傍晚的时候(《拇指铐》)、七点半光景(《本次列车终点》)、姑妈回家时(《茨菰》)、两个多钟头后(《一坛猪油》)、太阳落时(《一坛猪油》)、两天后(《一坛猪油》)、下船时(《一坛猪油》)、一个多小时后(《一坛猪油》)、晚饭前(《第十二夜》)、早饭之后(《第十二夜》)

嵌套附加：从下午起(《本次列车终点》)、从下午到晚上(《第十二夜》)

这些丰富多样的时间表述形式有的表达的是本体时间，即用本身具有时间属性的词语来指称事件。比如：时间已接近12点(《冰雪美人》)；4月8日，闷热的午后(《迷舟》)；两个星期后(《迷舟》)。有的本身并不具有时间属性，但是它能通过某种媒介而具有指称时间的功能，也就是代体时间。代体时间有两种构成方式：

构成方式一，代体时间能够跟习惯基准时间序列中的某一个时间对应。比如：拂晓(《迷舟》)、暮色四合(《迷舟》)、太阳快落山的时候(《迷舟》)、太阳刚刚升起(《迷舟》)、太阳已经升高了(《迷舟》)、瑰丽的霞光(《拇指铐》)、夜已经深了(《天下无贼》)、天不亮(《本次列车终点》)、赤红的太阳缓缓升起(《拇指铐》)、蚂蚁十四岁的时候(《一坛猪油》)、节过后不久(《天下无贼》)、睡梦中(《本次列车终点》)、糖罐事件后(《茨菰》)、春节(《茨菰》)、五一节(《茨菰》)、人到中年(《茨菰》)、天傍黑(《一坛猪油》)、天明(《一坛猪油》)。

构成方式二，代体时间由表示动作行为的主谓结构、动词或动词结构充当，可以笼统看作"事件"。这类"事件"在"时(的时候)、时期、前、后、以来、从……到……"等时间构件的辅助下可以获得表示时间的功能。比如：下班了(《本次列车终点》)、吃晚饭了(《本次列车终点》)、"文革"前(《一坛猪油》)、吃过早饭(《第十二夜》)、当孟喜喜从她的母亲方才走去的方向款款而来时(《冰雪美人》)、糖罐事件后(《茨菰》)。

除了这些显性的时间参考可以作为依据之外，有的时候没有出现显性的时间参考，作者只是交代了空间背景的切换。由于任何事件都离不开时间和空间，空间的切换也就意味着时间在变化，因此空间背景的切换也可以帮助我们划分时间区间。比如《本次列车终点》，开头的第一个时间区间，作者并没有交代具体的时间参考，但是所叙述的是火车快到上海时车上人的对话，第1段如下：

(1) "前方到站，是本次列车终点站——上海……""上海到了。"打瞌睡的人睁开了眼睛。

一直到第21自然段，才转换到第二个时间区间，叙述火车进站及停车后家人接站的情节。见例(2)：

(2) 火车进站了，他把窗户推上去，一阵凉风扑面而来，上海的风。

通过火车的位移这种空间背景的变化同样也可以协助我们划分时间区间，但大多情况下我们还是可以依据时间参考来划分时间区间的。

(二) 时间区间和篇章管界

廖秋忠(1987)曾提出“篇章管界”的概念，指的是某个管领词语如动词、各种修饰语等所支配、修饰或统领的范围，当管界跨越句子边界时，便是篇章管界。时间词语可以充当句子状语，实现篇章管界。胡培安(2006)、杨同用/徐德宽(2007)也都论述过时间词语的篇章管界，马国彦(2011)还对篇章管界做了较为全面的深入探讨。可以说，篇章管界是篇章语言学的一个重要概念。例(3)是廖文的例子：

(3) 17 日上午，在崇文区安化南里，[一女学生突然晕倒在路旁，头被磕破，鲜血直流，女学生处于昏迷状态，情况紧急。就在人们束手无策的时候，南面驶来一辆跨斗摩托车，车上的两名民警同志见此情景，跳下车来，把女学生抬上，向医院驶去]这辆车车号是 31－25034。(《北京晚报》1985 年 1 月 28 日 1 版)

方括号[ ]内所描写的几件事均在前边所提到的“17 日上午”这个时间内发生。于是“17 日上午”就是管领词，方括号的范围便是管界范围。但是本章所说的时间参考所管辖的段落和时间词语的篇章管界是不同的。可以从三个方面来区别：

首先，时间词语实现篇章管界主要是充当句子的状语，而我们划分时间区间所依据的时间参考在句中可以充当很多成分。如下：

状语：叔叔从市医院退休以后，在镇上开了一家私人诊所。(《冰雪美人》)

谓语：我在叔叔的诊所里学徒转眼间已半年多了。(《冰雪美人》)

宾语：萧从榆关赶回小河已是次日凌晨。(《迷舟》)

整个小句：暮色四合。凉爽朗晚风吹来了涟水河潮湿的气息。(《迷舟》)

主语：闷热的午后阳光使人恹恹欲睡。(《迷舟》)

补语：走了半小时，才到汽车站。(《本次列车终点》)

总的来说，时间参考是情节事件的时间大背景信息，因而并不刻意限制其句法功能。

其次，篇章管界是以句子为单位去分析的，准确地说就是看时间状语能统领其后的句子范围，因而大多是右向管领(后向管辖，胡培安 2006)。而本章所说的时间区间是以段落为单位，只要一个段落中出现了能够给该段落或/及接下来几个段落提供时间背景的时间表述形式，我们就将这几个段落作为一个时间区间。因而时间参考相对于它所管辖的段落而言，既可以左向也可以右向，还可以双向。所以它在段落中的具体位置不是我们特别需要考虑的，当然出现在段落开头是最好的，如果出现在段落中间也可以，只需要注意一种情况：如果时间参考出现在段落的最后一句，而接下来的一段是受其管辖的，那么我们就从下一段开始计算时间区间，因为这只是小说作者的不同处理技巧而已。

再次，篇章管界的判断非常复杂，胡培安(2006)用语义层面理论阐述了影响时间词语篇章管界的众多因素，杨同用、徐德宽(2007)认为确定时间词语的管界边界有形式手段和意义手段。形式手段指标点符号、段落章节这些形式上的管界标志。但这些形式手段只是为确定管界提供了一种可能性，最终还要取决于意义，可以从外部终止标志和内部延续标志来分别研究。徐赳赳(2010)也列举了常见的决定篇章管界的语义和形式手段，有 11 种之多。他们的研究都显示了要确定时间词语的篇章管界的确是件很烦琐的事情。本章所说时间区间的判断相对简单些，因为我们不必过多纠缠于时间词语所统领的小句范围，因为小说中常常会穿插评论、回忆以及主人公的想法等等文字，正是这些部分大大影响了人们对篇章管界的判断。我们只需要从段落整体上考虑这些情节是否发生在一个大的时间背景内，并且找到描述这个时间背景的词语和结构即可。下面是《迷舟》的第 12 段，我们来比较一下时间区间和篇章管界的差异：

(4) 已是**黄昏时分**，[他独自一个人骑马从北坡登上了棋山的一个不高的山头]。连日梅雨的间隙出现了灿烂的阳光。浓重的暮色将涟水对岸模糊的村舍染得橙红。谷底狭长的甬道中开满了野花。四野空旷而宁静。他回忆起往事和炮火下的废墟，涌起了一股强烈的写诗的欲望。他的父亲是小刀会中为数不多的幸存者.也是绝无仅有的会摆弄洋枪的头领之一，他的战争经历和收藏的大量散失在民间的军事典籍使萧从小便感受到了战火的气氛。萧的梦中常常出现马的嘶鸣和隆隆的炮声。终于**有一天**，他走到父亲身边询问他为什么投身于一支失败的队伍，父亲像是被碰到了痛处，他的回答却是漫不经心的：从来就没有失败或者胜利的队伍，只有狼和猎人。母亲是一个谨小慎微的女人，对她来说，连绵不断的战争和孩子们突然长大使她寝食不安。**他哥哥去黄埔军校的前夕**，母亲哭得死去活来，她大声叱骂丈夫的放纵和对于战争的荒唐的预料而将儿子送上绝路。她突然变得专横和坚强起来。她将瘦弱的兄长和两只山羊一起关了三天。**第三天深夜**萧偷来了坚固的木栅栏门锁上的钥匙。他哥哥几乎没跟他说什么话就踏着月光走了，当时他的父母正在熟睡。**后来**，母亲担心萧会走上他兄长相同的道路，就雇来一只小船将他送到了繁华的榆关镇，让萧跟他的一位表舅学医。**那是一个炎热的夏季**。萧从哥哥出走的一连串麻烦中积蓄了经验。**当萧准备跟孙传芳的一位部将当勤务兵时**，他穿着浆得笔挺的衣衫回到村子里。他的无声的告别使母亲误以为他是去邻村相亲。

如果按照篇章管界，例(4)中有很多时间词语(加粗部分)，每个时间词语都有自己的管界范围。显然开头的“黄昏时分”的管界范围只能到其后一个句子的结尾。而按照时间区间的划分，这一整段所描述的事件都是发生在这个大的时间背景之下，尽管段落后部的很大一部分都是主人公在回忆。于是我们大可不必细致到每个时间词语的管界。我们只是希望通过宏观层面的时间区间来反映作者的谋篇布局。

二、中观层面的时间推进

为了体现篇章段落的层级结构，本章采用修辞结构理论（Rhetorical Structure Theory，RST）来再现。下面先简要介绍 RST 的基本概念和理论要点，然后介绍本书语料库中对汉语修辞关系的相关处理，运用 RST 再现中观层面的时间推进，并阐述中观层面的重要理论价值。

（一）修辞结构理论

RST 是 20 世纪 80 年代在美国南加州大学的信息科学研究所发展起来的（Mann & Thompson 1988）。RST 的最初意图是补充其他的篇章描写方法，并为计算机的篇章生成提供指南。但由于其具有理论的灵活性和操作的开放性，因而被广泛应用于人工智能和计算语言学重要领域：篇章生成、分析和总结，文摘评估，机器翻译，作文评分等等（Taboada & Mann 2006）。为适应多样化的需求，RST 还专门开发了软件，建立了网站（www.sfu.ca/rst），为各国的学者提供了进一步交流的平台。RST 是对篇章组织中的大量现象进行描述的一种语言学方法。“修辞结构理论”中用“修辞”是要处理示意言行（illocutions），修辞结构其实就是关系结构。目前国内汉语学界对 RST 的介绍主要见于王伟（1994、1995）、陈忠华/邱国旺（1997）、徐赳赳（1999、2010）、卫真道（2002）、刘世铸/张征（2003）、乐明（2006）、陈莉萍（2008a）等；运用 RST 来研究汉语篇章的成果（如陈莉萍 2008b；乐明 2008；杨晓红、杨玉芳 2009；黄小平 2014；王荀/李素建/王宇昕 2015 等）近些年来才逐渐增加，国外仅 RST 网站上所列的文献目录就有近 700 篇，足见对于该理论，国内语言学界还有很大的研究空间和应用前景。

1. 关系性

RST 对篇章组织的解说是通过篇章中组成部分之间的关系来实现的。通常篇章中的基本部分是小句，也称为“篇位”（unit）①，RST 提供的是一种描述篇章内部跨小句之间语义关系的普遍方法。例（5）是 *Scientific American* 杂志中一篇文

① RST 常用的篇位切分规则是每个独立的小句连同任何类型的从属者一起构成一个篇位。但是这可能会忽略一些重要的细节，而且如果分析的是小句不容易确定的语言，就会有问题。因而一些研究者（Carlson et al. 2001；Nicholas 1994；Verhagen 2001 等）认为这种篇位的切分法是不恰当的，并指出切分篇位的困难性。单一的篇位切分规则不可能包打天下，研究者们也在做各种尝试（Marcu 2000；Meteer 1993 等），对不同语言中篇位的大小做了适当的调整。

章的标题和摘要(Ramachandran & Anstis 1986),可以切分为 4 个篇位:

(5) 1. [Title:] The Perception of Apparent Motion
2. [Abstract:] When the motion of an intermittently seen object is ambiguous,
3. the visual system resolves confusion
4. by applying some tricks that reflect a built-in knowledge of properties of the physical world.

其 RST 分析如图 2.2 所示:

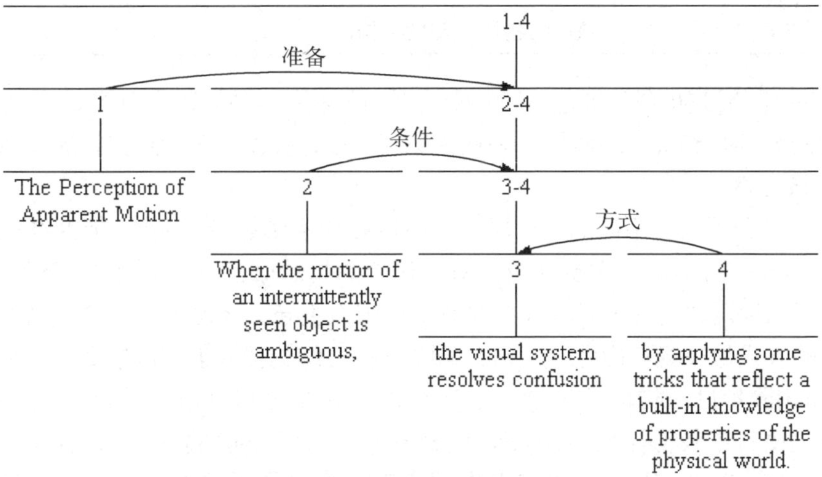

图 2.2　例(5)的 RST 分析

图 2.2 是例(5)的 RST 结构图。以图中从篇位"2"到结构段(span)"3—4"的箭头为例,箭头上方标注其关系名称"条件(condition)";箭头所指的那个结构段称为"核心"(nucleus),即"3—4";箭头的另一端则称为"辅助"(satellite)结构段,即"2"。

RST 对所有关系的定义都包含了四个方面:

核心结构段的限制条件;

辅助结构段的限制条件;

核心结构段和辅助结构段联合限制条件;

效果及效果的位置。

这些修辞关系的定义都是基于功能和语义标准,不是基于形态或句法的标志,因为在任何关系中都没有发现完全可靠的或不产生歧义的标志①。所以分析者必须基

① RST 的分析显示无标记是常见的。其网站上的数据也显示,有 72%的关系是无标记的。尽管如此,学者们还是尝试从不同角度寻找标志来辅助确定修辞关系(Scott & de Souza 1990;Marcu 2000;Den Ouden 2004;Cassell et al. 2001 等)。

于篇章内容和作者意图做出尽可能准确的语义判断。比如条件关系的定义如下：

表 2.1　条件关系的 RST 定义

核心结构段的限制条件	无
辅助结构段的限制条件	辅助结构段提出了假设的、将来的或未实现的情况（跟辅助结构段内容的语境有关）
核心结构段和辅助结构段联合限制条件	要实现核心结构段中的内容，须依赖辅助结构段中情况的实现
效果	读者知道，要实现核心结构段中的内容，须依赖辅助结构段中情况的实现
效果的位置	核心结构段 + 辅助结构段

1988 年的最初关系集包括 24 种关系，被称为“经典 RST”（Nicholas 1994）。近期的研究（Mann 2005）增加了一些关系，形成了总数为 30 种的“扩展关系集”。

2. 核心性

RST 区分了两类不同的结构段。其中核心结构段是最重要的，辅助结构段是为核心结构段服务的，属于次要地位。对于作者的目的而言，核心当然是至关重要的。这反映了结构段之间的不对称性在关系结构中占主导。认识核心和辅助结构段的功能区分的方式是检测被扰乱的篇章。删除了核心结构段，辅助结构段就会变得不可理解；而删除辅助结构段的篇章在一定程度上还是可以理解的。这一核心性原则同时也是语言中较低层面组织（即复杂句中主从的区别）的主从结构（hypotactic）关系的基础。另外，语言也会表现出同样重要的结构并列（paratactic）。RST 中，并列反映在多核关系中，如序列关系（Sequence）。如例(6)：

(6) 1. Peel oranges,
　　2. and slice crosswise.
　　3. Arrange in a bowl
　　4. and sprinkle with rum and coconut.
　　5. Chill until ready to serve.

其 RST 分析如图 2.3：

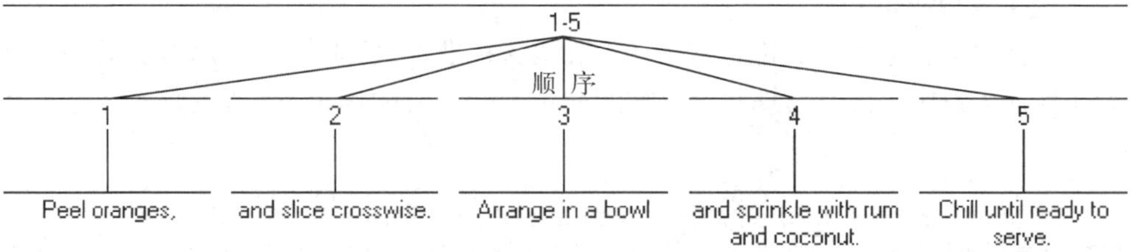

图 2.3　例(6)的 RST 分析

多核关系中没有哪个结构段看上去更加重要。如果将这类图进行抽象表征，就得到图式(schemas)，由它来提供可能的篇章结构。RST 目前认可五种图式(如图 2.4)：比如对比关系(contrast)有两个核心，序列关系有独立的多个核心，联合关系(Joint)也有多个独立核心，这三种都没有对应的辅助结构段。另外两种如环境关系(circumstance)、动机关系(motivation)、使能关系(enablement)，都由核心和辅助结构段构成。

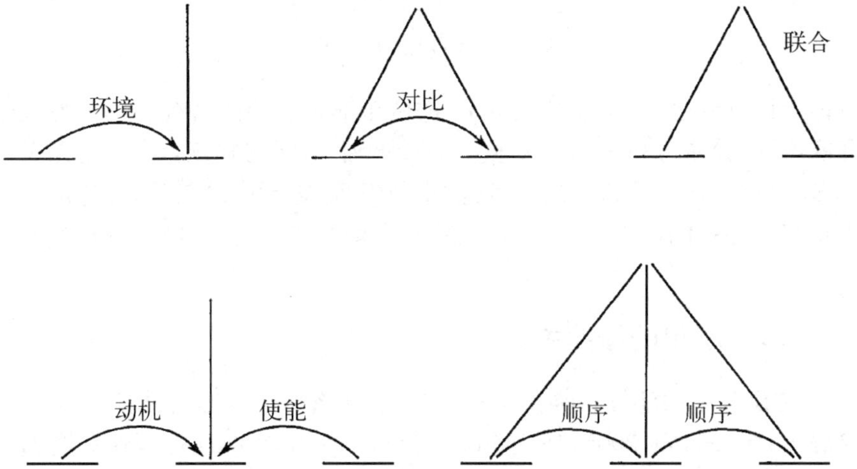

图 2.4　RST 的五种图式

3. 层次性

RST 认为，篇章的构成方式是：两个基本部分组成一个较大的部分，这个较大的部分再与另一部分组成更大的部分，直至形成篇章。因此，篇章结构是层级结构，不是线性结构。其层级性其实是核心-辅助结构段区分的重要体现。RST 的关系可以递归性地运用于篇章，即从小句连接到篇章本身的所有层级结构都共用一套相同的关系模式。RST 结构的标注结果将篇章的抽象结构刻画为树状图(或曲线图)。如例(7)：

(7) 1. Farm prices in October edged up 0.7% from September,
2. as raw milk prices continued to rise,
3. the Agriculture Department said.
4. Milk sold to the nation's dairy plants and dealers averaged $14.50 for each hundred pounds,
5. up 50 percent from September and up $1.50 from October 1988,
6. the Department said.

用树形图表现为图 2.5：

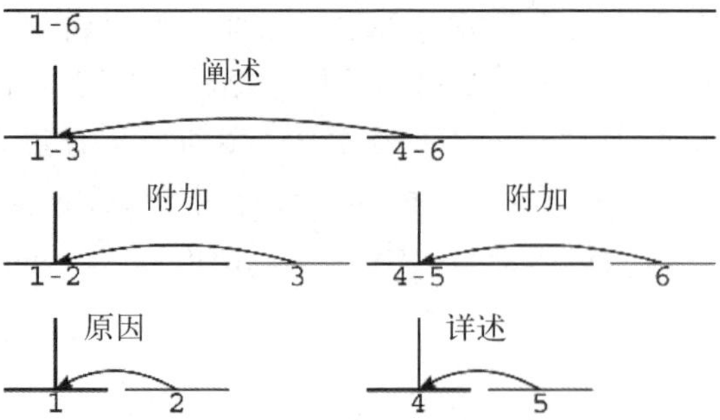

图 2.5 例(7)的 RST 分析

总体上说，层次性和核心性是 RST 的两个非常重要的特征。由于专业性和文化程度的不同，篇章分析者可能对同一篇章产生不同的解读，RST 允许对同一篇章做出多种分析，认为分析者的任务是"重新发现"篇章中的关系，理论的公式化是无法阻止多种分析的出现的。当然，如果有多种可能，分析者应该选择最有可能的那种关系。

(二) 本章所用的修辞关系

RST 的研究中关注度最高的话题是究竟应该给一种语言或所有语言定义多少种修辞关系。Mann(2005)在 Mann & Thompson(1988)的基础上增加了一些关系，形成"扩展的关系集(ExtMT)"，表 2.2 是 RSTtool(version3.45)中的修辞关系集，是目前国际上通用的标准：

表 2.2 RST 的修辞关系集

核心-辅助类 Nucleus-Satellite			多核类 Multinuclear
主观 Subject-Matter		直觉 Presentational	
阐述 elaboration	环境 circumstance	动机 motivation	
解答 interpretation	目的 purpose	对照 antithesis	对比 contrast
意愿性结果 Volitional Result		背景 background	联合 joint
意愿性原因 Volitional Cause		使能 enablement	列举 List
非意愿性结果 non-volitional Result		总结 summary	重述 Restatement
非意愿性原因 non-volitional cause		证据 evidence	序列 Sequence
条件 condition	评估 evaluation	证明 justify	并列 conjunction
解决 solutionhood	绝对 unconditional	让步 concession	选择 Disjunction
除非 unless	方式 Means	准备 preparation	
否则 otherwise		重述 Restatement	

这一分类是基于效果的：主观类关系倾向于使读者承认两个结构段之间有概念上的意义关系，是对真实世界的描述；而在直觉类关系中，效果是给读者增加某方面的倾向，是一种人际的功能。篇章关系的种类和数量原则上是无限的。以前未出现过的关系类型也可能在新的篇章关系中出现，它是一个开放集。但由于过

多的关系将增加分析篇章的困难，所以对关系的数量还是需要做一些限制，以便分析者能熟练操作。

汉语研究中目前并没有一致的意见。乐明(2006)以 RST tool V 3.41 软件上的 ExtMT 版本为基础，同时参看汉语复句、句群和文章学研究的一些分类体系，经过大量的先导性研究、语料预标注和心理语言学测试之后确定了 12 组 47 种修辞关系，并按照 RST 的经典格式，为每个汉语修辞关系作了详细的定义。应该说，乐明的研究立足于汉语的篇章，做了很好的实证工作，而且对每种关系也有具体的定义说明，使用起来比较方便。但她所分析的篇章局限于汉语财经评论文章，并未对叙述篇章做交代。本章的研究目的是使用修辞结构理论描述汉语的篇章结构，以体现时间推进的分层，所以我们并不打算纠缠于汉语修辞关系的分类难题，主要参考乐明对汉语修辞关系的分类，对语料库处理时所用的修辞关系做了一些整合和调整，以适应叙述篇章的标注。结果如表 2.3：

表 2.3　本章所用的修辞关系

单核关系		多核关系	
Addition	附加	Conjunction	并加、罗列
Antithesis	对照、让步	Disjunction	析取
Condition	条件、除非、否则	Contrast	对立、让步
Cause	原因、结果 目的、使能	Result	因果
Background	背景、环境	Interpretation	解答
Elaboration	总结、详述、重述、解释、评价、解答	Sequence	顺序
Means	方式	Joint	连接、连贯
Evidence	证据、证明、引述		
Preparation	准备		
Motivation	动机		

（三）RST 与中观层面的时间推进

时间推进体现了所述事件在时间上的先后关系，至于事件和状态是如何架构的，就可以通过 RST 来再现它们的不同篇章层级了。RST 能清晰地刻画出段落的篇章组织结构，能将线性的文字表述再现为层次分明、核心凸显、关系明确的树状图，从而再现时间推进，因此 RST 的描述无疑是一种非常好的再现中观层面时间推进的方式。看例(8)，摘自《茨菰》第 1 自然段。

(8) 1→姑妈回家先看见了两只芦花大公鸡，2 它们被网线袋包围着，3 一只坐，4 一只站，5 但看上去都还乖巧。6 看见芦花大公鸡，7 姑妈就知道我表哥回家来了，8→她仔细地看了看地上，9 也不知道是鸡讲卫生，10 还是饿着肚子无法便溺，11 总之地上很干净。12→姑妈抓过一只公鸡的鸡冠检查了一下，13→说，不会是病鸡吧，光知道带公鸡回来，又不能炖汤，又不能下蛋的，早晨还吵死人。14→姑妈走到厨房边，15→正要去抓米给鸡吃，16→看见天井里坐着一个穿桃红色衬衣的陌生姑娘，正在用瓷片刮茨菰。

这一段的 RST 结构树如图 2.6：

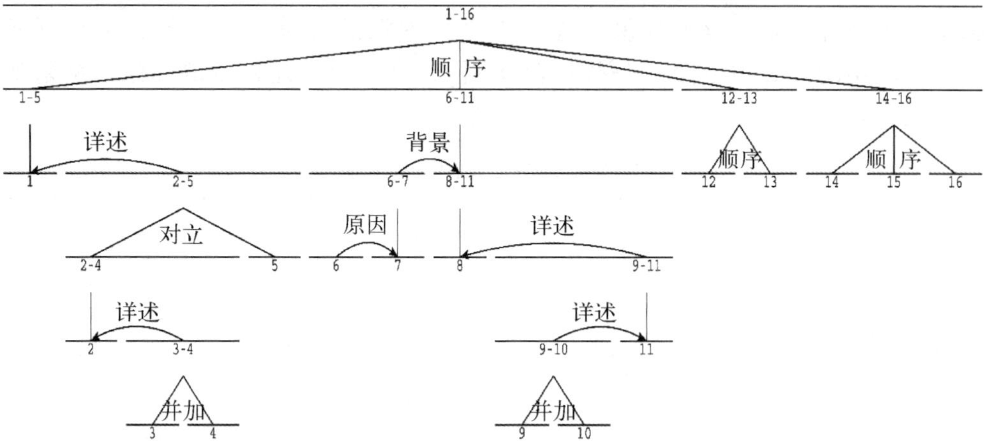

图 2.6　例(8)的 RST 分析

RST 树图非常明显地描述了时间推进小句和其他小句以怎样的修辞关系关联成为中观层面的时间推进的。本章所说的中观层面就是每个段落中多个小句所组成的结构段，即 RST 树形图中处于每个树枝末梢的小句和全段最大结构段之间的所有中间层级。这些层级上呈现的时间先后关系就是中观层面的时间推进。它依附于段落的组织结构，依靠小句之间的修辞关系，因而是一种隐性的时间推进。如图 2.6 中，小句组合所形成的四个结构段"1—5""6—11""12—13"以及"14—16"处于序列关系中，形成了中观层面的时间推进。它一般处于段落组织结构的较高层级，控制着段落内时间推进小句的分布，即中观层面推进时间的每个结构段的核心一定是时间推进小句：如果结构段的下一层是单核关系，那么核心就是推进时间的小句，如结构段 1—5 的核心是 1，2—5 是用来进一步阐述第 1 小句的；如果是多核关系，则这些小句都推进时间，如结构段 12—13 是多核关系，因而第 12 小句和第 13 小句都分别推进了叙述时间。

既然中观层面的时间推进能够在立体层级上铺开，那么我们就希望知道它大致分布在哪些层级上，频率如何？按照这一思路，我们统计了包含八篇小说的自建语料库，其中一共包含 831 个段落，中观层面的时间推进达到了 1 024 次，在 RST 层级上集中分布于最高的第一层和第二层，分别为 487 次和 413 次。这两层的频率分布加起来占了总数的 88%。图 2.6 展示的是中观层面时间推进位于 RST 层级的最高层，例(9)是《一坛猪油》的第 10 自然段，RST 图展示了中观层面时间推进位于第二层和第三层：

(9) 1 带着仨孩子出门真不容易啊。2 一会儿这个说饿了，3 一会儿那个说要拉屎撒尿，4 一会儿另一个又说冷了。5 我是一会儿找吃的，6 一会儿领着他们上厕所，7 一会儿又翻衣服。8 天黑以后，车厢里的灯就暗了，9 小东西们折腾累了，10 老大斜倚着车窗，11 老二躺在座席上，12 老三在我怀中，13 都睡了。14 我不敢睡，15 怕迷糊过去后，16 丢了东西和孩子。17 熬了一宿，18 天亮时，我们到了嫩江。

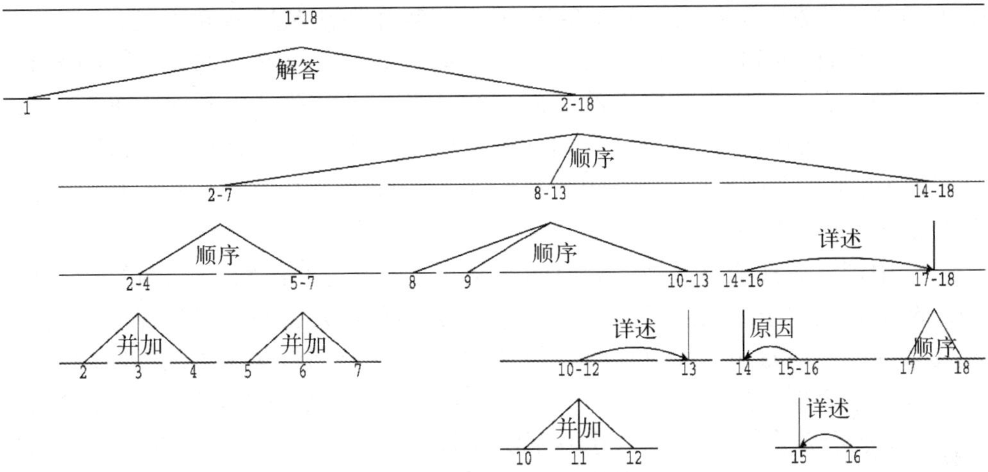

图 2.7　例(9)的 RST 分析

从段落整体上看，例(8)重在描述，而例(9)则重在叙述。但是这一段还是在高层使用了时间推进来组织段落。可以说，由于叙述篇章中时间的重要性，因而在段落的组织上，也就是中观层面，时间推进也倾向于位居高层，由高位对整段的组织结构实施管辖，显然这样的布局有利于篇章的时间层次架构。

以往研究中，并未见到所谓中观层面的分析，本章认为中观层面的重要价值在于：

1. 中观层面能帮助我们更深入地理解时间推进是篇章发展的基本原则。上面也统计了，叙述文中无论从层级还是数量上看，中观层面的时间推进都是占优势的。就本章的 RST 树库来看，88%的高层分布非常明显地说明，时间推进的确是叙述篇章组织和发展的最基本也是最主要的原则，是叙述篇章不可缺少的一种修辞关系。中观层面还能有效地体现时间推进研究和以往研究的不同。以往关于篇章角度的时间研究常常囿于邻近两个句子之间的时间顺序研究，而时间推进并不只是邻近句子之间的时间关系，如(8)中，第1小句创建了参照时间，一直到第8小句才推进这一参照时间。有了中观层面的建构，我们可以清晰地看到，为什么隔了这么多小句读者还能意识到篇章的时间推进。可以说，中观为我们完整地呈现了一个段落的组织结构，这为微观提供了进一步的定位可能。

2. 从中观层面出发可以更好地观察句法、语义和篇章的接口。篇章语法的研究有两端，一端是小句，另一端是篇章，那么二者的接口可能有两个方面：一是小句内成分的篇章功能，一是小句功能对篇章整体功能的贡献。句法研究通常关注的是小句内成分之间的制约选择关系，当然学者们也在一层层往上做，从动词内部到动词外部，从题元层到形态层再到篇章层（比如熊仲儒2011）。近些年来学界普遍关注句法和语义的接口研究，本章所提出的中观层面有助于人们更好地观察句法、语义和篇章的接口，因为篇章和句法都离不开语义，修辞关系是篇章关系，但说到底还是一种语义关系，语义关系整合在一起，形成了段落的篇章结构。它会制约中观层面的时间推进。尤其是那些从纯句法平面看，是由影响时间推进的因素按照符合时间推进的模式形成的句子，但是却并不推进时间，原因就是在中观层面，该小句所在的句子在段落篇章中所处的位置，它并不是在推进时间的中观层面上。

3. 中观层面还能有效地区分时间顺序和时间推进的区别。以前的研究常常囿于两个邻近句子之间的时间关系，从中研究时间顺序。Smith（2003）将之提升到篇章的发展原则角度加以理解，时间推进并非只是邻近句子之间的时间关系，尽管有时它表现为这个。有了中观层面，我们可以更加细致地发现一种时间关系，即从邻近句子来看，时间关系并不明确，但是它们整合在一起，处于篇章结构的中观推进层面上。尽管读者并不清楚具体事件之间的时间先后，但是由于涉及具体事件，还是可以感觉到时间在推进。比如：停了两天……叙述这两天中的事件（无时间先后）……两天后。这种时间推进是在微观层面无法看到的。如例(10)的画线部分：

(10) 1→我们先是坐了两个钟头的马车，2→从河源到了林光火车站。3→在那儿等了三个钟头，4→天傍黑时，才上了开往嫩江的火车。5 那时往北边去的都是烧煤的小火车，6 它就像一头刚从泥里打完滚儿的毛驴，灰秃秃的。7 小火车都是两人座的，8 车上的人不多。9→别的旅客看我拖儿带女的，10→这个帮我卸背篓，11→那个帮我把孩子手中的东西接过来。12 还没等我们安顿好呢，13→火车就像打了个摆子似的，咣当咣当地开了。

例(10) 摘自《一坛猪油》的第8段，整个段落的RST图如下：

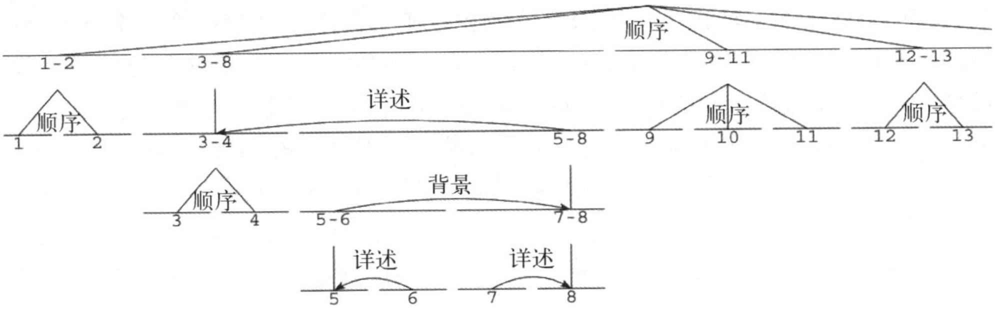

图 2.8　例(10)的 RST 分析

图 2.8 中"1—2""3—8""9—11""12—13"四个结构段便是中观层面的时间推进,另外第 9 小句和"10—11"结构段也是中观层面的时间推进。其中画线的第 10、11 两个小句,如果从时间顺序上看,是很难分清楚的,但是从中观层面来观察,这两个小句与第 9 小句是时间推进关系,再加上这两个并列的小句涉及具体事件,因而也能产生时间推进之感,这种时间关系是以往时间顺序研究所无法看到的。

总的来说,我们提出时间推进的中观层面,目的是想解释段落中非连续小句之间所呈现的时间推进现象。也就是说,当段落中间隔了几个小句之后,我们何以意识到接下来的某个小句是在相隔很远的小句基础上推进的,为了回答这个问题,我们试着搭建篇章的组织结构,RST 正提供了这一技术。小句一层层组装成结构段,结构段之间的修辞关系控制着下位小句可能有的时间推进,因而我们选择 RST 来再现中观层面的时间推进。中观层面的时间推进通常都会位于叙述篇章段落的高层,高位控制篇章组织结构。

三、微观层面的时间推进

微观层面的时间推进指的是段落中能够推进时间的所有小句形成的推进链,如例(10)中小句 1、2、3、4、9、10、11、13 所形成的时间推进。微观层面上,时间推进依靠什么来实现呢?

先来看词汇衔接。Halliday & Hasan(1976/2007: 264)指出,在任何篇章中,无论表现出来的语法衔接多么丰富,如果没有词汇的各种衔接模式相配合,就形不成篇章。这样看来,微观层面上篇章时间推进链的形成最基本的首先要依赖动词的词汇搭配衔接。词汇衔接是指通过词汇的选择来取得篇章衔接的效果,通常包括"复现"和"搭配"两大类。我们这里所说的动词词汇衔接并非动词的复现,而是指动词的相互搭配,意即前后文动词的使用符合人们的世界知识和认知模式,从而产生了篇章衔接力。至于它们的衔接类型,并不是本书的考察重点,因此不做细分。

认知心理学的研究(Zwaan 1996;Speer 2005;Therriault & Raney 2007 等)认

为语言理解就是在不断建构连贯的情境模型。所谓情境模型就是篇章中事件、状态的心理表征。阅读中，人们会从篇章中提取事件并将之整合进前文建构的情境模型，来实现理解。通常所使用的策略是“顺序提及”的认知策略（order-of-mention strategy，Clark 1971），也就是所谓象似原则（Iconicity Principle），换句话说，理解者的自然倾向是处理事件就像它们自然发生的顺序那样。于是，当阅读某一小句时，其核心动词符合顺序提及的认知，即符合人们对事件时间连贯的期待，符合人们的世界知识建构，也就形成了词汇搭配衔接，因而就具有了衔接力。如例（11）：

（11）……1 小孩子通常都不怎么惧怕发热，2 任凭到三十八甚至三十九度，3 依然无知无觉。4 此时，正是从三十八往三十九度攀爬的过程，5→祖母自然不**依**，6→立马**驱**去床上躺着，7→这一**躺**下，8→原本被抑制着的热度便一径直**升**上来，9→等孩子的父母**下班**到家，10 七月天里裹在一床棉被里的小孩子已烧成一块火炭，11→再量体温，12→水银柱几乎升到顶头。13→母亲责怪祖母不该大热天里用棉被裹他，14→祖母申辩历来都是用捂发汗退热，15→到底犟不过强悍的媳妇，16→由她解开棉被，……

这是王安忆小说《救命车》①中的片段，我们看第 5 小句到第 9 小句，都标上了推进的箭头，每个小句中的动词“依”“驱”“躺”“升”“下班”建构了连贯的情境模型，符合人们对事件发生时间顺序的默认感知，彼此呈现出词汇搭配衔接。可以说，这种衔接奠定了时间推进的基础，但同时，我们也应该注意到，篇章中的一些语言学成分也非常重要，它们能在动词所提供的基本时间图式的基础上，通过各种手段设置推进节点，从而使时间推进能够顺利展开。比如说，第 6 小句的时间副词“立马”提示了该事件很快地衔接在前一事件之后，第 7 小句的“一”和第 8 小句的“便”相互配合，加速了所述事件的关联。而且这两个小句中都有补语，帮助明确时间图式中的结果成分，也助力了时间推进。

再如例（10）中小句 1 有时间状语“先”和体标记“了”；小句 2 有体标记“了”；小句 3 有体标记“了”和时量补语“三个钟头”；小句 4 有时间状语“天傍黑时”和“才”，还有体标记“了”；小句 9、10、11 所使用的动词“看”和“帮”具有有界性或动态性，三个小句呈现出有层级的序列关系；小句 13 使用了时间状语“就”。从以上初步的直觉分析中就能看出，相关语言学成分的确可以帮助人们理解叙述的时间定位。所以说，光有动词的词汇搭配衔接只是为时间推进奠定了最基础的内容连贯，其他语言学成分会促成时间推进。我们认为在微观层面上促成时间推进的语言学成分主要有：动词情状、补语、体标记、时间状语。

由此可见，微观层面的时间推进是显性和隐性的结合，动词的词汇搭配衔接是

① 研究方向的确立常常有赖于语料的预标注，这篇小说就是我们预标注时的测试篇章，后来由于时间关系，并未收入本书语料库。

显性的，它们形成的序列奠定了时间推进的基础，而动词情状、补语、体标记、时间状语等则提供隐性的语义影响，调控着时间推进的展开。一个小句能否在微观层面上推进时间，要受到小句的情状特征和小句之间修辞关系的互动制约。图 2.9 是微观层面时间推进的分析思路[①]：

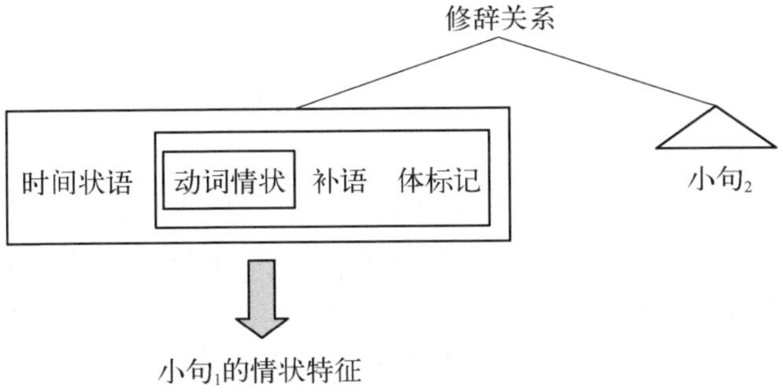

图 2.9　微观层面时间推进的分析框架

动词情状类型、补语、体标记、时间状语等变量会从内到外影响小句的情状特征。对于小句之间的时间推进而言，有界性和动态性这两个情状特征非常重要。下面我们以例(11)和例(12)、例(13)来进一步说明这一分析思路。

首先，例(11)中的 5、9、13、14 四个小句的主要动词要么是包含结果类动词[②]"依""等"，要么是强动态类动词"责怪""申辩"，它们本身就具有有界性或动态性，因而在其他变量不出现时也能推进时间。可见，动词情状类型对小句情状特征的影响是最根本的。相比而言，不推进时间的小句则倾向于使用其他类型的动词，比如第 1 小句的"惧怕"，第 4 小句的"是"等等都是状态类动词。其次，结果补语和趋向补语能对事件的内部时间进程做局部凸显，从而体现事件的有界性。如 7、8、16 三个小句中的趋向补语"下""上来""开"，12、15 小句的结果补语"到""不过"，都凸显了动态事件的有界，从而推进了时间。而 4 中不推进时间的小句则较少使用这些类型的补语，只有小句 10 才用了结果补语"成"。再次，时间状语可以为事件在时轴上定位，还可以体现它所修饰的事件与前文事件的时间参照关系，6、8、11 三个小句中的时间状语"立马""便""再"就体现了后时性时间关系，并呈现出前后事件的动态衔接。而不推进时间的小句则很少使用这类时间状语，小句 4 使用"正"体现共时性时间关系，而小句 10 则使用"已"，表达先时性时间关系。

体标记是观察情状的视角，有的体标记能体现情状的有界、动态阶段，如"了"。看例(12)：

---

① 这一思路吸取了 Smith(2003)、Wu(2003)、Xiao & McEnery(2004)、杨素英(2000)等的相关思想。

② 动词的情状分类具体见第四章。

(12) 1→过了中午,2→过了下午,3→晚饭前,马老末终于露面了。(铁凝《第十二夜》)

例(12)中第1、2小句的"了"既表明从完整视点来观察事件,体现有界性,而且还将该事件与前文的参照时间关联起来。而有些体标记则不能推进时间,如(13)中第3小句的"在":

(13) 1→她不怎么慌乱了,2眼睛闪闪烁烁的,3一定是在开动脑筋。(苏童《茨菰》)

理论上说,动词情状类型是小句情状最核心、最内层的部分;补语对事件时间进程进行局部凸显;体标记有双向功能,既提供观察事件的视点,又将事件拉到时轴上;时间状语则是最外围的,它提供事件的时轴定位。这些因素或者单独运用,或者彼此之间互动,只要具备动态性和有界性这两个情状特征,一般来说就能推进时间。于是在微观层面上,各个因素就形成了内推外拉的力量,整合起来推进篇章叙述时间。

除此,修辞关系会从小句之间的关系上制约着时间推进,如果小句具有这些情状特征,但是由于修辞关系上看该小句处于"阐述、背景、对比"等等修辞关系中,那么还是不能推进时间。如例(11)的第2小句尽管使用了包含结果类动词"到",整个小句也具有动态性和有界性,可是由于在修辞关系上1、2、3三个小句是一起作为第4小句的背景说明的,因而没有推进时间。

总的来说,微观层面上时间推进的影响因素众多,现象本身非常复杂,以上只是一个大致的分析框架,微观层面的时间推进是本书接下来要着力探讨的话题。另外,虽然我们列出了影响时间推进的主要因素,但是这些要素内部的具体情况以及它们之间有怎样的互动规律等等问题并不明确。因此本书从第四章到第七章,将通过统计学方法,通过概率模型得出影响效果的差异等级,定位每个因素对时间推进的影响。

四、三个层面的互动系统

以上我们以汉语为材料观察时间推进,尝试建立一个分析框架。这一框架不仅适用于汉语,在一定程度上也适用于其他语言的研究。本书将时间推进区分为三个层面是为了论述的方便,其实三个层面之间是互动的,形成一种立体交织状态。如图2.10所示。

三个层面的时间推进之间具有管辖关系和嵌套关系,宏观层面管辖着中观层面和微观层面,推进时间的小句嵌套在结构段之间的时间推进中,而这又嵌套于时间参考所统领的时间区间内部。可以说,三个层面彼此各有分工,又有互动,并不是简单的上下位概念。

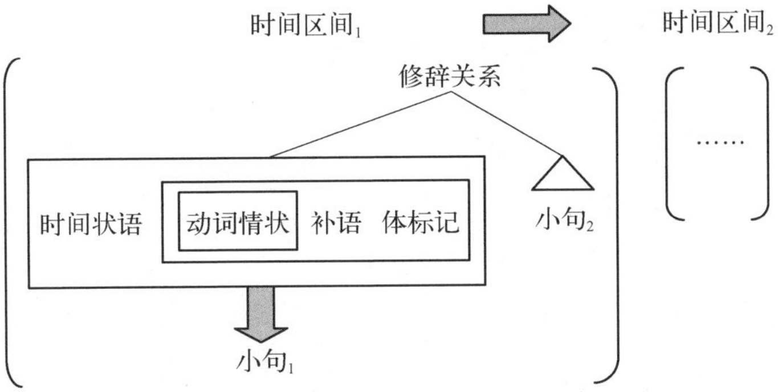

图 2.10　三个层面的时间推进互动关系

宏观层面的时间推进掌控着全文的情节发展方向，以界定时间区间的方式来操控全局性的故事进展；中观层面的时间推进建构故事情节的脉络和层次，以修辞关系来实现情节的连贯和跨越；微观层面的时间推进调配事件的细部关联，以句法语义成分的篇章属性来调整事件推进的速度和品质。

三个层面的时间推进之间互动交织成一个完整的动态系统。从小说创作的角度来说，宏观的方向掌控需要中观的层次建构和微观的细节调配来丰满和呈现，否则只是个空架子；中观层面上情节的连贯和跨越也需要通过微观层面的细部调整来传递和支撑，没有微观层面句法语义成分的篇章属性，作者也很难实现中观组织。因此在这个由上而下的过程中，能充分体现作者的创作技巧。从读者的阅读和欣赏角度看，随着微观层面一系列句子的连贯出现，人们跟随着故事的进展，形成一个又一个情节期待，并用不断更新的心理模型去匹配，从建构每个段落的情节脉络和层次到最终完整地建构起整个小说的宏观框架，这是由下而上的过程，同样也离不开三个层面的互动。总的来说，在篇章时间推进的建构上，宏观是视野，中观是布局，微观则是实施。

五、小　　结

本章重点阐述了篇章时间推进是一个包含宏观、中观和微观三个层面的立体系统。宏观层面的时间推进是根据时间参考所管辖的段落形成时间区间，相互衔接构成全文的时间线；中观层面的时间推进是段落内多个小句组成的结构段之间所呈现的时间推进，这依赖于修辞结构理论对段落组织结构的表征；微观层面的时间推进则是涉及时间推进的所有小句形成的推进链，主要受动词的词汇搭配衔接影响，以及一些语言学成分如动词情状、补语、体标记和时间状语的制约。研究还发现，三个层面的时间推进构成立体互动的系统：宏观操控全局性的时间进展，中观搭建篇章的时间层次，微观则负责调配时间推进的速度和品质。

2

第二部分

时间推进的微观模型

篇章时间推进系统依靠“参照时间规则”实现运转，系统的影响要素即主要成员包括：动词情状、补语、体标记和时间状语，它们从内而外分别给时间推进提供了动力内核、结果凸显、界性加推和外部牵引。

第三章　时间推进的运转机制：参照时间规则

时间是一维的，语言所描述的事件也总是要在时轴上去定位和推进。那么究竟事件之间是如何建立时间关联，是依赖怎样的机制来推进叙述推进的？第二章我们已经呈现，篇章时间推进系统是一种分层组织；在这样的分层框架内，调用不同的语言资源来完成任务。对于系统而言，除了区分层面，还需要确定系统的主要组成部分和运转机制。比如天体系统，宇宙间运动着的天体互相吸引和互相绕转，形成天体系统。万有引力和天体的永恒运动维系着它们之间的关系，组成了多层次的天体系统。从低到高依次为地月系、太阳系、银河系和总星系。地球与月球构成了一个小的天体系统，即地月系[①]。因此，在篇章时间推进系统中，我们还需要明确的是系统主要构成成员及各自的功能，还有系统运转的规则。第二章我们建构了时间推进的分层系统，介绍了主要成员，本章我们就来探讨篇章时间推进的运行机制：参照时间规则。要理解篇章时间推进的机制，我们需要两个关键的概念：一是参照时间，二是结果状态。

一、参照时间及其篇章取向

绪论和第一章已经论及，时间推进本质上就是参照时间的动态更新。那么要了解参照时间的运动，首先就要界定参照时间。但纵观文献，各家关于参照时间的理解还是有所不同的。理论上说，参照时间的各种定义和理解应该既能反映语言中时制系统的本质属性，又能够体现叙述篇章的时间属性，但事实并非如此，它们的研究常彼此独立，形成了两种取向的研究。

（一）时制取向(tense-oriented)的参照时间

参照时间的概念最早是由 Reichenbach(1947)提出，他引进参照时间的目的是用来考虑英语的时制系统，但由于他并未给出明确的定义，这也就给之后的重新解读留下了拓展的空间。Reichenbach 的时制体系包含了三个基本的概念，S 代表说话时间，E 代表事件时间，R 则代表参照时间。简单句的时制用 S 和 E 来表征就可以了。比如：

(1) a. I see John.　　　　　　S，E

---

① 参见“百度百科・天体系统”。

b. I saw John. E_S

c. I will see John. S_E

(1) a 表现现在时,(1) b 表现过去时,(1) c 则表现将来时。可是英语的时制系统远非如此简单,有些复杂的时制问题如完成时,则必须引进参照时间 R,比如:

(2) Petja had gone.

如果没有参照时间的概念,就无法理解完成时和过去时有何区别。根据 R 和 S 的关系可以区分过去、现在和将来;根据 R 和 E 的关系可以区分先事、当事和后事[①]。Reichenbach 的时制体系对普通语言学的时制理论贡献巨大,这种基于时制取向的参照时间概念,有助于准确指明事件在时轴上的定位,分析事件的时间结构。另外,他其实也注意到,参照时间可以按顺序排列,参与建立复杂句内部部分的时间解读。

(3) How unfortunate! Now that John tells me this I have mailed the letter.

(4) He telephoned before he came.

例(3)中,John tells me this 的参照点和说话点一致,在 I have mailed the letter 中并未改变。这是他所说的"参照点的永恒"。例(4)中,两个参照点是按顺序排列的,即第一个句子的参照点先于第二个句子的参照点。正是在这种参照时间的顺序排列解读中,后来的学者发现了研究拓展的空间,将参照时间的概念延展到一系列句子即篇章,形成参照时间运动。

(二) 篇章取向(discourse-oriented)的参照时间

目前学者们对于参照时间在叙述篇章时间分析中的重要性已经形成了共识,都认可叙述篇章的时间推进本质上就是参照时间的动态运动。Kamp & Rohrer (1983)、Partee(1984)指出单个句子独立的时制解读在篇章中并不凸显,即只表达这些句子发生在过去,对于句子的顺序而言没有价值。比如:

(5) John went to the kitchen. He made some tea for his guests.

他们发展出篇章表征理论(DRT),句子不仅看与说话时间的关系,而且也要与前文相适应。可以这样理解,每个增加进来的句子都携带一些新信息,只有整合进篇章表征结构中才能实现理解。DRT 重视句子之间的关系,于是增加进来的句子也会对篇章时间结构产生影响。一般来说,这种影响可以简化为顺序和覆盖。Kamp & Rohrer(1983)认为决定句子顺序的时间解读的规则原则上应该类似于复杂句时制形式的解读。于是他们对此做了扩展,形成篇章取向的参照时间,比如:

---

① 先事、当事、后事的翻译采用龚千炎(1995)。

(6) Mary had left *when I talked to John*.
E_R_S

这个复杂句如果拆成两个简单句，意思不变：

(7) I talked to John. Mary had left.

但这一来，前一句就为后一句提供了参照时间，确定了彼此的时间先后关系。因此可以根据参照时间运动来解释叙述的时间顺序。可以这样理解：叙述的一系列句子中，每个句子都描述了与参照时间相对定位的一个事件，同时也为篇章时间结构引入一个新的参照时间，供后续句子作为参照。

正是在这样的理念和思路之下，参照时间的运动作为篇章时间推进的重要机制来看待。一般都认为：如果小句表征的是事件，就会包含在参照时间之内，即事件会更新参照时间，形成运动；而如果小句表征状态，则会包含参照时间，即状态与前文共时，形成时间覆盖。于是参照时间运动的关键聚焦到了事件和状态，或者说事件结构上。

二、事件结构和结果状态

（一）事件和状态

人们通过感知和认知能力将世界的情状区分为事件和状态这两大范畴。事件和状态的区分对于篇章时间推进而言非常重要，正如第一章所述，以往的篇章时间结构研究都认为事件和状态会引起不同的参照时间运动，从而影响时间推进。学者们很早就对动词的内部时间结构产生兴趣，并进而发展事件结构理论(Vendler 1967;Dowty 1979;Smith 1997 等)。学者们根据句子中主要动词及其论元，即所谓的动词组(verb constellation)的情况来区分事件和状态。通常采用三对二值的时间特征来研究动词/句子情状：动态(dynamic)——静态(static)，终结(telic)——非终结(atelic)，持续(durative)——瞬间(instantaneous)。事件在时间中发展，是动态的。动态情状有连续的阶段，每个阶段都占用时间；瞬间情状则只由一个阶段构成，持续情状有终结点(endpoint)。终结性包括了终结点，是自然终结点，如 walk to school；非终结则有任意的终结点，可以在任何时间终结，比如 walk in the park。状态则是静态的，结构内部是均质的，比如 know the answer。

Smith(1997)使用这三对特征区分了五种情状类型：状态和四类事件——活动(activity)、完结(accomplishment)、瞬间活动(semelfactive)以及达成(achievement)。每类的情状特征和例子如下所示：

活动：非终结，持续(laugh, push a cart, stroll in the park)

完结：终结、持续(build a house, walk to school, learn Greek)

瞬间活动：非终结、瞬间（tap，knock，flap a wing）

达成：终结、瞬间（win the race，reach the top）

状态：静态、持续（know the answer，love Mary，be sick，be in the room）

每种情状类型的时间图式都是不同的，就事件来说，要么包含一个点，要么是起始点和终结点，这要看持续特征。终结点是自然的还是任意的取决于终结性。状态的时间图式中则没有终结点。具体可以参看 Smith（2003：67－82）。

（二）事件结构和阶段关系

在事件结构的研究中，Moens & Steedman（1988）认为事件结构具有三分的属性，具体来说，事件可以分析出进程（preparatory process）、顶点（culmination point）和结果状态（consequent state）三个相对独立的部分，如图 3.1：

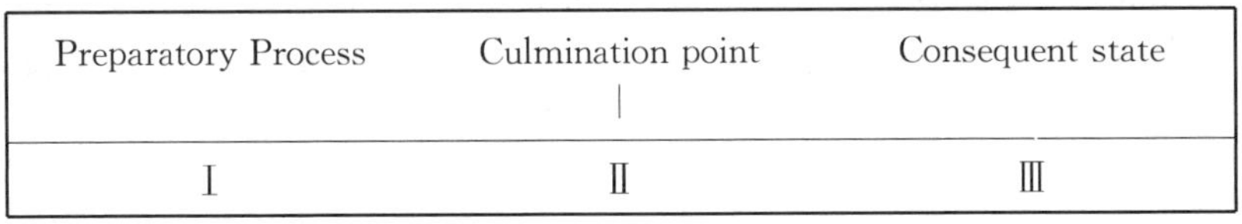

图 3.1 Moens & Steedman（1988）的事件结构

这三个部分紧密关联，呈现事件在时间中的发展环节。这一事件结构较好地体现了事件和状态的区分特征，而且将事件和状态实现了对接，建立了连续关系，而并非将二者完全对立起来。这一事件结构最为凸显的是第三个部分即结果状态，这是与具体事件相联系的结果。对于汉语而言，结果状态似乎非常重要。汉语有不少手段来凸显结果，前贤们已经有非常多的讨论，我们将在后面的章节深入讨论。

另外，Landman（1992）认为一系列事件可以通过部分关系（'part-of' relation）和阶段关系（'stage-of' relation）来排序。阶段关系其实是部分关系的特例。因为要成为阶段，一个部分必须足够大而且和事件共享更多。按照 Rothstein（1999）的例子，油炸洋葱和听录音机可能都是制作炒米粉事件的一部分，但只有前者才是事件的阶段，因为它和炒米粉共享更多，而且足够大，我们可以想象它发展到炒米粉事件的顶点。但是听录音机是很难作为该事件的阶段，因为这两个事件不共享。

Altshuler（2010）认为 Landman（1992）的阶段关系与 Moens & Steedman（1988）的事件结构是适应的。正如 Moens & Steedman（1988：18）所说的，事件的任何或所有部分都具有合成性。比如到达山顶就由很多具体步骤如攀登、休息、吃饭等等组成。因此二者完全可以实现整合，当这些独立步骤足够大且与事件整体共享更多的时候，可以作为进程的阶段，因此进程就由一系列阶段和它们的结果状态组成，而且可以层层分下去。呈现为图 3.2 的事件结构：

我们认为图 3.2 中的事件结构，更好地彰显了事件内部的异质性，不仅可以很好地将自然终结点和任意终结点区分开来，具有灵活性；而且还可以建立子事件之

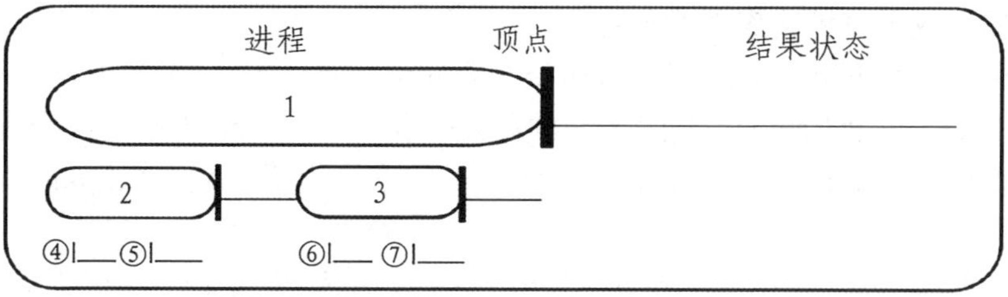

图 3.2　Altshuler(2010)的事件结构

间的关联，强调事件间的线性顺序或致使关系等；同时，这一事件结构不但在时间横轴上将事件和状态关联起来，而且也更加纵深地刻画出状态与事件的交织关系。很好地拓展了时间结构的双向分析。另外，下位阶段的具体数量情况并非固定好的，而是开放给语境。所以这样的事件结构分析不仅符合人们的事件认知，还具有容纳性和灵活性，适合解读篇章时间推进的机制。那么，究竟要如何理解结果状态呢？

（三）结果状态

对于“结果状态”这一概念，Altshuler 以“清理房间”事件为例，进程可以分为两个阶段：清扫地毯上的污渍和打扫垃圾。每个阶段又可以依次再分别分出两个阶段，比如“清扫地毯上的污渍”阶段可以分为“给地毯喷雾”和“用清水冲洗”等。按照通常的理解，传统事件结构中，结果状态通常只表现为完成体、结果结构（resultative construction）和某些持续性状语（duration adverbials），图 3.2 的事件结构则使结果状态成为事件中更普遍的部分，这样便有助于解决“非完整体矛盾（imperfective paradox）”。比较例（8）和例（9）：

（8）a. 昨天早上他在跑步。
　　b. 昨天早上他跑了步。
（9）a. 他在给小明写信。
　　b. 他给小明写了信。

例（8）中 a 衍推（entail）b，说明活动事件“跑步”的进程阶段等同于事件顶点；而例（9）中 a 并不能衍推出 b，说明完结事件“写信”的进程阶段不等于事件顶点，达成事件与此类似。但如果按照图 3.2 的事件结构，有了阶段关系的存在，完结事件的进程阶段也可以产生结果状态。这样的解读就能统一解释篇章中参照时间的运行机制了。

三、篇章中参照时间的确定

明确了参照时间和结果状态的概念，下面来看篇章中参照时间的确定方式。

目前主要形成了三种代表性意见：

一种意见是 Kamp & Rohrer(1983)、Kamp & Reyle(1993)等，他们认为参照时间就是前文提及的事件，因而是一种叙述定位器(placeholder)。这个参照点有别于所谓的定位时间(location time)，定位时间常常由语法表达(比如时间定位副词)来明确。

第二种意见首先由 Hinrichs(1981)提出，后来得到 Partee(1984)、Dowty(1986)和 Webber(1988)的发展，认为参照时间可以由语境提供，也可以通过语法表达明确。如果是语境提供，那么参照时间就构成了紧接在前文提及的篇章事件之后的时间，或者前文提及的篇章事件的随后状态。如果由语法表达提供，那么参照时间构成的是该语法表达所指示的一个时间。

还有第三种意见，是 Kehler(2002)提出的，整合了 Hinrichs 的时间照应分析和 Hobbs(1979)以及 Lascarides & Asher(1993)的篇章连贯研究，强调修辞关系的重要性。认为参照时间的观念应该只有在必要的时候才使用；世界知识常常决定事件的时间顺序。

Altshuler(2010：168)以第二种意见为基础，提出一个改进版的“参照时间规则(Reference Time Rule，RTR)”：

【1】参照时间可以由时间状语(temporal adverb)明确，也可以由语境提供。如果句中有时间状语，参照时间就由它定位；如果句中没有时间状语，则由语境提供参照时间，即前文提及事件的结果状态的持续就构成了参照时间。

【2】事件被包含在其参照时间内，而状态则包含了其参照时间。

RTR 更好地将时间状语这一要素融入了时间推进的机制研究中，也更具概括力地反映了时间推进的本质。可以按照图 3.3 来理解：

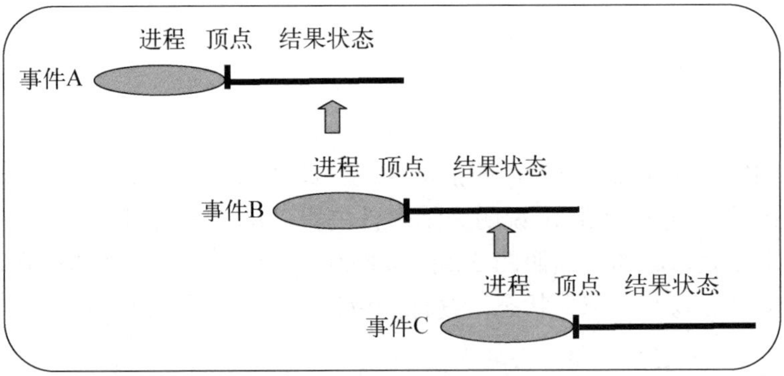

图 3.3 RTR 的图解

根据 RTR，事件 A 的“结果状态”为事件 B 提供了参照时间，事件 B 包含在其中，就推进了时间。同理，如果事件 B 也产生了“结果状态”，就可以为事件 C 提供参照时间，而继续推进时间。因此在篇章时间推进中，有界性和动态性非常重要（Smith 2003）。有界性可以提供结果状态，动态性则是作为事件的基本属性。可以这样理解，动词的动态性提供了时间推进的原动力，它保证了作为事件，包含在前文提供的参照时间内，从而启动时间推进。该事件的结果状态可以作为后续动态事件的参照时间，这样参照时间就实现了动态更新。

四、小　结

总的来说，时间推进的本质是参照时间的动态更新。黄敏（2006：184）也指出：不论何种手段，它之所以使叙事推进，是因为它提供了不断推移改变的参照时间，随着参照时间的推移改变，行为向前推进，叙事也向前推进；否则它只能使叙事停留在原来的时间。反之也可以说，若提供了不断推移改变的参照时间，就能使叙事向前推进，使叙事不断向前滚动发展，否则就不能使叙事向前推进。

篇章中参照时间的确定有别于单个句子或复杂句层面参照时间的确定，尽管二者有拓展关系，但前者依赖于事件和状态的区分，更准确地说主要涉及事件的结果状态，形成有界解读，使推进能一环套一环。另外，时间词语也会从外部对情状进行定位，因此综合来看，在篇章时间推进中，时、体是密切相关的。这需要我们有更加广阔的时体观。下面我们将从时间推进的这一运转机制入手，在三个层面的系统框架下，具体展现时间推进系统的主要构成成员是如何作用于篇章时间组织的。

第四章　动力内核：动词情状对时间推进的影响

第二章已经指出，对于时间推进而言，有界性和动态性是非常关键的两个属性。这两个属性对于动词而言，同样也是非常重要的特征。从时间推进的分析框架中可以看到，动词处于推进的核心，因而我们有理由相信动词所带有的相关情状特征应该能为句子的时间推进提供最为基础的动力。目前学者们主要从动词、短语或句子等角度探讨情状分类的标准和体系等问题，热衷于理论架构，集中于典型个案的解析。研究中不断探讨重要概念（动态性、瞬间性、终结性等），解释语义和句法的接口，这在语言研究多个领域发挥了重要作用。但就动词情状是否会对篇章组织产生影响这一问题，及物性分析（Hopper & Thompson 1980）和篇章推进分析（Smith 2003）虽有相关讨论，但只是提供了研究方向和思路，并未展开系统研究。本章就从时间推进的动力内核出发，基于杨素英、黄月圆、王勇（2009）的动词情状分类系统①，提出"凸显特征"来统一分析动词情状，综合统计学方法实证验察动词情状对时间推进的影响。

一、动词情状分类

一直以来，情状分类都是语言学的重要话题，研究历史久远，成果丰硕。现代语言学意义上的情状研究是从 Vendler（1967）开始的，可是他并没有对情状类型和动词类型做出界定。在他看来，情状类型和动词类型的关系密切，难以截然划分。此后，许多语言学家围绕着情状类型和动词类型的关系展开了卓有成效的研究。Verkuyl（1972）、Comrie（1976）、Dowty（1979）、Tai（1984）、邓守信（1986）、陈平（1988）、郭锐（1993）、Klein（1994）、Smith（1997）、戴耀晶（1997）、杨素英（2000）、Xiao & McEnery（2004）等人都详细探讨了句子中成分是如何影响情状类型的，认识到情状类型的合成本质。应该说，学者们大多接受动词自身有一些基本的情状类型，句子的情状类型是动词和句中其他成分合成的结果，可是对于动词本身是否有确定的情状类型，学者们仍意见不一。

我们注意到，杨素英（2000）在以往情状研究的基础上，提出三个层次的情状合成规则。该规则系统以动词类型为基础，在词组层次、基本句式和超基本句式层次

① 这套分类系统穷尽地给汉语主要动词做了情状归属，有助于了解动词对篇章组织的影响。我们在标注时，有些动词不在其"附录表"中，就按照他们的操作标准，结合意义相近动词的情状来做综合判断。

上依据相应的规则，合成句子情状。她明确指出动词自身有明确的情状类型，仅仅需要看动词的语义便可以决定动词的情状归属。比如“打”有结果指向，“打”可能产生一封信，一个字，一个逗号或其他什么东西。不管产生这个结果需要多少时间，“打”有结果指向这一点都是肯定的。但“打”这个词本身并不标明结果有否实现，因而它是一个[－结果实现]词。而“输”却包含了结果在里面，不管“输”的是什么东西，“输了”这个结果都是肯定的，因而它是一个[＋结果实现]词。相对来说，句子的情状是非常灵活的，没有必要对它们做硬性的分类。只需要参考动词类型和情状动貌合成规则来看情状的动貌性质。杨素英、黄月圆、王勇（2009）又进一步区分五大类九小类动词（表 4.1），并且使用孟琮等编的《汉语动词用法词典》作为基本语料，按义项出条，一共考察了 2 183 个词条，对现代汉语的常用动词进行了穷尽性地分类分析。

表 4.1　杨素英、黄月圆、王勇(2009)的动词分类

动　词　情　状	特　　征	小　类
状态（states）	〔－动态，＋持续，－终点〕	无动态
		弱动态
活动（activities）	〔＋动态，＋持续，－终点〕	弱动态
		强动态
瞬时活动（semelfactives）	〔＋动态，＋持续，－终点〕	
指向结果（≈ accomplishments）	〔＋动态，＋持续，＋终点〕	确定结果
		模糊结果
包含结果（≈ achievements）	〔＋动态，＋终点，± 持续〕	确定结果
		模糊结果

客观世界的事件甚至状态都有始有终，可是语言的编码却是有所取舍。动词情状只是语言对它们的时间属性进行不同选择的编码，情状类型正是这种编码的自然聚类。

（一）状态情状

一般认为状态情状有着静态均质的过程。近些年学者们提出了不同的二分处理（Xiao & McEnery 2004；Wu 2009），其实都可以归结为动态性的有无和强弱（杨素英等 2009），如根据能否受“很”修饰区分无动态的“认识”和弱动态的“爱好”。语言编码中这类动词凸显的是过程的稳定性，当然可以通过句法手段显示起始点：

（1）那年冬天，我认识了他。

（2）从此，我爱好上收藏。

这样的看法和Smith(1997)一致,即起始点和终结点并不是状态情状的组成部分,状态由一个没有内部结构的不需要做出区分的阶段构成。

(二)活动情状

通常认为活动情状具有动态均质的过程。如“游泳”凸显的是过程,同样可以通过句法手段为它提供起始点和终结点:

(3)他游泳游了一个小时。

和状态不同的是,活动的过程是动态的,虽然动态有强弱之分。如“巴结”的动态性更强:

(4)她担心你的安危。
她在担心你的安危。
她担心着你的安危。
她很担心你的安危。

(5)他巴结领导。
他在巴结领导。
?他巴结着领导。
*他很巴结领导。

(三)瞬间活动

目前大多学者都认可了瞬间活动的独立情状地位。如“咳嗽”:

(6)他在咳嗽。

与进行体“在”的共现并不像通常的活动动词那样表示行为的动态持续,而是表示“咳嗽”这一瞬间动作行为的不断重复发生。也就是说,瞬间活动事件其实就是起始点到终结点的过程在瞬间就实现了。这一实现过程具有动态性,而且是较强的动态性:

(7)水在滴。
?水滴着。
*水很滴。

(四)指向结果动词

〔±结果〕对汉语影响重大,汉语有特殊的否定删除来观察结果的实现与否。如例(8):

(8)他写了一封信,可是没写完。

“写”只是表明这个动作有一个指向结果的过程。在指向结果动词中,结果的实现并不凸显,凸显的是指向结果的动态过程。要表示结果的实现,通常需要其他句法成分的协助,如:

(9) 他写好/完了一封信。

杨素英等(2009)进一步区分出下位类型：确定结果和模糊结果。我们认为，结果明确，使得指向性更强，便会减缩过程的长度感；而结果模糊，会使人们感觉过程相对长一些。

(五) 包含结果动词

包含结果动词中结果一定实现，因而不能进行否定删除：

(10) *他不小心暴露了身份，可是没暴露完。

此外，指向结果动词必须有一个动态过程，而包含结果动词则存在动态过程的凸显度差异。例(11)凸显"改善"的中间过程，而例(12)"失去"可以通过"渐渐地"来放大动态过程：

(11) 他在努力改善两国关系。
(12) *他在失去。
*他失去着。
他渐渐地失去她的爱。

杨素英等(2009)也区分出〔确定结果〕和〔模糊结果〕两类。我们认为，结果的确定，很容易理解为瞬间实现；而结果的模糊，使其无所依附，便会增强动态过程性。

二、动词情状的凸显特征

给事物分类，本身就是离散性和连续统的不可调和的矛盾(朱晓农 1987)，导致类别之间不可能泾渭分明。我们认为，分类说到底其实是根据事物最凸显的特征，而这个凸显特征应当具有对外一致性和对内差异性。即它是类内成员共享但又彼此有程度差异的特征。因为共享才会聚类，因为差异才更显语言的灵动。

我们的凸显特征分析是从吴俊雄的显著点分析中得到启示的。Wu(2009：28－36)曾提出"显著点"来分析汉语的情状类型。他首先分析动态情状，认为所有的动态情状都有一个起始点。区分活动、完结和达成的方式就是自然终结点(natural final endpoints)：完结和达成有自然终结点，区别在于完结有着一个明显的过程，而达成的起始点和终结点一致。活动并没有自然终结点，虽然可以任意地添加一个终结点给它。于是自然终结点被称为它们的"显著点"。其次，Wu认为状态情状的内部并不一致。汉语区分两种状态，一类在语义上包含一个起始点，"显著点"就是这个起始点，因为这是其语义中唯一明显的点。另一类则没有起始点，"显著点"是不确定的，因为其语义包括一个同质的状态，其中没有一个点是凸显的。

Wu(2003)认为情状的显著点就是事件的时间图式中最明显、最显著的点，它是从情状类型中推导出来的，可以被其他信息改变。显著点分析确实为一些问题的解决(如体标记和情状的互动)提供了新的思路，但既然显著点是从类内比较的角度区分的，为什么不将状态和活动、完结和达成放在同一个层面上来比较，而是要分别做比较来呈现各自的显著点？这样得出的显著点并不具备类内共享特征，也就无法呈现对外一致性。另外，显著的一定是“点”吗？理论上有这个必要吗？按照Wu对情状时间图式的思路，即使活动、完结和达成的区别未必一定得通过自然终结点，也完全可以说是过程比较显著：活动的过程是动态均质的，而完结和达成都是动态非均质的，完结一定有过程，可是达成却未必要呈现这一过程。

这样看来，Wu的显著点分析并未贯彻到底。每类动词只有通过一个共有的，但是又彼此有差异的特征来反映。此外，凸显的未必是“点”，因而在术语上我们也用“特征”来指称。我们认为，要想有效地区别这五类情状，最好的方式就是时间语义中的“过程”。所有情状都有过程，状态动词的过程呈现为静态性，相对稳定；活动动词的过程呈现为动态性；瞬间活动词的过程呈现为瞬间发生并结束的动态实现；指向结果动词的过程呈现出引向结果点的动态变化；包含结果动词的过程则是结果呈现的动态变化。因此动词情状类型的凸显特征正是过程。如果深入到九个小类的动词情状，会发现一个连续统：

> 无动态状态 > 弱动态状态 > 弱动态活动 > 强动态活动 > 指向结果(模糊) > 指向结果(确定) > 包含结果(模糊) > 包含结果(确定) > 瞬间活动

该连续统从左到右大致反映的是动态性逐渐增加、过程逐渐减缩的情况。

陈平(1988)就曾提到，情状起始点与终结点在时轴上的间距大小，是情状类型彼此有别而又彼此相连的根本因素。他所说的“起始点和终结点在时轴上的间距大小”其实就是我们所提的“过程”。对于无动态状态而言，因为它表现的是一个相对恒定久远的状态，其起始点和终结点之间的距离在人们的感觉中仿佛是无限的。随着过程动态性的增强，过程的均质性越来越难以维持，异质性的出现使得人们理解过程不会再那么久远，于是进程长度也在逐渐缩减，以致最后呈现为瞬间活动的事件实现。可见，本章的凸显特征分析能够将动态性和过程性有机结合起来，说明二者之间此消彼长的关系。这就有助于深入揭示动态性对篇章时间推进的影响了。

三、动词情状对时间推进的影响

(一) 动词情状在时间推进中的作用

以上我们对动词情状及其凸显特征做了简要的说明，下面从语料库中提取三组数据(见表 4.2、表 4.3 和表 4.4)来观察动词情状的凸显特征在篇章时间推进中的作用。表 4.2 是数据总表，包括五大类动词情状和其他词类(主要是形容词)做谓语的情况。其他词类虽然不属于动词情状，但从谓语角度看数量并不少，因此一起做比较。一般来说，它们主要是描述状态，动态性很弱或没有：

(13) 那伙新疆喀什的中年人开始制定活动方案："找到旅社，首先洗澡。打电话去重型机械厂联系。然后——吃西餐！""对，吃西餐！"他们全都**兴奋**起来。

(14) 老道正在预测村子的凶吉。他的牙齿几乎全脱落了，说话**含糊不清**。

表 4.2　动词情状在语料库中的总体情况

		其他词类	状态	活动	瞬间活动	指向结果	包含结果	总数
TP①	次数	106	124	1 638	74	981	533	3 456
	比例	13.66%	8.86%	60.53%	79.57%	57.47%	55.41%	
NTP	次数	670	1 276	1 068	19	726	429	4 188
	比例	86.34%	91.14%	39.47%	20.43%	42.53%	44.59%	
总　数		776	1 400	2 706	93	1 707	962	7 644

我们的语料库共包括 7 644 个小句，其中时间推进小句有 3 456 句。单因素卡方检验显示卡方值为 1 503.469，$P=0.000<0.05$，表明动词情状的类型变化对时间推进有着显著的影响。从使用比例上看，其他词类和状态动词用于非时间推进的均超过 85%，而活动、瞬间活动、指向结果和包含结果动词则更多地用于时间推进，比例均超过 55%。这一对比说明：凸显动态性的动词情状倾向于推进叙述时间，而凸显静态的动词情状倾向于不推进叙述时间。

瞬间活动、指向结果和包含结果这三类动词的动态性都较强，只有活动动词和状态动词还可以根据动态性的"强/弱/无"做进一步区分，我们做出相应标注，整理得到表 4.3 和表 4.4：

表 4.3　活动动词在语料库中的使用情况

活动动词		弱动态	强动态	总　数
TP	次　数	41	1 597	1 638
	比　例	23.70%	63.05%	

① TP(temporal progression)代表时间推进小句，NTP(non-temporal progression)代表非时间推进小句。"次数"是指该类词在 TP 或 NTP 中的出现次数，"比例"是指该次数在这类词的使用总数中所占比重。

续 表

活动动词		弱动态	强动态	总数
NTP	次数	132	936	1 068
	比例	76.30%	36.95%	
总数		173	2 533	2 706

表 4.4 状态动词在语料库中的使用情况

状态动词		无动态	弱动态	总数
TP	次数	61	63	124
	比例	6.67%	12.96%	
NTP	次数	853	423	1 276
	比例	93.33%	87.04%	
总数		914	486	1 400

从表 4.3 和表 4.4 可以观察到，强动态动词明显倾向于用在时间推进小句中，而弱动态动词和无动态动词则明显倾向于用在非时间推进小句中。当然，这些只是数据的总体和初步观察，下面我们就分别探讨动词情状的动态性对时间推进的影响。

（二）时间推进中的动词情状

先来看时间推进小句，也就是综合表 4.2—表 4.4 中 TP 行的相关数据，得到表 4.5：

表 4.5 时间推进中的动词使用

强动态动词	次数	弱/无动态动词	次数
强动态活动	1 597	弱动态活动	41
瞬间活动	74	状态	124
指向结果	981	其他词类	106
包含结果	533		
总数	3 185	总数	271

3 456 个推进时间的小句中，强动态动词的使用达到 3 185 次，占了92.16%，而弱/无动态动词的使用只有 271 次，仅占 7.84%。这两大类型使用比例的悬殊非常明显地反映出时间推进小句强烈倾向于使用强动态动词。下面分别举例：

（15）三人上了火车正在寻找铺位，一个小偷就盯上了傻根，手刚**伸**向他的帆

布包，就被王薄一把捉住了。【强动态活动】

(16) 木排打着旋儿，顺着风势，一直往苏联那边飘，一忽的工夫，就**撞**到人家的岸上了。【瞬间活动】

(17) 那个姑娘看蚂蚁上了排，眼泪汪汪地从兜里**掏**出一个小木勺，送给他。【指向结果】

(18) “什么鸡蛋!”弟弟打断了他的话，“是为房子。”“房子?”陈信困惑了，**停**下了脚步。【包含结果】

(19) 他们砸扁了门上两个巨大的铁环，门上裂开了一道口子，有人**想**从门上的豁口伸手进去拨动门闩，但他们突然停住了。【弱动态活动】

(20) 萧起先还以为警卫员在和他开玩笑。但是他立刻从警卫员嘴角的一丝冷笑中**感到**了情况的不妙。【状态】

(21) 最初几颗冰雹打在他的身上时，他还能感到痛楚，但很快便**麻木**了。【其他词类】

以上画线小句都处于时间推进链上，例(15)—例(18)的动词具有强动态性，例(19)—例(21)的动词本身是弱动态性或无动态性，但是出现在这些时间推进小句中，都赋予了动态义。以例(19)为例，“想”虽表心理活动，但显然在这里，想法已经付诸行动，读者才能身临其境看到“伸手”的动作，因此该句事件发生在“砸扁铁环”之后的时间，即推进了时间。

我们再来看动态性的强弱能在多大程度上影响时间推进。进一步区分弱动态和无动态，统计每类动词的使用比例，从高到低排列得到：瞬间活动(79.57%)＞强动态活动(63.05%)＞指向结果(57.47%)＞包含结果(55.41%)＞弱动态活动(23.7%)＞其他词类(13.66%)＞弱动态状态(12.96%)＞无动态状态(6.67%)。这个等级如果按照动态性从强到弱再到无，根据平均比例则有以下结论：强动态动词(强动态活动、瞬间活动、指向结果和包含结果)平均有63.88%用于推进时间，弱动态动词(弱动态活动和弱动态状态)平均有18.33%用于时间推进，而无动态谓词(无动态状态和其他词类)则平均只有10.17%用于时间推进。这同样也说明了一种倾向性：动词的动态性越强，小句越倾向于推进时间。

(三) 非时间推进中的动词情状

下面来看非时间推进小句的情况。我们同样将活动动词进一步区分以得到表4.6：

表4.6　非时间推进中的动词使用

强动态动词	次　数	弱/无动态动词	次　数
强动态活动	936	弱动态活动	132
瞬间活动	19	状态	1 276

续 表

强动态动词	次 数	弱/无动态动词	次 数
指向结果	726	其他词类	670
包含结果	429		
总数	2 110	总数	2 078

表 4.6 中强动态和弱/无动态的差别远远不如表 4.5 中那么大。这说明强弱动态在非时间推进小句中没有显著差异。下面来看一些例句：

(22) 西天边一片血红，天空中**游走**着破云败絮，残缺的天空时而如碧绿的树叶，时而如玫瑰色的花瓣。【强动态活动】

(23) 刀疤脸爱理不理的样子，继续抽他的烟，地板上已**扔**了一片烟头。【指向结果】

(24) 我在车头，又要撑苫布又要顾孩子的，早把猪油坛子**丢**在一边了。【包含结果】

(25) 看看街东方向，姑妈家门口的一堆人影子**厚**了好多，说明泄密的危险越来越大。【形容词】

(26) 我**知道**这种交易违反国家政策，农民出卖的是宅基地，而宅基地是他们无权出卖的，买房的人也就无法享受法律的保护。【状态】

以上画线小句都没有推进叙述时间，弱动态动词（知道）和形容词（厚）用于非时间推进非常普遍；强动态动词（游走、扔、丢），受到了小句其他因素的制约，无法形成时间推进。

其次，表 4.2 反映出，状态动词在非时间推进小句和时间推进小句中有悬殊的差异（1276＞124），其他词类在非时间推进中的使用也远远超过时间推进小句（670＞106）。结合表 4.4 的数据可以明显看出，无论是无动态状态还是弱动态状态，都有绝对的倾向使用于非时间推进小句。这都说明了非时间推进小句倾向于使用弱/无动态动词。接下来，我们同样再看每类动词在多大程度上适用于非时间推进小句中：无动态状态（93.33%）＞弱动态状态（87.04%）＞其他词类（86.34%）＞弱动态活动（76.3%）＞包含结果（44.59%）＞指向结果（42.53%）＞强动态活动（36.95%）＞瞬间活动（20.43%）。综合一下，无动态的平均比例达到了 89.84%，弱动态的平均比例为 81.67%，而强动态的平均比例仅为 36.13%。这也很好地验察了：动词的动态性越弱，小句越倾向于不推进时间。

（四）进一步的证据

第三章指出，微观层面上影响时间推进除了动词情状，还有补语、体标记、时间状语。上面的数据并未排除这些变量，下面我们进行提纯(见表 4.7)：

表 4.7　剥离相关变量后的动词情状使用情况

		其他词类	状态	弱动态活动	强动态活动	瞬间活动	指向结果	包含结果	总数
TP	次数	25	27	5	427	5	141	66	696
	比例	3.59%	3.88%	0.72%	61.35%	0.72%	20.26%	9.48%	100%
NTP	次数	498	960	56	275	5	196	121	2 111
	比例	23.59%	45.48%	2.65%	13.03%	0.24%	9.28%	5.73%	100%

以下例子仅有动词情状这一变量，例(27)中属于时间推进小句，例(28)则属于非时间推进小句：

(27) 他的肚子已经好了，他还拿着赏给他的两块压床钱，<u>跟老潘**说**他能给家里挣钱花了</u>。【活动】

(28) <u>老姑娘在小岔河**上**小学</u>，她一拿课本就迷糊……【活动】

表 4.7 清楚地显示，动词动态性的强弱对时间推进的影响同样非常重要的。仅依靠动词情状的 TP 有 696 句，占 TP 总数的 20.14%。强动态活动动词用得最多，达到 61.35%，且和其他动词有巨大的差异。NTP 有 2111 句，达到其总数的 50.41%。其中最高频的却是状态动词和其他词类充当谓词，它们的动态性要么弱要么无。表 4.8 是数据再综合的结果，数据的鲜明反差再次证明：动词动态性的强弱对时间推进有着显著影响。没有了小句中其他成分的协助，动词的动态性对于时间推进显得尤为重要。动态性越强，越倾向于推进小句时间；动态性越弱，越倾向于不推进小句时间。

表 4.8　动词凸显特征的分布情况

	强动态动词	弱/无动态动词	总　数
TP(次数及比例)	639(91.81%)	57(8.19%)	696
NTP(次数及比例)	597(28.28%)	1 514(71.72%)	2 111

四、动词情状对时间推进的影响度等级

为了避免小样本局限，更精准地分析动词情状对时间推进的影响程度，我们使用"逻辑斯蒂(logistic)回归"来做概率分析。概率是表示一个事件发生的可能性大小的数，所以概率的比较反映出每种类型对时间推进的影响度大小，概率数值越大，说明该类对时间推进的影响越大。logistic 回归模型如下(P 代表概率，a_n代表

回归系数，M 代表变量）：

$$\ln \frac{p}{1-p}=c+a_1M_1+a_2M_2+a_3M_3+a_4M_4,$$

按照上面的研究所得，我们考虑 7 个变量水平（其他词类、状态动词、弱动态活动、强动态活动、瞬间活动、指向结果和包含结果动词），而每个水平又是分类数据（或名义变量），所以首先将之重新编码为 6 个哑变量（dummy variable，也称为虚拟变量），求得回归系数（表 4.6 中的 B 列）：

表 4.9 动词情状的逻辑斯蒂回归分析

DV	B	S.E,	Wals	df	Sig.	Exp(B)
Vs1	-1.679	0.097	297.169	1	0.000	0.187
Vs2	-2.197	0.088	620.722	1	0.000	0.111
Vs3	-0.711	0.156	20.658	1	0.000	0.491
Vs4	0.561	0.041	185.492	1	0.000	1.753
Vs5	3.401	0.213	255.252	1	0.000	30.001
Vs6	0.339	0.049	48.085	1	0.000	1.404

代入上面的回归方程，得到：

$$\ln \frac{1-\hat{p}}{1-\hat{p}}=\hat{c}-1.679M_1-2.197M_2-0.711M_3+0.561M_4$$
$$+3.401M_5+0.339M_6$$

最后，根据模型中概率的测算公式：

$$\hat{p}=\frac{e^z}{1+e^z}$$

得到每类动词影响时间推进的概率数值，见表 4.10：

表 4.10 动词情状的概率统计

动词情状	概率	动词情状	概率
其他词类	0.157 22	瞬间活动动词	0.967 74
状态动词	0.100 00	指向结果动词	0.584 07
弱动态活动动词	0.329 48	包含结果动词	0.570 69
强动态活动动词	0.636 79		

根据表4.10中概率值的大小，我们得到了动词情状对时间推进的影响度等级：

瞬间活动 ＞ 强动态活动 ＞ 指向结果 ＞ 包含结果 ＞ 弱动态活动 ＞ 其他词类 ＞ 状态

←——————————————————————→

强动态性　　　　　　　　　　　　　　　　　　弱/无动态性

这个等级非常明显地体现了对时间推进影响最显著的是瞬间动词，其次是强动态活动动词，最后是其他词类和状态动词。这个等级恰好呈现一个连续统：动态性从强到弱/无，过程由短及长。而且从概率数值上看，动态性强的四类动词的出现均有超过一半的概率会用于推进时间。

五、小　　结

本章在杨素英等(2009)动词情状分类基础上，提出"凸显特征"的概念，指出过程是动词情状的凸显特征，但每类动词侧重凸显的并不同：状态动词的过程呈现为相对稳定的静态性；活动动词的过程呈现为动态性；瞬间活动词的过程呈现为瞬间发生并结束的动态实现；指向结果动词的过程呈现出引向结果点的动态变化；包含结果动词的过程则是为结果呈现的动态变化。凸显特征分析的重要价值不仅在于能有效区分情状的内部时间结构，更在于它有助于揭示动词情状作为时间推进的动力内核，所发挥的基础作用。

动词情状的凸显特征在篇章的时间组织上的确发挥了重要影响：凸显过程动态性的动词情状倾向于推进叙述时间；动词的动态性特征强，则倾向于推进叙述时间；动态性特征弱或者无，则倾向于不推进时间。这一结论有助于我们深化对篇章功能的认识。动词情状属于小句内核，似乎很难与篇章功能挂上钩。但本章的研究表明未必一定要处于小句外层才具有篇章功能，才涉及种种篇章表现，最内层的动词类型的变化同样会引起篇章的相关反应，因为它们是篇章组织的基础底层。动词情状提供的正是时间推进最基本的动力源。正如Li(2012)所提到的，小句的时间推进遵循两步程序。第一步，动词确定事件的动态性，第二步则是"了"或有界化表达编码了事件的终点边界，正是这两步的交替推进了叙述时间。

第五章　结果凸显：补语对时间推进的影响

第四章我们探讨了动词情状作为篇章时间推进的动力内核，凸显的是它对于时间推进动态性方面的基本贡献。下面我们来考察时间推进的另一个关键属性"有界性"。附加在动词之上的补语，正是在有界性这个特征上对时间推进施加了影响。从这个角度，我们也能发现篇章组织配置和句法手段的某种关联。以往作为纯语法问题讨论的句法成分，是否兼用于篇章的组织配置，是个亟待解决的问题。汉语补语的研究虽然文献丰富，但基本都未脱离句法语义视角，对补语可能产生的篇章影响关注尚不够。因此本章以篇章时间推进为观测点，分析补语对篇章时间组织的影响，展现补语对结果的凸显与篇章时间模式的匹配关系，这同时也能为补语研究提供一种新的视角。

一、补语的界性特征

学界一般认为（Li & Thompson 1981；Andreasen 1981；Smith & Erbaugh 2005 等），结果补语、趋向补语、数量补语和处所补语[①]对事件的有界性产生了重要影响。所以本章选择这四类补语为研究对象，首先来简要分析它们的界性特征。

（一）结果补语

吕叔湘（1986）认为动结式形式简单，但语义关系复杂，代表汉语句法的灵活性。海外研究常使用 Resultative Verb Complements（RVCs）来指汉语的结果补语。学者们对于结果补语的范围宽窄还存有不同的认识，本章将结果补语分为两个小类：

一类是表相（Phase）补语[②]。术语源于赵元任（Chao 1968），表示动作事件"完

---

① 这四类补语在外延上有交叉，逻辑上有一定问题。例如"趋向补语"：飞过去（表示方向），唱起来（表示时间），爬得上去（表示可能），关上门（表示结果）。传统的分类的确存在一定问题。但由于本章的出发点是界性的结果凸显，研究的是这四类同为有界的补语是否在篇章时间推进上有不同的表现，就这一点而言传统的四类并不影响本章的分析和结论。所以仍暂时沿用传统分类，没有做重新整合。另外，本章暂时不考虑组合式述补结构，因此"得"类补语不在讨论范围。

② 表相补语的称呼和范围尚有争论。赵元任（1979）提到"见、着、到、过"；李兴亚（1989）指出"充当结果意义补语的，仍以'到'最为常见"；Xiao & McEnery（2004）认为只有"完、好、过"才是真正的表相补语。也有称之为虚化补语的，如玄玥（2010）、杨国文（2011）。刘丹青（1994）称"着、到、住、掉"等为"唯补词"，而"完、好"等则处于谓词和唯补词的中间状态。

成"的意义，是个封闭类补语。学者们主要论及"完、好、着(zhao)、掉、住、成、到、见"等。表相补语表示动作进行到"完成"阶段，至于结果状态则无须实现，所以表相补语无法实现分解：

(1) 他洗完了衣服。　→　*他洗了衣服 + 衣服完了

另一类是结果状态补语[①]，它是一个开放类补语，保持着具体的词汇意义，清晰地展示动作完成之后结果状态的实现，所以一般能分解开表达：

(2) 我听懂了他的讲座。　→　我听了他的讲座 + 我懂了

从结果补语和所附动词的互动中，可以看出结果补语具有一定的动态性，这种动态性包含在动态过程和结果状态之间的致使关系中，结果状态是由事件诱发的(event-induced，Xiao & McEnery 2004：171)。

(二) 趋向补语

由趋向动词"来、去、进、出、上、下、回、过、起、开"等充任的补语叫趋向补语(朱德熙 1982)。趋向补语是一个封闭类型，它可以分出简单形式与复合形式(进来、进去、上来、上去、回来、回去)，基本语义是指示动态的空间位移，如：

(3) 他跑出教室去了。

例(3)是复合趋向补语的分解式，指明动作"跑"的起始位置以及位移动向，空间的切换自然给该动作提供了有界性。有时空间位移还会使事件由动态过程延展到结果实现，如：

(4) 他撕下一张纸。

这种结果实现是趋向意义的引申(刘月华 1998)。应该说，不管是哪种表义，趋向补语都聚焦于位移。位移本身体现为动态运行轨迹，结果状态的实现是位移之后的结果。

(三) 数量补语

数量补语包括充当补语的时量短语和动量短语。

(5) 他睡了三个钟头。
(6) 我去过美国两次。

例(5)中，时量补语"三个钟头"是对动作"睡"的持续时间进行计量，由于时量补语为动作事件提供了数量限制，其功能是给事件划界(沈家煊 1995)。例(6)中

---

① "得"类补语也可以表示结果状态的实现，但由于它构成的是组合式述补结构，本章暂不作处理。

动量补语"两次"是对事件"去美国"的发生次数进行计量,能够量化的事件便是作为离散个体存在,具有界限,而且重复的次数也为其提供了更大的数量界限。因此数量补语使动词所述事件受到了量的限制,或者是占据的时间长短或者是发生的次数等。就数量补语和动词的互动而言,动作的时间量化表达的既可以是动作持续的时间,又可以是动作完成后结果状态持续的时间。

(四)处所补语

本章所论的处所补语仅限动词后的"在+处所成分":

(7) 他把书放在桌上。

Li & Thompson(1981)认为,汉语的语序区分了"在"字处所短语的表义,位于动词前表示动作或状态所处的场景,在句法成分上充当的是状语;位于动词后则表示动作的目的地。范继淹(1986)指出,动词后"在+处所"结构的语义有二:在及物动词后指动作到达的处所(他一刀砍在门框上);在不及物动词后指动作到达的处所(一只青蛙跳在水里)或状态呈现的处所(花瓣儿漂浮在水面上)。郭熙(1986)、俞光中(1987)、邵洪亮(2003)等都有讨论。我们认为处所补语本身只呈现空间处所,之所以有两种解读与所附动词有关,动词呈现动态性,则处所补语表示该动作的空间目标;动词呈现状态性,则处所补语表示状态所处位置。总之,处所补语聚焦于动作处所或位移目标,为动作提供有界性①。

二、补语对时间推进的影响

上面我们简要分析了四类补语的界性特征,虽然都是有界的,但我们也能看到它们体现的界性特征的差别,有的提供时间界限,有的提供空间界限。按照第二章的时间推进分析框架,补语对篇章时间推进是会发生影响的。那么是否是在这些界性特征上,补语对篇章时间推进产生了影响?另外,从广义上看,"动词+补语"语序符合时间顺序原则(戴浩一 1990),这与篇章时间推进似乎是合拍的。那么我们究竟该如何在篇章层面定位补语的时间推进功能呢?

以典型的结果补语来说,时间顺序原则强调的是事件内部,动作由持续进行到补语所凸显的完成阶段或结果状态,体现的是事件内部过程的时间先后关系(由进程到顶点再到结果状态)。而篇章时间推进则是强调多个事件之间的时间先后关系(由事件 A 到事件 B 再到事件 C,见图 3.3)。所以就其中的事件 B 而言,以前文语境(事件 A 所提供的结果状态)为参照时间,只要动词自身提供动态性,叙述时

① 有学者认为,这类短语要根据动词或语境的情况来考虑是否编码事件有界。如 Liu Feng-hsi(2009)认为动词后的"在"根据所附动词的体属性而展现不同的功能,它们对动态/状态和终结/非终结的区分很敏感;Li Wendan(2012)也有类似的观点。

间就会启动推进。补语所体现的事件内部过程顺序，自然会继续推进叙述时间，使之到达事件 B 的结果状态。更为重要的是补语凸显的结果状态所带来的参照功能，能为后续小句提供参照时间，而串起整个推进链。因此，要定位补语在篇章时间推进上的作用，应该重点考察它能否凸显事件的结果状态。从事件结构来看，结果状态的实现本质上蕴含了动态的进程，没有动态进程，没有界变的顶点，也就无法呈现结果状态。所以补语要发挥篇章功能，就需要所附动词提供基础的动态性。这同样体现了有界性和动态性是篇章时间推进的一体两面。因而在篇章层面，补语的功能并不仅仅是体现为与动词的时间顺序关系，而是更加凸显它能否为后续事件提供参照时间，形成篇章中的时间照应。

在本书数据库的 3 456 个时间推进小句和 4 188 个非时间推进小句中，根据补语类型，提取数据得到表 5.1。

表 5.1　补语在语料库中的总体情况

		结果补语	趋向补语	数量补语	处所补语	总　数
TP	次　数	503	720	287	126	1 636
	比　例	66.98%	69.97%	88.85%	51.85%	
NTP	次　数	248	309	36	117	710
	比　例	33.02%	30.03%	11.15%	48.15%	
总　　数		751	1 029	323	243	2 346

单因素卡方检验显示，卡方值为 95.501，$P = 0.000 < 0.05$，表明补语的类型变化对篇章时间推进有着显著影响。表 5.1 显示，时间推进小句中使用的补语次数要远远超过非时间推进小句。这可以从两个角度解读：一是实际的出现次数，无论是时间推进小句还是非时间推进小句，出现最多的补语都是趋向补语，均占各自总数的 44%(720/1636;309/710)。出现最少的补语类型则稍有不同，时间推进小句中处所补语出现最少，共 126 例，仅占 8%，而非时间推进小句中数量补语出现最少，只有 36 例，仅占 5%。二是使用比例，各类补语用于时间推进小句的比例最高的是数量补语，达到了 88.85%，比例最低的是处所补语，占其使用总数的 51.85%；而非时间推进小句的情况正相反，使用比例最高的是处所补语，占其使用总数的 48.15%，比例最低的则是数量补语，仅占其使用总数的 11.15%。根据表 5.1 的数据反差，我们发现：结果补语、趋向补语和数量补语倾向于出现在时间推进中，处所补语没有表现出这一倾向。下面我们一一来看。

(一) 结果补语与时间推进

表 5.1 显示，三分之二的结果补语用于时间推进小句中，说明结果补语和篇章时间推进有较强的关联。进一步观察发现，时间推进小句中，动相补语和结果状态

补语的出现次数有差异，出现频率分别为 363 次和 140 次，动相补语占到了 72.2%。而在动相补语中，"到"出现最多，共有 232 例，占动相补语的 63.9%。其次是"住"，共出现 64 例，占 17.63%。

(8) 倒是派出所的人来了，按照有关条文，他们把长寿强行**押**到长途汽车站，遣送回去了。

(9) 她温爱地摸了摸他长满粗硬胡须的两腮，推说去灶下生火做饭，正要离开卧室，三顺一把**拽**住了她。

根据参照时间规则 RTR，例(8)中没有时间状语，因此事件"来"的结果状态为"押"提供参照时间，"押"作为事件被包含在该参照时间内，触发时间推进。动相补语"到"黏附于"押"，将这一动态行为助推到完成阶段，并通过动作对象空间位置的变换，呈现结果状态。该结果状态便更新了参照时间，后续事件"遣送"发生在其中，时间得以继续推进。可见，"到"虽然直接作用于事件结构，但其句法语义功能在篇章中会实现延展，不仅呈现所述事件的推进细节，更重要的是为参照时间的更新提供必要条件。例(9)中动相补语"住"同样助力了事件"拽"，使其迅速到达完成阶段，动作完成后呈现了结果状态，也因此促成了参照时间的更新。

结果状态补语则更明确地呈现了结果状态，从而更新参照时间。如例(10)：

(10) 她微微一笑，**收**拢雨伞，跺了几下脚，闪身进了门。

再来看非时间推进小句中的情况，其中动相补语使用了 161 例，结果状态补语使用了 87 例。"到"的使用仍然最高，总共使用了 103 次。和时间推进小句相比，所附动词大多都是感官或心理活动动词，如"看、听、想、注意、意识"等：

(11) 看不到孟喜喜的脸，只能**看**到她修长的侧影，她脑后扎了一条红色的手绢，鲜艳夺目，使年级主任的大红脸黯然失色。

由于动词呈现感官或心理活动状态，事件性不强，所以整体涵盖了前文参照时间，并未形成时间推进。虽然动相补语"到"仍凸显动作的完成阶段，但所附动词的属性决定了它只是凸显心理感知状态的实现。当然，语料中也有少量动作动词带"到"的，但并未体现动态性，因而整体呈现出状态描述特征，如：

(12) 她的上眼皮也低垂下来，长长的睫毛几乎**触**到了眼下的皮肤上。

(13) 他也想抱住大哥的，可结果却一把推开他，钻进了被窝。在外十年，把他的感情也**磨**粗糙了。

总的来看，时间推进中动词提供了基础的源动力，结果补语的作用在于凸显动作的完成阶段或结果状态的实现，由于完成阶段的凸显在快速流动的时间中连带着的就是结果状态，因而都能为篇章时间推进更新参照时间。

（二）趋向补语与时间推进

趋向补语的功能类似于结果状态补语，虽然这些补语指示空间位移，但会引发位移目标，映射到时间上就是事件由动态过程延展到结果实现，如“他撕下一张纸”中的“下”表示趋向，但会凸显事件“撕一张纸”结果状态的实现。在我们的语料库中，有超过三分之二的趋向补语用于时间推进小句中，这说明趋向补语和时间推进也有较强的关联。如：

（14）……又歪头对身边的女子说：“这小杂种！”女子懒洋洋地**站**起来，对着阳光打了一个喷嚏。

（15）她忸怩了一会儿，不知道怎么客气，就**接**过碗**吃**下了一个鸡蛋，突然瞥见我的眼神，一下就知道客气的方法了。

例(14)中“起来”呈现的是“站”的动态位移方向，同时也带来了结果状态“女子起身”，于是趋向补语的功能和结果补语功能类似，凸显所述动作的动态性并呈现结果状态，为后文事件提供参照时间，后续事件“打喷嚏”就发生在该参照时间中，继续推进了时间。例(15)中“过”和“下”凸显的也是“接”和“吃”动作进程之后的结果状态的实现“接过来”“吃完”。可见，趋向补语在时间推进中的功能是通过空间趋向凸显目标的结果状态，为后续事件更新参照时间。再来看非时间推进小句中的情况：

（16）哦，黄浦江，这上海的象征。可它并不像记忆中和地图上那样是蓝色的。它是土黄色，并且**散发**出一股腥臭味儿。

（17）尽管他已经面目全非，但我还是一眼就**认**出了他是镇子西头的烟花爆竹专业户马奎。

趋向补语所黏附的动词以及所在小句的事件性与时间推进小句还是有较大差异的。例(16)中，“散发出”的主体是“黄浦江”，并不涉及具体的事件，因而也不能引起时间推进。例(17)中的动词是认证动词，体现心理的变化，也不涉及具体的事件动态进展，所以难以引发叙述时间的推进。

（三）数量补语与时间推进

表5.1显示，数量补语有88%用于时间推进，体现了很强的倾向。时间推进小句中的时量补语如：

（18）我把那条细鳞鱼用油煎透，放了一碗黄酱，慢火**煨**了三个钟头，鱼骨都酥了，盛了满满一罐，搭了一辆拖拉机，去开库康了。

（19）我看到她举起手，**停**了片刻，一副若有所思的样子，随即我就听到了轻轻的敲门声。

(20) 当他认出长着一撮漂亮胡子的儿子时，才把灯扔在了离她大约有一丈远的阴沟里。母亲足足**打量**了一袋烟工夫，她发现儿子完全地变了。

(21) 女干部去桥堍下的贩米船上买了一包籼米回来，再**瞥**一眼茶摊，那彩袖还坐在那里。

无论是本体的精确时量“三个钟头”、模糊时量“片刻”还是代体时量“一袋烟工夫”，它们的使用都给事件设定了时间界限。加之体标记“了”的使用，明确了该时间界限的右边界，即动作在这个时段之后所呈现的结果状态，于是就可以为后续句子提供参照时间，使叙述前进。没有“了”[如例(21)]，则依靠时间顺序原则，因为动作只有实现之后才能计量，于是在时轴上就会推进到该时间界限的右边界，也呈现出结果状态。

动量补语凸显动作发生的次数或频率，涉及时间的持续，同样占据时段，功能上与时量补语并无二致，同样凸显结果状态：

(22) 她很安静地坐在一张长椅上，听一对闹离婚的男女在走廊上互相谩骂，互相揭露对方的私生活，她还上去**劝**了那女方几句，劝什么，别人也听不懂。

(23) 男子则坐对面，和刀疤脸挨着。刀疤脸**打量**他们一眼，便合上杂志，扭转头望窗外。

再来看非时间推进小句，表 5.1 显示数量补语总共只有 36 例，仅占全部使用的 11.15%。

(24) 妈妈的工厂很远，路上**需要**转三辆汽车，**花**一小时另二十分钟。

(25) 我**经常**幻想着有一天叔叔下班回家时把茶缸子忘在诊所里，那样我就可以用他的茶缸子好好地**喝**一次水，感受一下使用大医生的大茶缸子喝水的滋味，但叔叔从来没有发生过这样的疏忽。

例(24)中时量补语凸显的是“花”所持续的时间，(25)中动量补语“一次”凸显“喝”的发生次数。虽然它们还是发挥划界作用，但由于所在小句的频率时间状语(经常)或情态助动词(需要)的使用，从小句外层抽离了具体时空信息，呈现泛时性，因而只能解读为惯常行为，并未凸显结果状态，也就无法推进叙述时间了。

(四) 处所补语与时间推进

从表 5.1 来看，时间推进和非时间推进的频率差别几乎可以忽略，但是仔细观察会发现，它们所黏附的动词在类型分布上还是有着较大差异的。时间推进小句中，处所补语黏附在姿势动词①和位置动词②后的有 50 例，占 39.7%；而非时间推

① verbs of posture：站、坐、躺、蹲、住、走、睡、趴、跪、倚(戴耀晶 1997：13；Li & Thompson 1981：401)。
② 如：戴、拿、挂、吊、抱，戴耀晶(1997：13)。

进小句中，处所补语黏附在姿势动词和位置动词后的达到 93 例，占 79.5%，这是分布频率上的明显差异。从姿势动词和位置动词的表义来看，这两类动词兼有静态义和动态义（戴耀晶 1997；Xiao & McEnery 2004），时间推进小句中，这两类动词呈现出明显的动态性。先看姿势动词：

(26) 那姑娘一直害羞地躲在沈阿姨身后，进了屋便**坐**在角落的沙发上，拿起一本书看着。

“进了屋”呈现了动作的结果状态，其后的“便”起到了事件衔接连贯的作用，于是姿势动词“坐”呈现事件性，描述发生在上文结果状态中的动作，其处所补语凸显的是空间位移的目标，引发时间上结果状态的实现。再看位置动词的例子：

(27) 三顺用粗麻绳将杏**吊**在了梁柱上，他打断了六根柳条之后，杏说出了萧的名字。

“吊”是位置动词，但承接上文（三顺发现杏的不忠）从而呈现动态性，于是“在”表示动态运动的目标，明确了动作的结果实现处所，更新参照时间，助推了叙述时间。

而非时间推进小句中的姿势和位置动词却呈现静态义的一面，如：

(28) 大姑的院子里，东屋亮着昏暗的灯光。她佝偻着身子**坐**在炕上，还在低头纳底子。

(29) 街上静悄悄的，没有一个行人。街两边的店铺都关着门。被夜露打湿的酒旗死气沉沉地**垂挂**在酒店门前。

从上下文看，例(28)中“坐”呈现的是静态义，处所补语描述的是该姿势的位置，整体上是静态描述并作为后续的背景信息。例(29)中“挂”也如此，呈现出静态义，表明“酒旗”的状态，处所补语呈现该状态所在的位置——酒店门前。

除了姿势动词和位置动词外，时间推进小句中，处所补语也大量黏附于位移动词(displacement verbs)、定位动词(placement verbs)①，如：

(30) 蚂蚁接了木勺后，把它**插**在心窝那儿。

(31) 不过，那盏煤油灯她还是紧紧地握着。当他认出长着一撮漂亮胡子的儿子时，才把灯**扔**在了离她大约有一丈远的阴沟里。

例(30)的“插”是定位动词，例(31)的“扔”是位移动词。在时间推进小句中，这些动词无疑都体现出动态事件性，其后的补语凸显结果状态。

而非时间推进小句中除了姿势和位置动词，基本上都是静态描述义动词，也就无所谓结果状态了。如：

(32) 他们的头上都冒出了热汗，于是就把棉衣解开，袒露着胸膛，一股热烘

① 这两个术语见 Li & Thompson(1981：409)。

烘、油腻腻的山林野兽的气息**洋溢**在房间里……

(五) 进一步的证据

由于微观层面上影响时间推进的因素除了补语,还有动词情状、体标记、时间状语等。表5.1的数据统计其实涉及了其他因素的介入,下面我们排除体标记和时间状语的用例,呈现表5.2:

表5.2 剥离相关变量后的补语使用情况

		结果补语	趋向补语	数量补语	处所补语	总 数
TP	次 数	236	382	51	83	752
	比 例	63.78%	64.97%	70.83%	46.37%	
NTP	次 数	134	206	21	96	457
	比 例	36.22%	35.03%	29.17%	53.63%	
总 数		370	588	72	179	1 209

比较表5.1和表5.2,我们发现两个表中结果补语和趋向补语的数据比较一致,一方面二者均有一半左右(236/503 = 46.9%;134/248 = 54%;382/720 = 53.1%;206/309 = 66.7%)的使用是不依赖于体标记或时间状语的,而且这种情况下它们用于时间推进的比例也是比较高的,分别为63.78%和64.97%。另一方面,从表5.2来看,结果补语和趋向补语的出现次数占据了绝大多数,二者加起来占了82%。这说明对于篇章时间推进而言,结果补语和趋向补语的作用的确很重要。另外,我们也发现两个表的数量补语和处所补语数据有些不一致:

时间推进小句中数量补语总共使用了287例,但只有51例是不依赖于体标记或时间状语的,这说明数量补语更倾向于和体标记或时间状语等因素互动来影响时间推进。另外,表5.2中显示,从时间推进总数来看,数量补语的出现次数是最少的,比例上仅占7%,但这并不表明数量补语对时间推进的影响小,因为在不出现体标记或时间状语的情况下,数量补语用于时间推进小句的比例仍是最高的,达到了70.83%,这和表5.1是一致的。从这些数据的比较中,我们认为数量补语对时间推进的影响也是非常重要的,两个表都说明它的出现与时间推进显著相关。再看处所补语,处所补语有三分之二(83/126)是不依赖于体标记或时间状语的,而且它们用于非时间推进的比例超出了时间推进的比例(53.63%>46.37%),综合两个表的数据,也反映出处所补语对时间推进的影响并不明显。

三、补语对时间推进的影响度等级

从上面的分析可以看到,无论是数据的定量分析,还是语料的定性分析,都显示补语对篇章时间推进有着显著的影响，我们也展示了具体每类补语是如何影响时间推进的。虽然这四类补语都可以产生影响，但正如表 5.1 和表 5.2 所示，不同类型的区别还是存在的。下面我们采用"逻辑斯蒂回归分析"，考察不同类型的补语对篇章时间推进的影响程度。由于本章讨论的补语类型涉及 4 个因素水平，又都是分类数据（或名义变量），所以将它们重新编码为 3 个哑变量，求得回归系数并代入回归方程：

$$\ln \frac{\hat{p}}{1-\hat{p}} = \hat{c} + 0.508M_1 + 0.268M_2 + 0.613M_3$$

根据模型中概率的测算公式得到每类补语影响时间推进的概率数值（表 5.3）：

表 5.3　补语的概率统计

补语类型	结果补语	趋向补语	数量补语	处所补语
概率值	0.566 57	0.624 39	0.648 59	0.199 57

概率值的大小反映了不同类型的补语对时间推进的影响度呈现出一个序列：

数量补语 ＞ 趋向补语 ＞ 结果补语 ＞ 处所补语

数量补语、趋向补语和结果补语对时间推进的影响概率都已超过 0.5，即有超过一半以上的概率会引起时间推进，而且内部的差异度并不大（分别为 0.024 2 和 0.057 82）；而处所补语对时间推进的影响概率不足 0.2，而且它和结果补语的差异度就已经达到了 0.367。于是可以视为两大类：一大类是数量补语、趋向补语和结果补语，另一大类则是处所补语。

首先看第一大类补语。时间具有一维性，动词所述事件负责启动时间推进（发生在前文事件的结果状态内），至于在时轴上能推进多少，则由补语来明确。数量补语呈现时段的延续或动作的频率，补充了时间推进在时轴上的"占位"信息，提供的是推进的时段；趋向补语和结果补语，补充的则是时间推进在时轴上的"节点"信息，即推进到哪里以及从哪里开始推进，属于时点。这些补语使时间推进显得内容丰满、细节完善。

再来看第二大类处所补语。处所补语虽然也体现有界性，但这种界限本身只是空间界限，只有依赖动词动态义，才会解读为动态事件的目标，映射到时轴上才凸显为结果状态。所以单看处所补语，它对时间推进的影响不太明显。

对于数量、趋向和结果这三类补语的内部情况，一来由于彼此差异很小，二来因为我们做的是小样本语料库，所以这些差异不必计较。当然，我们可以尝试从补语分层的角度来做些初步的探讨。杨杏红、齐沪杨（2010）在总结前人对多项补语语序研究的基础上进行了详细的描写，指出多项补语的序列表现为两种：结果补语—处所补语—趋向补语—数量补语；结果补语—趋向补语—处所补语—数量补语。这一描写是客观而准确的，但由于他们所说处所补语除了“在”，还有“到”“往”“向”，而我们讨论的处所补语仅指“在”，因而得到的序列只有一种：结果补语—趋向补语—处所补语—数量补语。本章认为，这一序列虽是线性的，但可以从层级上来理解。

杨素英(2000)在谈到三个层次的情状动貌合成时将动量、时量补语(即本章的数量补语)放在超基本句式层次上谈，而动结式、动趋式(即本章的结果补语和趋向补语)的构成则是放在词组层次上谈。Li(2012)在讨论“有界化表达的句法槽位”时，指出有界化表达都出现在动词后面的三个句法槽位(V A/B/C)，它们与动词存在不同程度的紧密性。RVCs(包括本章所谈的结果和趋向补语)位于 A 处，与动词密切相关；B 的位置给“$了_1$”；事件量化表达(本章所谈的数量补语)处于 C，这些表达和动词的关系相对松散一些。介词短语(其中包括“在”短语)的槽位比较复杂。这些研究反映出一个基本认识，即不同类型的补语对情状的影响可能处于不同层次。本章认为，这一认识和补语的影响度序列有一定的吻合度。数量补语的影响相对处于外层，结果补语和趋向补语则相对处在内层。如果是这样的话，处于外层的数量补语更容易影响篇章组织，也就好理解一些。当然这还需要结合补语的句法语义系统地加以论证，本章并不致力于探讨这一难题。

四、小　　结

本章研究发现，从篇章时间推进来看，补语的作用有两个层面：一是呈现事件内部的阶段；二是作为后续的参照时间。可以说，在篇章层面，补语更像是黏合剂，将前后两个事件紧紧地串联起来成为一环扣一环的推进链，它对篇章时间推进有显著影响。动词所述事件提供了时间推进的基础动力，数量、趋向和结果三类补语表现出与时间推进的倾向性关联，分别提供时间推进在时轴上的占位信息和节点信息，从细部刻画了时间推进的品质和效果。处所补语则没有表现出与时间推进的倾向性关联。因此，尽管传统上认为这四类补语都能给事件提供有界性，但就篇章时间推进而言，凸显事件结果状态的补语才能推进叙述时间。我们的研究还表明，句法成分不仅建构了小句，同样也参与了篇章组织调配，句法语义功能和篇章功能并没有截然的界限，以往在句法框架下处理的现象，完全可以放在篇章中关照它们的功能，加强句法、语义和篇章的互动研究。

第六章　界性加推：体标记对时间推进的影响

汉语中除了补语表达界性特征之外，还有一类重要的语法手段即体标记也涉及界性特征。当代语言学对体的认知已经远远超出了句法-语义范畴，认为体本质上属于篇章层面，在很大程度上参与篇章建构，其使用限制背后有着更深刻的篇章功能动因。类型学研究也显示，完整体推进篇章时间，而非完整体一般不能。这一论断有一定的事实和理论基础，然而基于实证来细致探讨其中情况的仍不多。尤其是汉语的研究相对单薄（Andreasen 1981；Chang 1986；Smith & Erbaugh 2005；Wu 2009；方梅 2000；屈承熹 2006），而且主要集中于体标记的个案研究，并未结合时间推进的机制展开系统分析。目前看到较为系统的研究是屈承熹（2006）和 Wu（2009）。屈承熹（2006）根据及物性的三个特征（动作性、完成性、时点性）推导出汉语体标记充当前后景的可能度等级。Wu（2009）则认为体标记影响的是修辞关系，由修辞关系来决定时间推进。

目前为止，汉语的体标记究竟对篇章时间结构有着怎样的影响又是如何影响的，仍然不是很清楚。这构成了时体研究中的一个重难点问题，仍有较大的研究空间。本章避免调用"修辞关系"这层世界知识来做解释，而是根据体标记自身的语义和时间推进的运行机制，尝试系统理解体标记对时间推进的影响。

一、体标记的界性特征

一般都认为汉语有体范畴，通常提到的汉语体标记系统主要是由"了""着""过""在"构成。当然，也有不少学者论证了还有其他成员，如：起来、下去、重叠等等。本章选择六个体标记（了、着、过、在、起来、动词重叠[①]）来集中讨论体标记的篇章功能。汉语学界关于这六个体标记的研究文献都非常多，本节无意对每个体标记做系统地综述，只是简要呈现我们对这些体标记的界性特征分析，一方面为体标记的语义分析提供新的思考，以解释以往有较大争议的问题；另一方面是为了下一节系统解释这些体标记的篇章推进表现。

（一）了

对于体标记"了"的研究，大致形成几种意见，认为它表示"完成"（王力 1985；

---

① 本章研究的体标记"了"即"$了_1$"，"过"是指经历体"$过_2$"。由于表示继续义的"下去"在我们的语料库中涉及得太少，仅有 5 例，所以没有纳入本章讨论范围。

高名凯 1986；赵元任 1968；吕叔湘 1980；朱德熙 1982；木村英树 1983；谢信一 1994；Kang 1999；吴福祥 2005；Wu 2005b 等）；表“终止”（Chu 1976；Christensen 1994；Smith 1997 等）；表“实现”（房玉清 1992；石毓智 1992；竟成 1993；Sybesma 1997；左思民 1999；金立鑫 2002 等）；表“现实体”（戴耀晶 1997；Xiao & McEnery 2004 等）；表“界限”（张秀 1957；Thompson 1968；Huang Lillian 1988；沈家煊 1995；张济卿 1998；张黎 2000；Ljungqvist 2007；陈前瑞 2008；陈忠 2010 等）以及表“时”（Shi 1990；Magione & Li 1993；左思民 2001；李铁根 2002；陈立民 2002；尚新 2005 等）。

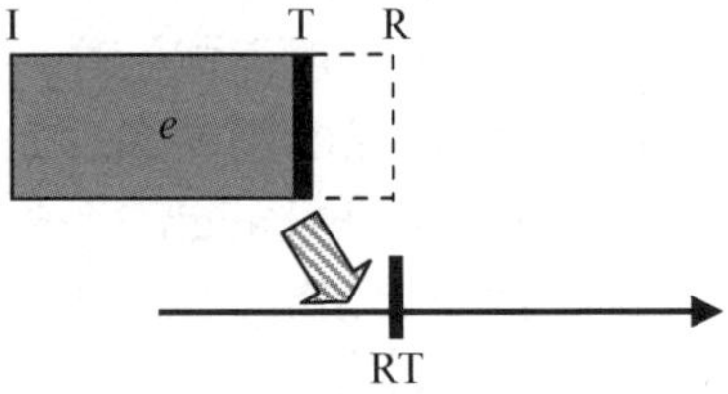

图 6.1 “了”的语义图示

我们认为，“了”的基本语义是激活动词情状的终止点，并将情状的起始点到终止点之间的部分作为整体呈现在参照时间[①]之前。见图 6.1。

I(nitial)代表起始点，T(erminate)代表终止点，R(esult)代表结果点[②]，*e* 则代表具体事件，RT 代表参照时间。简单地说，“了”的语义只是说明“到参照时间为止”的事件情况，至于事件是否到达其结果点，则并不属于“了”的语义内容。如：

(1) *他在一个小时内吃了肉。

例(1)不合格是因为“一个小时内”是一个时间框架，从外部给“吃肉”增加了界限。它需要“吃肉”有一个明确的结果点，而“了”只是凸显“吃肉”的终止点。要使活动的结果点凸显，最好是通过其他句法手段，光是通过“了”激活终止点是不够的。因此例(2)、例(3)就可以说了：

(2) 他在一个小时内吃**光**了肉。
(3) 他在一个小时内吃了**五斤**肉。

另外，时量短语的使用也能支持“了”激活的是终止点的说法：

(4) 他喝了**三个小时**。

这个句子有持续的解读是来自时量短语“三个小时”，指的是从“喝”的起始点到终止点，至于之后“喝”活动是否继续，终止点的解读意味着并未到达结果点，意即该句有未完成义。因此，我们所理解的“整体性”指的是“了”将起始点到终止点作为整体进行观察，而不是从整个情状(起始到结果)的外部观察，因而是一种相对的完整。另外，很多学者提到汉语的“了”不限于具体的时域中：

① 本节由于分析的是体标记的语义，因此所说的“参照时间”均是时制导向的参照时间。下一节分析体标记对时间推进的影响则是使用篇章导向的参照时间理解。

② 结果点相当于自然终结点。

(5) 他昨天来了我家。

(6) 他现在到了我家。

(7) 明天这个时候，他已经到了天津。

但这些例子中都有一个共同点，那就是"了"都表示相对于参照时间而言，所描述的事件终止在先。

(二) 过

一般都认为"过"是经历体标记(experiential marker)(Chao 1968；Ma 1977；Li & Thompson 1981；孔令达 1986；Iljic 1990；Mangione & Li 1993；Yeh 1996；Smith 1997；戴耀晶 1997；Pan & Lee 2004；Lin 2006/2007；Wu 2008 等)。主要集中于讨论"过"的非连续性(discontinuity)、类意义(class meaning)、重现(recurrence)。我们对"过"的语义分析如下："过"激活谓语类型 E 与 RT 之间的 $-E$。即"过"的语义包含以下两个语义条件：① 谓语事件 e 必须能形成类型 E；② 类型 $-E$ 处于 E 与 RT 之间。$-E$ 还可能会延伸到 RT 之后。见图 6.2。

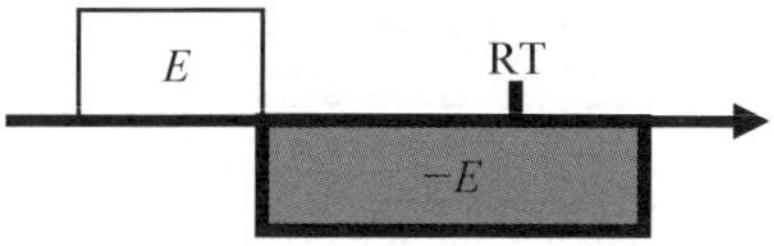

图 6.2　"过"的语义图示

语义条件 1 要求"过"凸显一类情状而非单个事件。看下面两句的对比：

(8) 他杀过人。

(8)′ 他杀了人。

例(8)是将"杀人"作为一类行为，即他有这类行为。而对于例(8)′来说，关心的是杀人作为一个具体的事件。因此人们使用"过"大多是在做类型判断。但是如何解决以往研究所提到的无定/有定宾语的问题呢？

(9) 他打死过一只老虎。

(9)′ *他打死过这只老虎。

(10) 他参加过一场战争。

(10)′ 他参加过这场战争。

(11) 他扭伤过一只脚。

(11)′ 他扭伤过这只脚。

我们所说的类型是指谓语部分是否能提供一个类的概念。谓语包含参与者的数量或实现的次数都会形成一个类型。谓语"打死这只老虎"无论是参与者还是次数，都无法形成一个类型，所以例(9)′不能接受。"参加这场战争"由于"这场战争"有众多参与者，因而是一个类型概念。"扭伤这只脚"虽然从参与者来看无法形成类型，但可以由实现的次数形成类型。因而例(10)′、例(11)′是可以接受的。至于 Wu(2008)所提到的反例：

（12）每个人都经历过成长的痛苦。
（13）该队打过 1992 年奥运棒球赛决赛。
（14）他听过昨天那场演讲。

例(12)中“成长的痛苦”具有抽象概括性，包含了一系列事件，因而从参与者来看是类型概念；例(13)中的“1992 年奥运棒球赛决赛”看似是个特定事件，有具体的时空定位，但由于它并非由一方单独完成，也就是说还有另一个(些)参与者，所以仍然有类型的概念。例(14)“昨天那场演讲”看似也是个特定事件，尤其是有“昨天”做修饰，但那场演讲只要条件允许，完全可以多次开讲，因而次数上存在类型的概念。所以，这些并不构成这里分析的反例。

再看语义条件 2。以往研究中并未提及类型-E。我们认为“过”的使用也需要能激活-E。这样能较好地解释状态带“过”的情况：

（15）他胖过。
（16）他瘦过。
（17）他年轻过。
（18）*他老过。
（19）*他活过。
（20）*他死过。

“胖”和“瘦”都可以因为次数而形成类型，也有相应的否定类型。“年轻”也是类型，不是因为次数，而是因为“年轻”是抽象名词，由一系列事件概括而成，同样在其后可能存在否定类型“非年轻”。但是例(18)中“老”虽然形成类型，但是在其后并没有一个否定类型，所以例(18)不可接受。“活”可以形成类型，但其否定“死”无法因为次数或系列事件形成类型。所以例(19)、例(20)都不能接受。

（三）动词重叠

动词重叠通常也被认为是汉语的一种体，但说法较多，有“短时”“少量”“不定量”“轻微”“尝试”“界限(delimitative)”等。目前普遍接受的是“短时”(吕叔湘 1942；戴耀晶 1997；Xiao & McEnery 2004；陈前瑞 2008)。语义上，动词重叠表明事件是一个短时的动态事件。

短时体的动态性是非常明显的，因为它所呈现的事件反映了动态变化：

（21）他摇摇手，继续往下说。

例(21)中重叠之后动态性加强，而且激活动态的持续时间比较短。戴耀晶(1997)指出，在完整体标记中，和“了”“过”相比，动词重叠的动态性是最强的。

“动词重叠”激活动态的短持续，既然涉及持续，令学者们困惑的问题恐怕就是“持续性”和“完整性”的矛盾。如果承认持续性，也就是认可“动词重叠”是深入情状内部做观察，那么就违背了外部的完整视角。对此，戴耀晶(1997)认为“短时是介于瞬间和持续的中间情况”，所以动词重叠强调的是非持续意义。陈前瑞(2008)认为单纯从语义层面或情状特征来看，动词重叠式具有持续特征；从语法层面或主观视点上看，它具有完整性，能与表实现的“了”搭配使用，表达一个完整的、现实的事件，所以它常常不强调动作的持续特征，但并不因此而改变其固有的持续特征。因此，本章对动词重叠的看法是：动词重叠激活情状的动态变化，并关联到参照时间之后(包含参照时间)的较短时段。见图6.3。

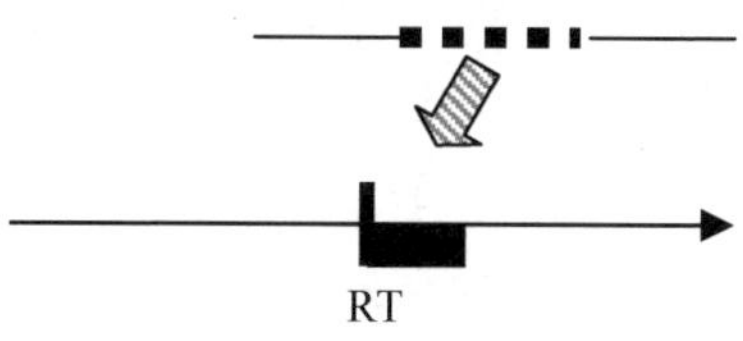

图6.3　动词重叠的语义图示

动态性是由“动词重叠”赋予或加固的，完整性则是由时轴上持续相对较短的时段划界的。也就是说，激活的是动态，这显然是非完整视角，但关联到参照时间处并短时持续，也就是由时轴提供了一个完整区域给它，因此在实际运用中又像是完整视角。完整视角会引向结果状态的呈现。

(四) 着

对于非完整体“着”的研究，形成几种认识：“着”表持续(Henne et al. 1977；陈刚1980；Li & Thompson 1981；朱德熙1982；马希文1987；梅祖麟1988；陈平1988；徐丹1992；石毓智1992；志村良治1995；戴耀晶1997；左思民1997；陆俭明1999；方梅2000；刘月华等2001；Xiao & McEnery 2004；陈立民2006；彭利贞2007)；表“进行”(赵元任1968；吕叔湘1980；房玉清1980；木村英树1983；Tiee 1986)；表“状态”(Chu 1987；金奉民1991；Yeh 1993；张黎1996；Smith 1997；Du 1999)；表“惯性”(黎天睦1994)；表“情状”(胡树鲜1990；费春元1992)；表“同时”(李铁根2002)；表“同质”(Wu 2003；Ljungqvist 2007)。

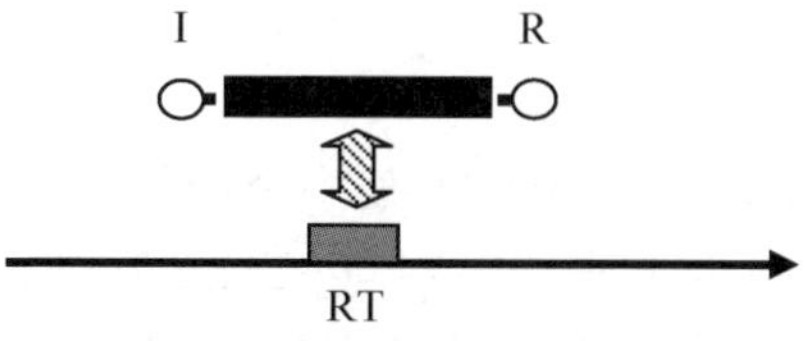

图6.4　“着”的语义图示

我们认为，“着”的基本语义是激活事件的均质过程，并将之关联到时轴上的另一参照时间。所谓的均质也就是保持同一种状态，这种状态可以是动态，也可以是静态，但必须是保持不变。“着”的语义如图6.4。

这一语义分析可以解释研究中有较大争议的问题。首先，能与“着”共现的动词情状看似很复杂，其实由于“着”能激活动词情状的均质过程，所以对动词情状的基本要求就是至少应该有潜在的均质过程。Carlson(1977)最早将状态区分出两类：阶段层面谓词和个体层面谓词。阶段层面的谓词表达短暂的或个体所处的阶段(如 *hungry*，*sleeping*，*awake*，*drunk* and *available*)，于是在时间或空间上可以发生改变；相反，个体层面谓词则是个体的内在或永恒属性(如 *tall*，*fat*，*clever* and *obnoxious*)，不管时间或空间如何它们都保持不变。阶段层面谓词和个体层面谓词的区别其实在于动态性。阶段层面谓词之所以能和“着”共现，我们觉得是因为个体所处的阶段是会发生变化的，因此“着”的使用激活的是当下所处阶段的一种均质性。而个体层面谓词是永恒属性，因此就不需要再加“着”来激活其均质性了，其自身凸显的就是均质，也就无所谓激活不激活了。正如 Yeh(1993)和 Smith(1997)指出的，状态动词中应该包含潜在的变化才能与“着”共现，指示相对永恒状态的动词或动词短语是不能与“着”共现的。如：

(22) 他**大**着肚子。

(23) 他脸**红**着说。

例(22)和例(23)中的“大”和“红”都不表示永恒性，而是在强调一种临时性，这样就可以使用“着”来激活“大”和“红”的均质性了。

活动动词可以是均质的也可以是非均质的，也就可以用“着”来激活那些均质的动态活动动词。Wu(2003)也指出不能单独和“着”共现的活动谓词，包括更明显的内部过程，或更明显的重复行为。能够单独带“着”的活动谓词是更加“同质性”的，不包含重复行为，很少有明显的内部过程。再看终结性动词，即指向结果动词和包含结果动词，结果性会打破均质过程，指向结果动词是动态的不断累加必然导向一个结果，如果说有潜在的均质性也主要体现在对持续动态的关注中。而包含结果动词则是动态性的瞬间变化导致结果的产生，所以“着”也就无法激活均质性了。

其次关于“V_1着 V_2”中“着”的伴随性效果，也是因为“着”激活的均质过程。相对于 V_2而言，V_1处于均质过程中。

(24) 他哭**着**跑出去。

例(24)中，在“他跑出去”的过程中“哭”处于均质状态，相对于动态动作而言，均质状态为其提供参照背景，即“伴随”解读。

(五) 在

“在”是进行体标记，一般认为它呈现事件的动态进行，聚焦于某一个情状的过程，因而给情状提供了非完整视点(Yang 1995；Smith 1997 等)。我们认为，“在”激活的是情状动态过程中的任何一部分，并将之关联到参照时间处。见图 6.5。

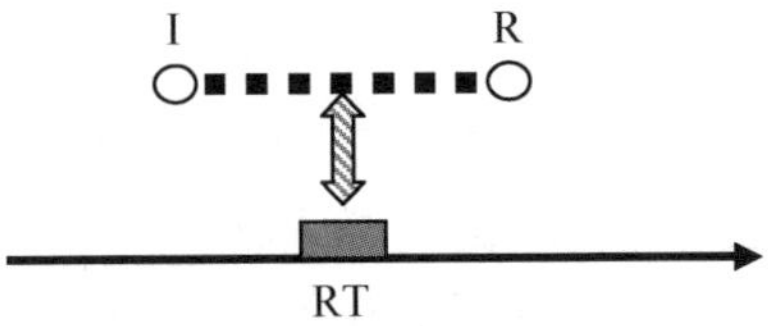

图 6.5 “在”的语义图示

“在”的本质是引导听话人关注参照时间时情状的动态过程。我们采用“任何一部分”和“参照时间”这样的表述，而不采用“任何一点”以及“时点”或“时段”的表述，并不是要回避“在”到底呈现时点还是时段的争论，而是想用更抽象的方式来解释“在”的语义行为。因为“在”对参照时间有很强的依赖性：如果参照时间是时点，那么“在”所激活的就是情状动态过程中的任何一点；如果参照时间是时段，那么“在”所激活的就是动态过程中的任何一段。杨国文(2010)认为“在”所指的是时段和时点并不确定，我们从语言事实出发，发现汉语中“在”既可以与时点成分共现，也可以与时段成分共现。如：

(25) 昨天晚上10点钟的时候我在看电视。

(26) 我始终都在支持你。

例(25)是时点，例(26)是时段。“在”激活的到底是任何一点还是任何一段，要依赖于参照时间的点/段属性。在例(25)中，参照时间是时点，因此“在”所激活的就是动态过程中的任何一点，从而产生“一个事件在某一时刻正在进行”的解读；而在例(26)中，参照时间是时段，因此“在”所激活的就是动态过程中的任何一段，从而产生“一个事件在某一时段正在进行”的解读。那么为什么学者们会认为“在”只与时点，或者说和时点有自然的关联。这主要有两方面的原因：

一是在默认的情况下汉语的参照时间是说话时刻，而说话时刻本身就是一个时点，因此会让人感觉“在”表示“说话时刻正在进行”。二是时间本身就是一种动态变化，人们通过感受事件的变化，从而感受时间的存在，动态变化的过程会带来时间感。“在”激活的正是情状动态过程中的任何一部分，虽然激活的区间可大可小，但激活的区间越小，动态信息越集中，关联到参照时间时信息非常明确；而激活的区间越大，动态信息更加分散，可能还蕴含着更多的下位动态变化，那么要想准确地指示参照时间时的动态信息就不那么容易了。于是最自然关联的参照时间应该是时点，因为能非常准确地察觉该时点的动态信息。参照时间是时段也是可以的，但需要做一些调整，或者是句法上的调整或者是解读上的调整。我们的分析强调的是激活情状动态过程中的任何一部分，也就是说“在”并不呈现起始点。

(27) 他们在盖新房子。

既然“在”激活的是动态过程的任何一部分，那么具有动态过程的动词情状自然也就最容易与“在”共现，即活动动词和指向结果动词。瞬间活动动词虽然呈现为瞬间，但是有反复多次的动态持续过程，因而也可以和“在”共现。状态动词分为无动态状态动词和弱动态状态动词，前者所呈现的过程没有动态性，因而不和“在”共现。弱动态状态动词的过程具有一定的动态性，因此有时可以带“在”。

(28) 你还在**企图**报复我吗？

包含结果动词有的具有动态过程，而有的没有，因此对于那些有动态过程的可以和“在”共现，而没有动态过程的则一般不用“在”。如：

(29) 你在**暴露**整个天津地下组织！

（六）起来

通常认可“起来”是汉语的起始体（inceptive aspect，龚千炎 1995；戴耀晶 1997；Xiao & McEnery 2004；陈前瑞 2008）。“起来”具有很强的动态性，在状态动词或形容词后表现最为突出。如：

（30）母亲夜夜梦见我遭遇不测，本来不迷信的父母也不由得迷信起来。

（31）很多人就在这里定居，于是这个民族就繁盛起来了。

（32）发生了这样的事，非但没有挫败我的雄心，反而让我变得雄心万丈起来。

“迷信”是状态动词，“繁盛”“雄心万丈”都是形容词，它们自身都缺乏动态性，描述的只是主语的状态，但“起来”的缀加会激活动态变化，从而表示进入这一性状的变化。“起来”所激活的动态性，具体而言，并不是过程的动态性，而是事件起始边界处的动态变化。对于一个完整的情状而言，中段或者有或者没有变化，但起始边界和终结边界一定蕴含了变化。除了激活起始边界的动态变化，“起来”还有另一语义特征：持续性。也就是说，它并不是激活起始边界的动态变化就结束了，而是表示所激活的这个性状会持续一段时间。因此“起来”和活动动词共现是最普遍的，不能和“非持续”的动词情状共现，比如一部分包含结果动词：

（33）*很快果树都**死**起来。

（34）*政权被**推翻**起来。

但是有持续过程的包含结果动词还是可以与“起来”共现的：

（35）视线也变得**模糊**起来。

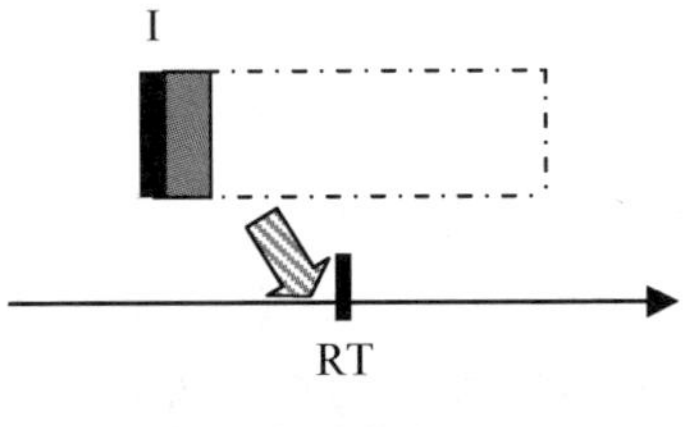

图 6.6 “起来”的语义图示

由于“起来”具有激活事件起始边界的动态变化，并持续一段时间的功能，也就意味着它是深入情状的内部作具体观察，因而它呈现的是非完整体视角。

综上，我们认为“起来”的语义应该分析为：“起来”激活事件起始边界并持续一定时间，关联到参照时间处。见图 6.6。

二、体标记对时间推进的影响

由于第二大部分侧重于从系统构成的角度考察时间推进的主要影响因素，因而本章和第四章、第五章一样，从数据出发展开面上的分析，注重的是不同体标记用于时间推进和非时间推进的情况比较，结合该体标记的语义和参照时间规则展开分析，并用概率来呈现影响。所以我们并没有针对体标记的个体展开更多的分析，因为每个体标记的个性都很强。在第三大部分，我们将选择“了”和“着”这两个体标记，从不同侧面探讨它们在时间推进中的运行变异情况。这里我们先来看数据库中体标记的总体情况（表 6.1）①：

表 6.1　体标记在语料库中的总体情况

		了	着	过	在	起来	动词重叠	总数
NTP	次数	281	396	30	65	18	21	811
	比例	27.02%	62.36%	81.08%	100%	25%	18.58%	
TP	次数	759	239	7	0	54	92	1 151
	比例	72.98%	37.64%	18.92%	0%	75%	81.42%	
总　数		1 040	635	37	65	72	113	1 962

首先我们通过单因素卡方检验来看体标记的类型变异是否对时间推进产生显著影响。结果显示 Pearson 卡方值 = 348.419，P<0.01，这说明体标记的类型变异的确对时间推进有着显著影响。从表中数据来看，汉语体标记在篇章中的使用比例并不大，平均起来，篇章中仅有 25.7%（1 962/7 644）的小句使用了体标记，其中有 33.3%（1 151/3 456）的时间推进小句使用体标记，19.4%（811/4 188）的非时间推进小句使用体标记，比时间推进小句的使用频率还要低。再从体标记的使用分布上看，“了”和“着”的使用比例占据大部分，其他四个体标记的使用比较少。经过观察我们可以得到如下两个结论：

（一）“了”“起来”“动词重叠”的使用倾向于推进时间

这三个体标记用于时间推进小句的比例均超过了 70%，分别为 72.98%、75% 和 81.42%，说明它们有较强的倾向用于推进叙述时间。从方差分析的 LSD 两两比较中也反映出，这三个体标记之间没有显著的差异：

“了”与“起来”的均值差为：0.023

“了”与“动词重叠”的均值差为：0.087

“起来”与“动词重叠”的均值差为：0.064

这就说明它们三个体标记在时间推进中的影响差异并不大。下面分别举例探讨它们对时间推进的影响。

1. 了

数据库显示有 759 句使用“了”的时间推进小句，在所有体标记的使用中，绝对

① “V 了 V”是“动词重叠”和“了”的复合形式。为了统计的方便，我们将“V 了 V”放在动词重叠中统计。

数量上是最多的。先来看时间推进小句的情况：

(36) a 狼群终于站住，

b 在一座大沙丘上抬起头嚎**了**一阵子。

c 渐渐消失了。

我们借助图 6.7 来呈现例(36)中的时间推进：

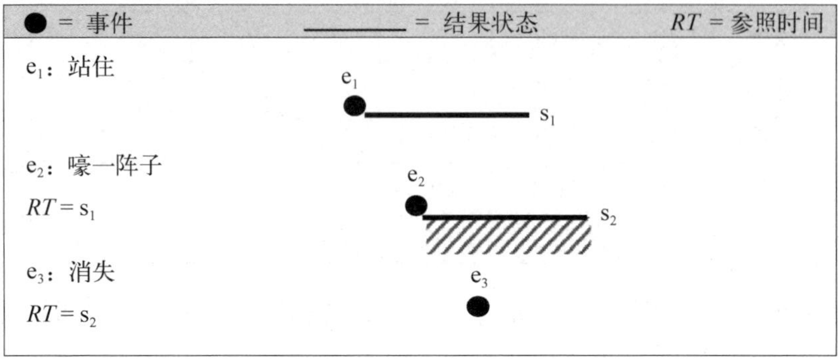

图 6.7　例(36)的 RTR 分析

例(36)中，a 为 b 提供了“站住”的结果状态 S_1 作为参照时间，b 中“嚎一阵子”是事件，按照 RTR，该事件包含在 S_1 中，于是触发时间推进。从语义上看，“一阵子”给“嚎”增加的是持续时间计量，“了”凸显了 b 事件的终止，提供了明确的结果状态 S_2（见斜线部分），因而参照时间实现了更新。c 便是以 S_2 为 RT，e_3 包含其中，实现时间推进。可见，“了”的语义有助于实现参照时间的明确更新，因而倾向于推进时间。关于“了”的连用推进时间的现象可以参看本书第九章。再来看非时间推进小句中的“了”：

(37) 这思念叫人好苦，吃不下，睡不着。这思念叫他认准**了**目标，不屈不挠地为之奋斗。

(38) 他的父亲是小刀会中为数不多的幸存者.也是绝无仅有的会摆弄洋枪的头领之一，他的战争经历和收藏的大量散失在民间的军事典籍使萧从小便感受到**了**战火的气氛。

(39) 它们已被冰雹打烂，被雨水浸湿，与泥巴和杂草混在一起。阿义感到**了**彻底的绝望，母亲，母亲，你的药，完了。

这些带“了”的小句并不表示事件，只是描述状态。所以尽管使用“了”，根据 RTR，这些小句并没有更新参照时间，因而无法触发时间推进。所以说“了”的语义非常符合时间推进的机制，“了”激活所在小句事件的终止点，凸显了终止点之后的结果状态，于是参照时间实现了明确的更新。也就是说，“了”使得我们知道结果状态确切的情况，因此就可以为后续推进提供明确的参照时间了。

2. 起来

“起来”属于起始体，在时间意义上指向将来特征。这与时间推进的线性方向一致，指向下一个时间，所以也容易引发时间推进。用于时间推进小句中的“起来”基本都是附在强动态动词后面，如例(40)：

(40) a 大 P 用力一劈，

b 阿义杀猪似的**嚎叫**起来。

c 老 Q 冷冷地道：“劈吧，把两条胳膊劈下来，那铐子也是连着的。”

也可以附在形容词后面，如例(41)：

(41) a 那伙新疆喀什的中年人开始制定活动方案：“找到旅社，首先洗澡。打电话去重型机械厂联系。然后——吃西餐！”

b “对，吃西餐！”他们全都**兴奋**起来。

“兴奋”是描述状态的形容词，“起来”的使用激活了它们的变化点，使它们成为具有动态性的事件。例(40)“起来”对时间推进的影响如图 6.8 所示。

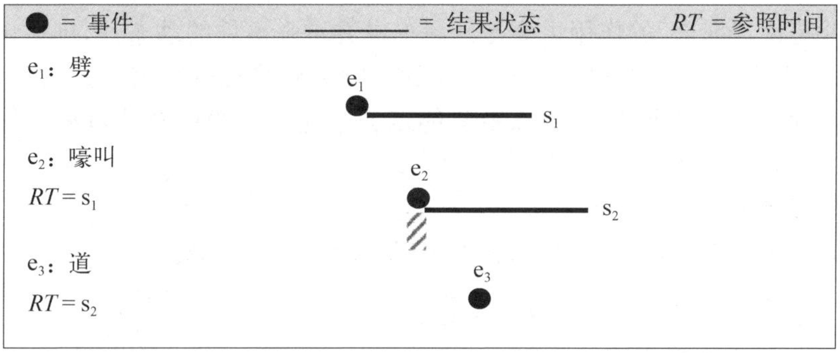

图 6.8 例(40)的 RTR 分析

例(40)中 a 的“劈”是结果确定的完结事件，它的使用可能产生一个明确的结果状态，配合着“一”的使用，也就实现了这个结果状态 S_1，从而为 b 提供了明确的参照时间。b 中“起来”的作用是开启了“嚎叫”事件的左边界，表明该事件开始在时间线上推进，可以说“起来”的使用补充了推进的相关细节，但是 b 并没有为后续推进提供明确的结果状态作为参照时间。那么后续推进是如何实现的呢？根据 RTR，c 的事件“道”需要包含在参照时间中，但是该小句中并没有时间状语作为参照时间，也就需要激活 b 句的结果状态 S_2 作为参照时间。那么由于“嚎叫”本身也是指向结果，“起来”激活起始边界的动态变化在时轴上不会持续很久，结果状态也就会实现。当然也有另一种解读：按照图 3.2 的事件结构理解，“嚎叫”的持续过程中能产生下位阶段和结果状态的理解，于是下位阶段的结果状态就能为后续的“道”提供参照时间。可见，“起来”所引发的时间推进相比

“了”而言,它更加凸显推进前文时间,而“了”则是开启后续时间推进。这样就造成推进效果上的不同。

用于非时间推进小句中的“起来”基本都是缀加在形容词后面,整个小句要么没有事件性,要么事件性不强:

(42) 大嫂也许为了使气氛**活跃**起来,挑开了话题:“我们局里成立了‘青少年之友’,其实就是婚姻介绍所呀。阿信要不要我去帮你领张表格?”

(43) 他听了倒是一震,新生活突然之间这么**具体**起来,他有点措手不及,难以接受。

(44) 生活有了这些,就变得**愉快**、**美好**起来。

有时情态词“会”的使用引进将来性(futurity, Smith & Erbaugh 2005),从而覆盖了原有的时间图式,使整个小句变为非现实小句,也就难以推进叙述时间了。如:

(45) 镇上一热闹,叔叔的诊所就会**忙**起来。

也就是说,“起来”的作用主要是开启推进并增强事件的动态性,推进了前文时间,但它并未明确呈现事件的结果状态,所以要为后续推进带来参照时间,要么依靠所附动词的指向结果意义,要么就只能依赖于它所凸显的持续过程能做出下位阶段和结果状态的解读了。

3. 动词重叠

时间推进小句中,基本都是动态性很强的动词进行重叠:

(46) a 姑娘扭扭捏捏地喝完一碗绿豆汤,
b 用手绢**擦擦**嘴,
c 便说要走了。

(46)的时间推进机制如图 6.9 所示:

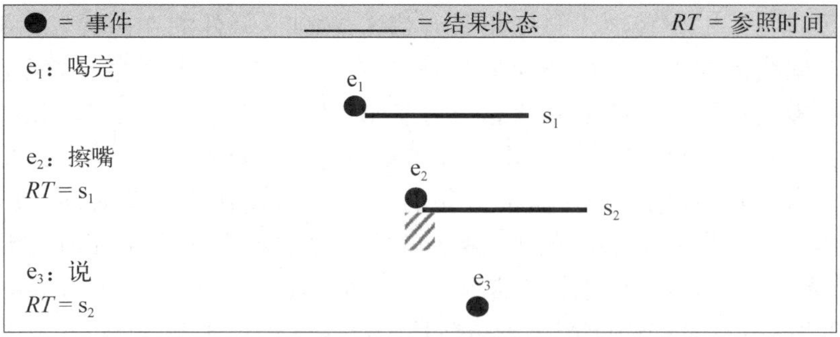

图 6.9 例(46)的 RTR 分析

动词重叠的动态变化和短时义使之能提供明确的结果状态，实现参照时间的明确更新，作为后续推进的参照时间。图 6.9 中 e_2 为 e_3 提供了 s_2 作为参照时间，从而触发了时间推进。

由于受到其他因素的干扰，动词重叠形式虽然也可以用于非时间推进小句，但都无法产生事件的解读，如(47)中的"已经"，(48)中的"试图"，都使动词重叠不能表达真实的动态事件，也就无法推进时间：

(47) 傻根站得像根冰棍心里却热乎乎的眼泪几乎流出来，自从离开老家的村子，已经几年没有女人为他这样**拉拉拽拽**整衣裳了，就热热地叫了一声："姐，你真好！"

(48) 王薄试图和他**聊聊**，就问："先生到哪去？"

以上我们分别举例分析了三个体标记"了""起来"和"动词重叠"用于时间推进小句和非时间推进小句的情况，并结合三者的体语义和参照时间规则对每个体标记参与时间推进的机制给予了说明。可以说，完整体"了"和"动词重叠"的语义能激活事件的终止点或右边界，从而引发结果状态，方便参照时间的更新。非完整体"起来"虽然可以利用动态性推进前文时间，但是它自身的语义无法激活事件的右边界，只是凸显起始和持续，因此其后的小句要想进一步推进时间，必须在动态持续过程中划定一个可能的右边界，这就要依赖于事件下位阶段的理解了。因此它们都是遵从参照时间规则，篇章中的小句前后相继，从前文得到参照时间，同时又为后文提供参照时间，这样才能形成参照时间的更新链。可见，完整体"了"和动词重叠的有界性的确是加推了参照时间的更新，非完整体"起来"的有界性同样也加推了时间流动。

(二)"着""过"倾向于用在非推进时间小句中

从统计数据看，"着"和"过"用于非时间推进的比例都超过了 60%，分别为 62.36%、81.08%。

1. 着

语料库统计显示，非时间推进小句和时间推进小句中"着"的使用比例为 62.4%：37.6%，这个比例说明"着"倾向用于非时间推进小句。非时间推进小句中，"V 着(O)"的"着"常常附加的高频动词是"看"类动词：

(49) 而妈妈自始至终没有发言，眼睛却老盯**着**哥哥。

由于"着"凸显事件的均质过程，于是在非时间推进中，大多只是凸显视觉的持续，由于不涉及具体动作，因此动态性明显减弱。而时间推进小句中则主要都是动态活动动词：

(50) a"生活得不错！"陈信兴奋地说。

b 大哥抱歉似地**笑着**，

c 半天才答非所问地说："好了，你总算回来了。"

例(50)中a是活动事件，言语行为的结束开启了事件的结果状态。根据RTR，b没有时间状语，需要a为其提供参照时间，于是"说"事件完成后的结果状态就充当了参照时间的角色。b也是活动事件，于是按照RTR，事件是包含在其参照时间内的，也就是说b中事件发生在a中事件的结果状态中，因而在时间顺序上，b后于a，触发了时间推进。c中因为有时间状语"半天"，根据RTR，时间状语的出现为该小句明确了参照时间。"半天"从前文语境中寻找时间定位信息，即前文事件后的"半天"，它所明确的参照时间则是"半天"之后的t，于是c的事件发生在t中，也就推进了b的参照时间。例(51)的时间推进机制如图6.10所示：

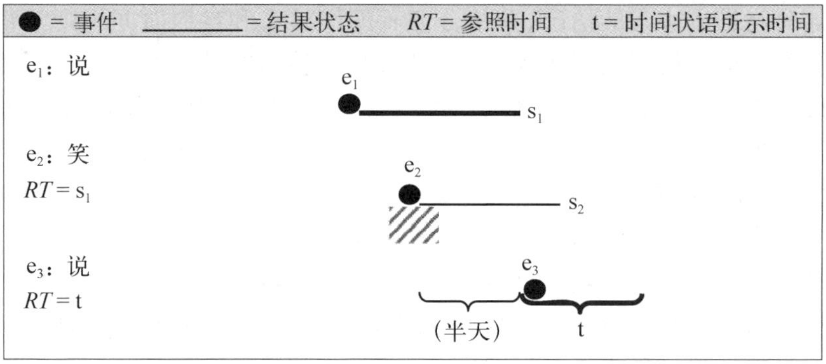

图 6.10 例(51)的 RTR 分析

这也表明"着"的确能够用于时间推进小句，但时间推进并非由"着"引起。"着"之所以能参与时间推进，其功能只是将动态动作均质地保持着，在时轴上占据一定时段。"着"对时间推进的真正影响表现在对后续推进的影响：要在其基础上继续推进叙述时间，或者是由后文提供时间状语直接更新参照时间，或者其后小句能为其提供终止点，抑或是能激活事件内部下位阶段的解读。本书会在第十章就"着"用于时间推进展开具体的讨论。

可见，"着"更多用于非时间推进中，主要是由于该体标记激活的是事件均质过程，而非时间推进小句中所附着的动词大多动态性较弱，"着"只能呈现其状态持续，这种静态描述与时间推进是不匹配的。这点我们同样会在第十章给予细致分析。

2. 过

一般认为"过"提供的是背景信息，它不能标记按时间顺序发生的系列事件中的某个事件，或者说"时间顺序的中断(a breaking-up of temporal order)"(Li & Thompson 1981; Iljic 1990; Yeh 1996)。Wu(2009)提出"过"在时间推进中角色的假设：带“过”小句的事件时间不会被推进，除非该事件时间得以明确。来看我们的语料，81%的“过”用于非时间推进中，如：

(51) 十年中，他**回**过上海，探亲，休假，出差。

(52) 傻根自小由村里人拉扯大，**睡**过所有人家的被窝，**吃**过所有女人的奶子，一切都不用操心，连年龄也由村干部给记着。

(53) 这趟车向来不安全，时有偷窃和抢劫发生，不少人**吃**过亏。

这些小句的确是呈现以往的经历，由于凸显的是类型，因而其事件性不强，而是状态描述。因此无法推进叙述时间。用于时间推进小句中的“过”总共只有 7 例，如：

(54) a 开始时他不敢把它拿出来，
b 以为那是我藏到里面的，
c 后来**套问**过我几次，
d 知道那坛猪油是用房子换来的，……

如图 6.11 所示：

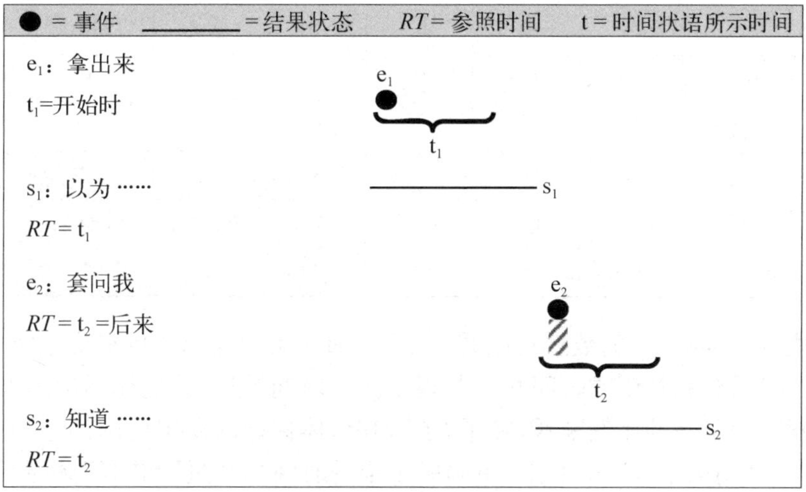

图 6.11　例(54)的 RTR 分析

可见，“过”可以用于时间推进小句中，事件时间不一定要很明确。“过”不会触发时间推进，而是由指示后时的时间状语来实现时间推进，因为按照 RTR，只要小句中出现相关的时间状语，就由它来确定参照时间。

(三)“在”出现在非时间推进小句中

我们的语料库显示，“在”全部用于非时间推进小句中，如：

(55) 一车厢目光如探照灯,围住傻根晃来晃去。所有的人都在**等待**一场好戏开演。

(56) 从一大早动身,到太阳转西还没跑出大沙漠。这期间,护送的民工一直在**研究**那个瘦子。

前文分析过,进行体"在"并不呈现事件起始点,而是动态过程。单看所在小句,的确是凸显"等待"和"研究"的过程。"在"对参照时间有很强的依赖性,于是具有一定的时间指示功能。例(56)中"在"凸显的是"这期间"的动态事件持续。因此说,"在"的时间指示功能使其不会更新参照时间,只会与之共时,故而也就不能引发时间推进。

(四) 进一步的证据

表6.1的数据是所有体标记使用的情况,并未排除补语、时间状语等变量的干扰。因为这些变量也会影响事件结构和参照时间规则,下面我们做进一步的提纯处理,统计小句中只有体标记这一变量的情况,得到表6.2:

表6.2 剥离相关变量后的体标记使用情况

		了	着	过	在	起来	动词重叠	总数
NTP	次数	125	353	17	54	12	19	580
	比例	45.79%	66.1%	85%	100%	24.49%	19.59%	
TP	次数	148	181	3	0	37	78	447
	比例	54.21%	33.9%	15%	0%	75.51%	80.41%	
总数		273	534	20	54	49	97	1 027

从表6.2和表6.1的数据对比看,"了"更加依赖于其他变量来推进时间,75%左右的"了"需要和补语或时间状语共现来实现时间推进,其他体标记的独立性则较强。再从两个表的比例来看,除了"了",其他体标记的使用比例都差别不大,同样都是"了""动词重叠"和"起来"更倾向于推进时间,而"过"和"着"倾向于不推进时间,"在"完全不推进时间。

三、体标记对时间推进的影响度等级

下面我们同样采用逻辑斯蒂回归分析来得出体标记对时间推进的概率。首先将所有变量水平转换成哑变量,六个体标记需设置五个哑变量。然后求得体标记对时间推进的回归系数,根据回归系数,我们得到每个体标记影响时间推进的概率数值:

表 6.3　体标记的概率统计

体标记	概　率	体标记	概　率
了	0.729 05	过	0.236 03
着	0.384 44	起来	0.774 07
在	0.103 59	动词重叠	0.829 50

根据概率大小排序，便可以得出一个影响力等级：

动词重叠 ＞ 起来 ＞ 了 ＞ 着 ＞ 过 ＞ 在

等级中越靠近左端的越倾向于推进时间，越靠近右端的则越倾向于不推进时间。而且，对时间推进影响最大的体标记是“动词重叠”，影响最小的是体标记“在”。

这个影响力等级可以由第一节“体标记的界性特征”得到一定的解释：动词重叠的动态性强，所表示的短时义这种界性特征使其能很快呈现事件结果状态，在时轴上占据时段很短，因而时间推进感强；“起来”的动态性很强，突出表现在事件起始处的动态变化，这种界性特征使其很快地启动时间推进，而且由于它还凸显事件在时轴上的持续，因而容易为后文提供下位阶段和结果状态解读，从而更新参照时间；“了”由于激活的是终止点，这种界性特征与参照时间推进所需的结果状态是匹配的，因此也就容易引发时间推进。等级中后部的“着”自身缺乏动态性，但可以随动词的动态性来启动推进，依赖于事件的下位阶段和结果状态解读来提供参照时间，这种界性特征比起“过”完全凸显类型，而没有事件性而言，在等级中靠左一些。“在”虽然凸显动态过程，但是由于它对参照时间的强依赖性，只能体现共时性，所以完全不推进时间。从本章来看，“着”和“过”虽然用于时间推进，但大多依赖于别的因素而非自身。

屈承熹(2006)曾提出体标记充当前景背景的可能性等级：

-了　-起来　-过　在-　-着

←————————————————→

前景　　　　　　　　　　背景

这一等级与本章的概率统计分析有一致性。如果将这个等级分开来看，“了”“起来”更容易充当前景，而“过”“在”“着”更容易充当背景，这与我们的结论是一致的，只是在细节的定位方面存在不同，主要是“起来”和“着”在等级中的位置。

正如前面章节所强调的，时间推进分两步走：第一步是动态启动推进；第二步则是凸显事件的结果状态。从体标记上看，能同时兼顾这两步，比如“动词重叠”，对时间推进的影响就越大；如果满足第一步即动态启动的(比如“起来”)，看似是比满足第二步即凸显事件结果状态的(比如“了”)，对时间推进的影响要更大。当然这些都是理论分析，体标记会与动词类型互动，和其他句中成分互动。可见，对时间推进影响比较大的体标记主要是在动力基础上加推界性特征。

四、小　　结

本章我们选择了六个典型的体标记，基于数据对比，以体标记的篇章时间推进功能为目标，结合体标记的语义功能以及所黏附动词的情状类型进行了系统的阐述。在综述前人时贤的基础上，提出我们对每个体标记的语义分析，这样的语义分析不仅能解释以往一些有争议的问题，而且也能说明其篇章功能。于是运用语料库的各种数据分析技术所得到的体标记时间推进功能，都可以从语义分析角度得到解释。

从本章的分析来看，显然以往的前景/背景分析以"完整体"和"非完整体"一刀切的方式太过笼统。我们的研究发现，非完整体虽然不倾向于推进时间，但是它们和时间推进并不抵触，并不妨碍时间推进。尤为明显的是"着"，完全可以用于时间推进小句中，"起来"甚至可以推进时间，也就是说，"起来"句是能推进时间的，但要在其基础上进一步推进，其后需要带上其他成分，以使更大的场景得以结束。所以非完整体的时间推进功能：能推进前文的叙述时间，但要使时间继续往后推进，后面仍需要其他成分界定。这一认识丰富了我们对汉语体标记篇章功能的认识。

第七章　外部牵引：时间状语对时间推进的影响

本书所说的时间状语包括时间词语和时间副词，由于它们所处的要么是动词的状语位置要么是小句的状语位置，所以合并在一起进行考察。在时间推进的运行机制中，时间状语的作用非常重要，因为按照参照时间规则，它们的使用会提供一个新的参照时间。但是如何引入，汉语学界对此还缺乏系统的分析。本章从情状外部时间定位入手，从理论上给时间词语和时间副词做出定位，然后分别就二者对时间推进的影响进行系统的分析，最后确定它们对时间推进的影响度。希望本章的研究既能站在时间推进的系统组织层面明确时间词语和时间副词的篇章功能，同时也能为二者的时间语义研究提供参考。

一、时间状语与情状外部时间定位

（一）时间状语

状语（adverbial）和副词（adverb）是从不同的角度来看的。从词类上看，副词是和名词、动词等并举的一类词，但是其内部非常不均质（张谊生 2000）。由于其最常见的功能是说明动词的行动方式，于是副词短语、介词短语、名词短语、副词小句和副词在功能上具有十分明显的等价关系（戴维·克里斯特尔 2002：11）。因而常采用“状语”作为统称来涵盖以上五类副词性成分。可以说，副词是词的一种类别，而状语则是小句结构的一种成分，与主语、宾语并举。二者是一体两面的关系。

英文文献对时间状语的表述主要有两种：time adverbials、temporal adverbials，时间副词主要有 temporal adverbs、time adverbs 两种表达。基本的认识是，能够充当“时间状语”的词就是时间副词，其余则是短语或小句。如 Shopen et al.（2007）认为下面（1）中的斜体部分都可以叫作时间状语（time adverbials）：

（1）a. She mailed it *yesterday*（*time adverb*）.

b. He eats lunch *at 11:45*（*time adverbial phrases*）.

c. She has chemistry lab *in the morning*（*time adverbial phrases*）.

d. I get up *when the sun rises*（*time adverbial clause*）.

学者们尽管对时间状语的时间属性等方面还有争议，但大致形成了以下意见：

① **时间状语的形式分类**：Klein(1994)认为，时间状语可以是简单的也可以是复杂的。如果是复杂的，它们可以从形态或句法上复合：

A. 简单的时间状语：Soon/already/now/then/only/first；

B. 形态上复合的时间状语：recently/meanwhile/thereafter/rapidly/yesterday/tonight；

C. 句法上复合的时间状语：通常由时间算子构成，就像一个时间命题或时间连接词，以及一些被管辖的成分，如一个 NP 或一个 S。算子可以为空，在特定语境条件下也可以是被管辖的成分。于是得到四类句法上复合的时间状语：

a. 光杆 PP：after dawn；during the Big Bang；at Christmas；just before the autopsy；也包括像 five weeks ago 这样的结构；

b. 光杆 NP：last spring；next week；

c. 从属小句：before Mary could have closed her eyes，as soon as he had paid；while I was sitting in the bathtub，etc；

d. 非限定小句：sitting in my wheelchair；having closed the window，etc。

② **时间状语的句法功能**：普遍认为时间状语是句子或动词短语（也可能是动词）的修饰语成分。Chomsky(1965)、Hornstein & Weinberg(1981)认为时间副词与 S(IP)有关，而 Jackendoff(1972)、Larson(1988)、Stroik(1990)则认为时间副词与 VP 有关。Thompson(2005)认为当状语修饰事件时间时，它是附加到 VP 上，而当它附加到参照时间时，是附加到 AspP 上。

③ **时间状语的语义功能**：Declerck(1991)、McGilvray(1991)等人认为时间状语用于确定参照时间；Hitzeman(1997)、Hornstein(1990)、Klein(1994)、Musan(2002)等人则认为时间状语用于确定事件时间或者参照时间。不管怎样，都认为时间状语直接或间接地确定相关的时间。关于语义功能的研究有很多，比较认可的类型主要是 Klein(1994)和 Haspelmath(1997)。Klein(1994)所提出的时间状语的三大语义功能，进而根据语义功能对时间状语做的区分：

A. 位置性时间状语(TADV－P)。它们明确的是时间段与其他时间段的关系，比如：yesterday，before the autopsy，much later，at five o'clock，in the night。

B. 频率性时间状语(TADV－Q)。它们指示时间实体的频率，很像时间段或在这些情状处获得的可能的情状。比如：often，once in a while，rarely，always，no more than three or four times a year，它们组成一个非常丰富的类，可能是量化表达的大部分类型。要反映它们的准确意义常常是很复杂的。

C. 持续性时间状语(TADV－D)。它们明确的是时间实体的持续。如：briefly，for a while，within one hour，during the autopsy。

Klein & Li(2009)还增加了第四种语义功能：

D. 对比性时间状语(TADV－C)。它们的功能主要是和以往形成对比，如：still，already，again。

Haspelmath(1997)从语言类型学的角度具体研究以名词短语为基础的时间状语，并从语义功能的角度区分出“定位”和“定范围”2大类16小类。

可以看出，英文文献中所用的术语“时间状语”是个统称，包罗万象，范围广泛，主要是从句法功能的角度对具有状语功能的时间表述形式进行界定和分析。其相关术语“时间副词”是指充当状语的时间词，和汉语的“时间副词”有着较大的区别。

国内的研究传统常常是从充当时间状语的词的角度展开的，主要分解为两大块：时间副词和时间词语。这是由汉语的特点所导致的，汉语中词类和句子成分之间没有一一对应的关系，所以对句子成分功能的探讨必然分解到能充当它的词类的功能上去，通常学者们说的“讲词类是为了讲语法”，即是从词类的角度来讲语法。而英语由于词类和句子成分之间有着比较规整的对应关系，因而讨论句子成分的功能和讨论词类的功能可以很好地贯通起来。这就是为什么汉语很少单独探讨时间状语，而英语研究文献却常常以时间状语为切入点的原因。

综上，从本书的研究重点来看，篇章结构中使用状语这个统称似乎更能看出时间推进的特点，有利于集中探讨时间推进的理论问题。因此本章以时间状语为统摄，具体考察汉语的时间副词和时间词语在篇章时间推进中的情况。

（二）情状的外部时间定位

时间虽是单一、无界的维度，但从空间和时间的隐喻关系上看，既然空间中物体的定位需要一个定位点，那么时间中情状的定位也同样需要一个定位时间。语言编码时，普遍采用时制和时间状语来给情状在时间中定位。

(2) John ran in the park for an hour yesterday.

例(2)之所以会产生非终结持续事件[John ran in the park]发生在说话时间之前的一天的解读，是通过过去时制和时间状语来实现的。过去时制将该事件与说话时间关联，并将过去作为句子的时间立足点(standpoint)。时间状语则进一步明确事件时间。时制是个语法范畴，汉语被认为是没有时制的(这有很多争议，具体见第十三章)。正如Smith(1997)所指出的，对于汉语这样的语言，时间定位是直接通过时间状语表达，间接通过体视点的使用来表达的。时间状语的定位功能主要通过与参照时间或其他情状建立关联来实现。

我们认为，从情状的外部来看，要实现其在时间中的定位，理论上会涉及以下两个方面：

一方面是定位的参照：如果句子中有时间词语，参照时间得以明确，那么情状的时间定位主要是通过与该参照时间建立关联。如果句子没有时间词语，参照时间就是句子的时间立足点，那么情状的时间定位就要依赖于与说话时间或其他情状建立关联。

另一方面则是与参照的关系。具体涉及三种关系：第一种是位置关系。时轴上，该情状是发生在参照时间/其他情状之前还是之后，抑或同时发生？第二种是距离关系。时轴上，该情状距离参照时间/其他情状的时间是长还是短？第三种是量化关系。时轴上，该情状是否实现与参照时间/其他情状之间距离的量化？

从情状的外部时间定位来看，时间词语主要是帮助明确参照时间的，而时间副词的功能是将它所修饰的情状与句子参照时间/其他情状建立关联，具体而全面地反映三种关系。时间词语是一个开放的类，而时间副词却是一个相对封闭的类。下面我们就分别从时间词语和时间副词的角度考察它们对时间推进的影响。

二、时间词语对时间推进的影响

汉语学界对时间词语的已有研究主要集中于概念界定、句法语义以及生成理据的细致探究（朱德熙 1982；邓守信 1986；邢福义等 1990；陆俭明 1991；张谊生 2000；李向农 2003；胡培安 2006；王灿龙 2016 等），对其篇章功能仍缺乏系统的梳理与深入的探讨（杨同用、徐德宽 2007；匡鹏飞 2009 等）。随着篇章语法的深入研究，我们迫切需要了解，时间词语跟篇章的衔接组织有怎样的联系，或者说时间词语如何影响篇章组织，以及篇章组织机制对时间词语又提出了怎样的要求等等深层次的问题。时间词语作为小句结构的外层成分，能很好地体现篇章和句法语义的互动，因而对其篇章功能展开系统研究显得尤为重要。同时，时间词语作为人类编码时间的重要显性手段，其篇章功能的系统研究也有助于人们明确动态时间系统的建构。本节以李向农（2003）的描写为基础，系统考察时间词语的篇章推进功能，探讨它们对篇章时间组织的影响。

李向农（2003）从时点和时段这两个重要的时间表达范畴入手，详细描写了汉语的时间表述形式，认为现代汉语的时间表述形式是十分丰富的，包括单纯形式的“时间词”和组合形式的“时间结构”。具体分为：

时点时间词：

第一种是固有的时间名称。朝代、年号、季节、节气、一天中的分点、当前基准的三时系统都是本体时点时间词；“X 时、节假日名称”都是代体时点时间词；

第二种是由习惯基准构成的本体时间序列，以“序数＋时间单位名词”为构成方式。

时段时间词：一般可分为表示短时、长时、累时的本体时段词和带有表示时期的“期”的代体时段词。如：一会儿、片刻。

时间结构：

第一种是“数・量型时段结构”。如：三年、五个月、两个星期。

第二种是“附加型时间结构”。可以进一步分为三个小类：

前附加：每、每隔、这/那、前/后、前后/上下

后附加：时/时候/时分/时节/时刻、期/时期/时间/期间/工夫、里/中/中间/内/之内/间/之间/之外、前后/左右/内外、前/后、以来/来

嵌套附加：从/自/自从……起、到……为止、从……到……

在本书语料库中，3 456 个时间推进小句中有 340 个小句使用了时间词语，仅占 10%。4 188 个非时间推进小句中时间词语的使用更少，共有 166 句，仅占 4%。从使用频率上看，时间词语总共使用了 506 次，明显处于低频。原因可能为叙事的本质属性是时间性，除非表达时间的转换，或明确事件间的时间关系，否则未必有强烈的时间词语使用需求。总体上看，67.2%(340/506)的时间词语用于时间推进小句，表明时间词语对时间推进可能有一定的影响，但具体的情况仍需要详细分析。按照参照时间规则，当小句有时间词语时，就为该小句引入了一个新的参照时间，而不再需要从前文语境去检索事件的结果状态了。但由于时间词语内部很复杂，人们仍不清楚它们是如何为篇章引入参照时间的，所以我们选择语料库中有代表性的且覆盖了绝大部分数据的三种倾向性结构类型来具体分析。

(一)“后”类时间结构

时间推进小句使用了很多“后”类时间结构，而非时间推进小句中则没有。“后”类时间结构包括“VP/T[①] 之(后)”和“后来”。在我们的语料中，这类结构总共使用了 97 次，其中“VP/T 之(后)”有 66 次，“后来”使用了 31 次。举例如下：

(3) 三顺用粗麻绳将杏吊在了梁柱上，**他打断了六根柳条之后**，杏说出了萧的名字。

(4) 棋山守军所属 32 旅旅长萧在一天潜入棋山对岸的村落小河，**七天后**突然下落不明。

(5) 在农村，他拉犁，拉耢，收麦，挖河，跑招工，跑招生……**后来**终于上了师范专科学校，毕业了，分到那个地方一所中学。

在“后”类结构中，关键性构件“后”的语义发挥了重要的作用。以(3)为例，其时间推进机制如图 7.1 所示。

图中虚线框出来的是时间词语对事件的影响，e_2“打断柳条”作为事件，以 e_1 的结果状态 s_1 为参照时间并包含其中，因而推进了时间。同时“打断”也提供了事件的结果状态 s_2。“之后”的附加更加凸显了这个结果状态，并为后续事件 e_3 明确了新的参照时间，e_3 包含其中，所以继续推进了时间。这里面涉及两个机制：一是照应，其中的“打断柳条”从前文检索事件结果状态，并通过结果补语“断”为后续提供

① T 表示具体事件的时间。

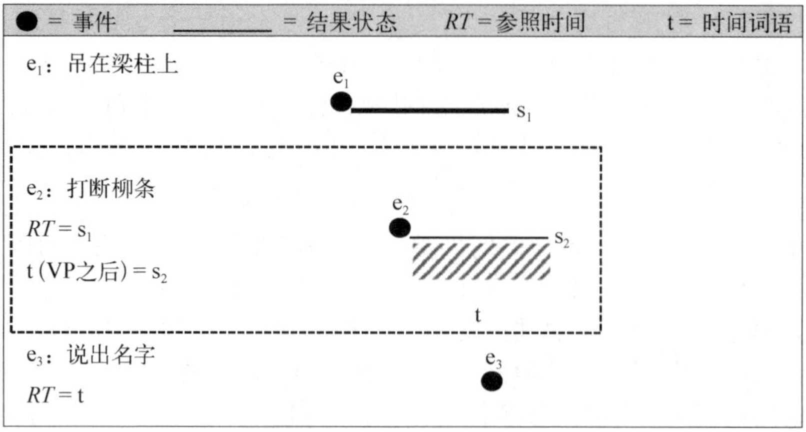

图 7.1 例(3)的 RTR 分析

默认的参照时间；另一个是凸显，“之后”凸显了“打断”的事件结果状态，由于明确了参照时间，所以形成了读者对后续事件的某种期待。如果没有“之后”，也能形成时间推进的理解，但没有形成事件期待，衔接功能减弱，缺乏启后功能。试比较例(6)：

(6) 三顺用粗麻绳将杏吊在了梁柱上，他打断了六根柳条，杏说出了萧的名字。

可见，“后”类时间结构在功能上很像是触发器(trigger)，它的出现会触发时间推进，而不管 RTR 所说的事件和状态的区别。如果我们对例(3)做如下修改：

(7) 三顺用粗麻绳将杏吊在了梁柱上，他打断了六根柳条之后，杏浑身是血。

例(7)中“浑身是血”是状态描述，没有事件性，但我们同样能感受到时间推进，就是因为“VP 之后”的触发功能。再看：

(8) 那也许是我和彩袖唯一的一次正面交锋。这么个不伦不类的事，没有失败也没有胜利，胜利也没意思。**糖罐事件后**我没有和彩袖说过话。

例(8)中的“糖罐事件后”，它照应性地从前文检索“糖罐事件”，“后”的使用凸显了该事件的结果状态，提供时间定位，为后续推进引入一个新的参照时间。后续部分尽管是状态描述(“没有和彩袖说过话”)，却将叙事时间往前推进了。

这样看来，时间词语的篇章功能并不能仅仅停留于笼统认识的“引入时间定位”，如何引入是有不同的方式的。“后”类时间结构的确为篇章引入一个新的参照时间，但引入机制有两种：一种是直接依赖自身语义引入，不需要从前文照应地检索相关事件信息，如“后来”；另一种由于它附着在具体事件之后，所以既要照应前文，也要凸显结果状态并启后，实现参照时间的更新。“后”类结构的功能相当于“叙述触发器”。

（二）“VP 时/的时候”结构

我们还观察到，时间推进小句和非时间推进小句都会采用“VP 时/的时候”这类结构。时间推进小句总共使用了 126 次，如：

(9) 我抄起扫帚和撮子，把地上的碎玻璃扫了起来。**当我出去倒撮子时**，听到父亲对叔叔说：……

(10) 萧凝望着她，料峭的春夜使他一连打了好几个寒噤。**杏把黑漆大门掩上的时候**对萧说：如果三顺今夜不回来，她明天就在院里晾衣服的绳上挂一只竹篮。

(11) 我找来一截高粱秆，想探个虚实。**我把高粱秆插进猪油的时候**，霍大眼在一旁叹着气。

虽然整个时间词语在句法成分上充当时间状语，但其中的 VP 是事件，它的参照时间是前文事件的结果状态，VP 包含在其中，形成时间推进。而“时（时候）”的功能是将后续事件定位在 VP 时刻，结构内 VP 的时间就成为后续事件的时间背景，所以整个结构最终是通过时间背景关系为后文引入新的参照时间。以例(9)为例，图示如下：

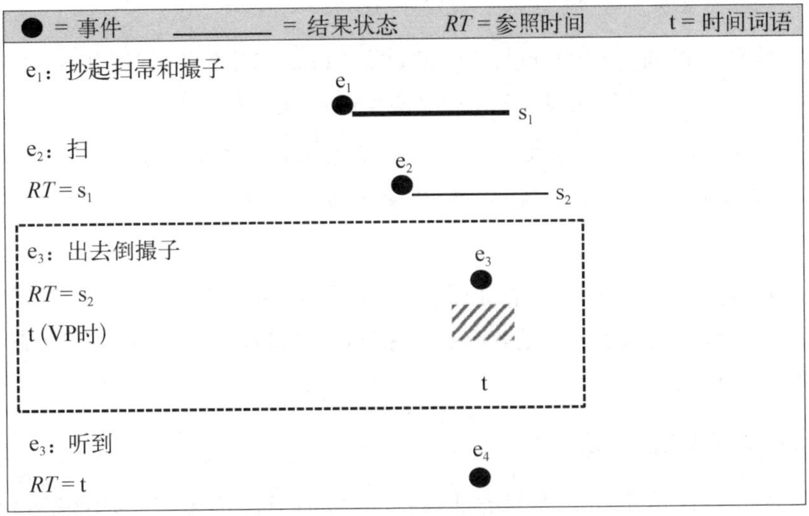

图 7.2 例(9)的 RTR 分析

虚线框中，e_3“出去倒撮子”是以 e_2“把地上的碎玻璃扫了起来”的结果状态为参照时间，“时”的附加凸显了事件的时刻，为后续 e_4 提供了时间定位。这类时间词语在时间推进中的作用可以这样理解：一方面它们依赖 VP 的出现推进前文时间；另一方面“时”又为后续推进提供时间背景。不管是否能继续推进，它的确引入了新的参照时间。

以上例子都是“VP 时/的时候”推进前文时间，而又为后续推进提供时间背景。就时间推进而言，起主要作用的是 VP，这仍然符合 RTR，只不过“时”的语义阻碍了后续推进。但我们注意到如果其中的 VP 是瞬间事件，时间背景的可能性便会大大降低，此时就更容易理解为继续时间推进了。如例(12)中“VP 时”从前文语境获取事件“监视”的结果状态为参照时间，推进了叙述时间。由于喊名字所用时间非常短，于是尽管用了“时”，它和后续小句还是建构为时间推进关系：

(12) 巩爱华的奶奶满头白发，也许是老糊涂了，也许不是糊涂，是精明，我姐姐在窗外朝里面张望，她不动声色地注视着外面，严密监视我姐姐，**我姐姐喊巩爱华的名字时**，那老妇人才颤巍巍地站起来。

再来看非时间推进小句中的这类结构，总共使用了 57 处。与时间推进小句情况不同的地方在于，非时间推进小句中这类结构的 VP 基本都是照应性地回指前文事件，“时”将时间定位到前文已经提过的事件时刻，所以小句无法继续推进时间。如：

(13) 他用手挤着肚子，吐出一些冷水。**吐水时**他想到了跪在炕沿上吐血的母亲，心中不由地一阵酸痛。

(14) **当初他提到那院里好像住着个病老太太时**，马老末分明答应只要房一卖，他会立刻把他的病大姑接下山去。

例(13)是回指前一句的“吐水”事件，例(14)是回指“当初”谈买房的事件。此外，结构中还包含了回溯性表述，这些都使得时间无法推进。如：

(15) 夹烟的手指呈现出像红烧肉一样的焦黄色，说明他是一个老烟鬼了。**在学校时**，我们一帮问题少年，故意用香烟熏手指，就是为了使自己的手指变成焦黄色。

例(15)都是回溯主人公以前在学校读书时，它确实为篇章引入了新的参照时间，但显然这样的参照时间不是紧接前文推进而来的，而是实现文本倒叙，因而不可能形成时间推进。

(三) 定位时点词语

还有些时点词语不如前面两类那样有明显的构件，但由于它们的数量也不少，时间推进小句中共使用了 84 次，还同时出现在非时间推进小句中，因而有比较的价值。这些时点时间词在时轴上定位，它们自身携带的时间信息使得它们能为所述事件提供时间定位，引入一个新的参照时间。我们来看例句：

(16) 就这样，我们走走停停，把太阳走落了，把月亮走升起来了，把野兔走回窝了，把眼睛锃亮的猫头鹰走出来了。**晚上八点多钟**，到了小岔河经营所。

(17) 过了中午，过了下午，**晚饭前**，马老末终于露面了。

（18）当心你的酒盅。道人含糊地说了一句。**当天晚上**，警卫员拎来了二瓶土烧和一包牛肉。

这些时点时间词直接更新了叙述的参照时间，在时间线上定位所述事件，牵引着事件一步步往前发展。通过语境检索，可以发现它们具有"后时性"。再来看看非时间推进中所使用的这类时间词语，出现的主要是像"现在、那时、当年、X前/中"这一类，共使用了79次。这类词语具有回溯性质，因而时间是被拉回到前文事件之前。虽然引入新的参照时间，但性质上是回指性的，因此无法推进时间。如：

（19）**那时候**我的座位与她的座位隔着两张桌子，隔着两张桌子我就嗅到了她的气味。

（20）**当年**离开上海，妈妈哭得死去活来，他却一滴泪不流。

（21）陈信的眼眶湿润了。心，怦怦地跳动起来。**十年前**，他从这里离开，上海越来越远，越来越渺茫的时候，他何曾想过回来。

通过本节的研究，我们发现汉语并不像 Smith & Erbaugh(2005)所认为的那样，时间解读都要依赖于体信息才行。其实时间词语可以发挥很重要的篇章推进功能，时间词语基本遵循时间推进的参照时间规则，它的出现的确为篇章引入了新的参照时间，但具体的引入方式有直接和间接两种，直接引入是依赖时间词语的自身语义，间接引入则是通过照应和凸显机制实现。时间词语具有触发器的功能。"后"类结构的出现触发的是时间推进，"VP时/的时候"和时点时间词语同样也是触发器，只不过要根据构成情况来形成相应的触发：当它们回指前文的时候，触发的是时间回归(regression)；否则，触发的就是时间推进。它们的确为篇章引入了新的参照时间，但是不同的类型有着不同的引入机制：结构体中没有VP，是依赖自身携带的时间信息直接引入参照时间；有VP的情况下，则一方面照应性地从前文检索事件的结果状态作为参照时间，以确保时间推进；另一方面由关键构件对VP实施凸显，以便于后续推进。因此对于篇章时间结构而言，时间词语的真正功能是作用于篇章的时间结构，形成叙述回归或叙述推进。

以往对时间词语的篇章功能没有给予系统的关照，本节研究所展示的它们对时间推进的影响，是从微观层面上更为细致地考察时间词语的篇章功能，并且在参照时间规则的基础上细化了时间词语是如何明确参照时间的。这也有利于进一步深入探究篇章的动态时间建构。

三、时间副词对时间推进的影响

（一）汉语时间副词的分类

关于汉语的时间副词，目前仍缺乏公认的定义，对其范围的认定也不一，因而导致目前对时间副词的分类标准有较大的分歧（黎锦熙 1924；陆俭明/马真 1985；邢福义等 1990；李少华 1996；李泉 1996；周小兵 1999；陈月明 1999；马庆株 2000；张亚军 2002；肖奚强 2002；张谊生 2004；史金生/胡晓萍 2004；王红斌 2004；吴春相/丁淑娟 2005；杨德峰 2006；周丽颖 2007；夏群 2010；陈前瑞 2008；杨荣祥/李少华 2014；邹海清 2011 等）。我们来看几家代表性的副词分类：

陆俭明、马真（1985）确定了 127 个时间副词，并将它们分为定时和不定时两大类。定时时间副词是指只能用于说在某一特定时间——或说话前（即过去时）、或说话时（即现在时）、或说话后（即未来时）——存在或发生的事。不定时时间副词重在表态，不在表时。它们表示某行为动作或情况与说话时间的关系，或者与某一特定时间的关系，或者与另一行为动作或情况的关系。

李少华（1996）根据《现代汉语虚词例释》确定了 115 项时间副词，并从时间副词的语义特征和语法功能角度进行了全面的描写，共区分出 12 小类时间副词：表最终；表过去、已然；表突发、短时；表不定时；表初始；表暂且；表持续；表将来、未然；表逐渐；表进行；表惯常；表间或。

张谊生（2000）从三个层级、四个角度对 85 个时间副词进行了系统的分类。具体分为表时、表频和表序三大类，其中表时时间副词又分为时制副词和时体副词，时制副词区分出时点副词和时段副词，时体副词区分出有定副词和无定副词。表频副词区分出高频、中频和低频三小类。表序副词区分出次序副词和重复副词。

夏群（2010）认为时间副词具有表示时制的功能，即事件时间、说话时间和参照时间三时的关系。因此他们区分出先时、共时、后时三大类时间副词，范围分别为 55 个和 47 个。邹海清（2011）则认为时间副词的基本语义功能在于其体概念的表达，于是据此对各家的时间副词数量进行核对，得到 54 个（外加象似性得到的 49 个，共有 103 个）。

我们认为时间副词研究存在这些问题究其原因都是由于汉语中时、体这两个语法范畴缺少语法手段，但是其语法意义似乎又是通过时间副词这样的词汇手段表达的。于是在汉语中时间、时制和体这三个概念时有纠结。另一方面，时间副词分类的难题其实也是人们分类时面临的普遍矛盾：事物的连续性对分类的离散性，事物的变动性对分类的静止性（朱晓农 1987）。本节我们综合陆俭明、马真（1985），李少华（1996），张谊生（2000），马庆株（2000），夏群（2010），邹海清（2011）所列出的时间副词范围，以情状的外部时间定位所涉及的三种关系为依据，重新整理并划分三大类九个小类的时间副词：

① 位置时间副词（Position Temporal Adverbs），凸显的是一个情状和参照时间/其他情状的相对位置关系，可以区分出先时、共时和后时。此外，次序也是表达

相对位置关系的。因而也算作位置时间副词的小类。

先时：曾、曾经、业已、业经、至今、已经、已、早已、早、早早、早就、都、便$_2$、就$_2$、预先、事先、毕竟、到底。

共时：正、正在、同时、一同、一齐、现。

后时：早日、及早、趁早、终将、终于、终归、终久、终究、必将、迟早、早晚、即将、将要、就要、快、行将、立即、立刻、即刻、马上、就$_1$、便$_1$、赶紧、赶快、赶忙、连忙、急忙、当即、才$_2$、随后、随即、快要、将、立马、临。

次序：先行、先、起先、起初、然后、而后。

(22) 人类在没有应用钟表以前，**曾经**用一种古老的太阳钟——日晷来计时刻。(《中国儿童百科全书》)

(23) 功课一抓，成绩**立刻**开始上去。(叶兆言《不娶我你后悔一辈子》)

(24) 回首一望，才看到被闪电照亮的枯树下，绿草儿**正在**发芽。(张贤亮《绿化树》)

(25) 我**先**用手纸草草地擦了一遍手，**然后**又擦他的屁股，接着烧水为他洗澡。(迟子建《原野上的羊群》)

需要特别说明一下共时关系。第一种情况是时间覆盖关系。要么是参照时间被包含在情状的发生时间中，要么是情状发生的时间被包含在参照时间中。如例(24)。这里的参照时间是“回头望”的时间，“正在”所修饰的情状“发芽”显然并不是一个时点，而是一个持续的时段，于是，“回头望”是一个瞬间发生的情状，和情状“绿草儿发芽”的时间关系是参照时间被包含在情状发生的时间中。如图 7.3 所示。

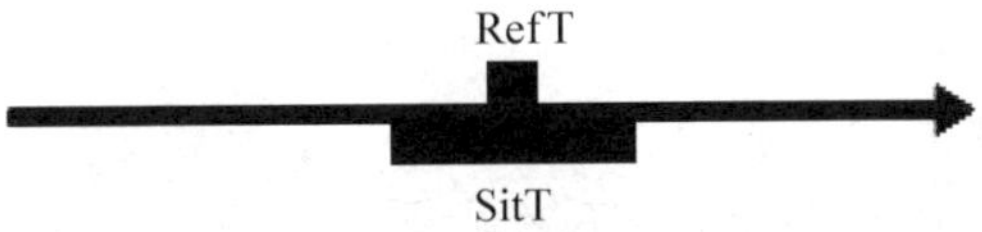

图 7.3　时间覆盖关系图示

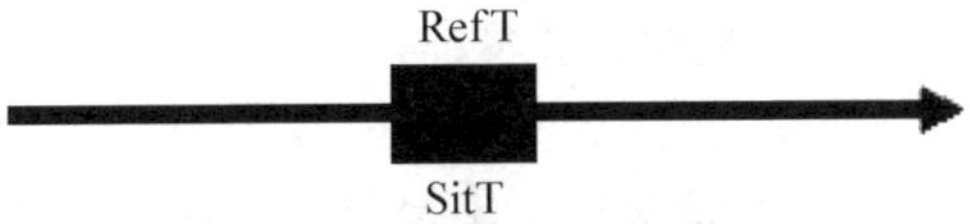

图 7.4　时间重合关系图示

第二种情况是时间重合关系，如：

(26) 他接过去，**正**要喝，一个局号报了棋步。(阿城《棋王》)

例(26)中，“正”所修饰的情状“喝”与另一个情状“报棋步”呈现出时间重合关系，几乎同时，如图 7.4 所示。

因此我们理解的共时关系其实是一种时间交叉关系。

② 距离时间状语(Distance Temporal Adverbs)，凸显的是一个情状与参照时间/其他情状在时轴上的距离远近，可以进一步区分出远距离和近距离两个小类。情状之间距离越近越会产生瞬间感，距离越远则越会产生持续感。

近距离： 刚、刚刚、才$_1$、突然①、忽然、骤然、猛然、猛地、蓦地、顿时、霎时、登时、立时、刹时、一下、一时、顷刻、迅即、旋即、忽地、忽而、蓦然、霍然、猝然、陡然。

远距离： 照样、照常、照旧、依旧、依然、仍然、仍旧、仍、渐、渐渐、渐次、逐渐、日渐、日见、日益、逐步、直、暂、暂且、姑且、权且、且、先后、相继、一度、从来、从、向来、一向、素来、素、历来。

(27) 次日中午，她一觉醒来，恢复了正常。但不知因为大脑**一度**缺氧还是别的什么，她变得有些傻乎乎的，眼睛也没有光泽。（莫怀威《透支时代》）

(28) 庄大鹏正在极力回忆，孟保田在一旁**忽然**开口说，嘿，你看老丁这个样子像不像一尊笑佛？（刘醒龙《菩提醒了》）

例(28)中，情状“回忆”作为参照时间，“忽然”呈现的是距离这一参照时间很近，体现一种瞬间关系：“开口说话”相对“回忆”的瞬间发生。如图 7.5 所示。

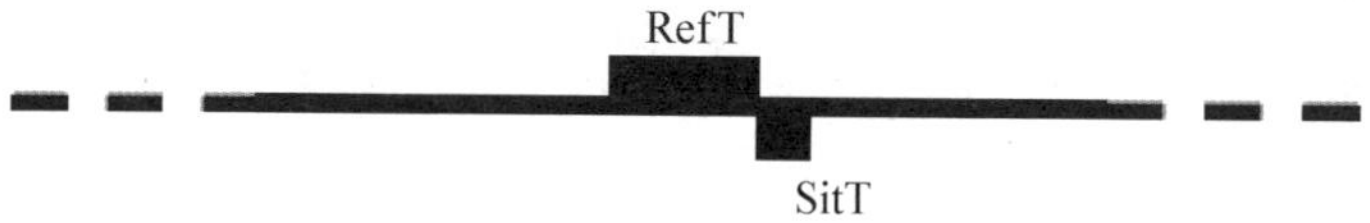

图 7.5 近距离时间关系图示

③ **频率时间状语(Frequency Temporal Adverbs)**，凸显的是一个情状相对参照时间/其他情状的量化频率，可以区分出高频、中频和低频三个小类。

高频： 从此、时刻、始终、老、总、一直、一贯、总是、老是、通常、永远、永。

中频： 常常、常、时常、往往、时时、不时、每每、经常、连连、屡、屡屡、屡次、频、频频、一再、再三。

低频： 偶尔、间或、有时、偶或、时不时。

(29) 美奴的父亲会**一直**跟着这些玉米在水上航行。（迟子建《岸上的美奴》）

(30) **常常**半夜里醒过来，推推老婆唠叨这些话，也不过是想让心头轻松些。（高晓声《陈焕生转业》）

(31) 进士试卷中有时也会**偶尔**冒出来一些佳句。（余秋雨《十万进士》）

“一直”是高频时间状语，指示在参照时间（时间立足点）中，“一直”所修饰的情状持续不断、极其反复地出现（用实线表示）。如图 7.6 所示。

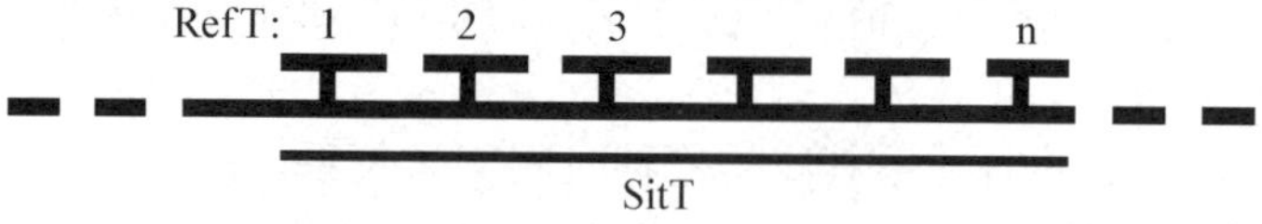

图 7.6 高频时间关系图示

① 吕叔湘(1999：540)指出，“突然”有形容词和副词用法，做副词用时，表示急促而且出人意料。

综上，如果用图表示，时间副词的功能就是将它所修饰的情状拉到时轴上，与参照时间或其他情状建立关联，如图 7.7（横箭头代表时轴，被定位的情状在时轴下方，参照时间或其他情状在时轴上方，下同）：

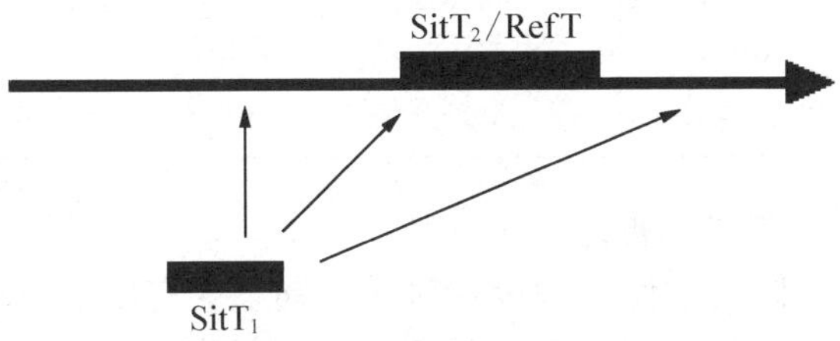

图 7.7　时间副词所表时间关系的总体图示

我们认为时功能是时间副词的基本功能，只是这种时功能具体体现为相对的时间定位功能，并不是绝对的时域确定。我们做出的三大分类是从相对的时功能，即情状的外部时间关系来区分的：位置时间副词指示一个情状与另一个情状或参照时间在时轴上的先后位置关系；距离时间副词指示一个情状与另一个情状或参照时间的距离远近；而频率时间副词则是从另一个情状或参照时间的角度看该情状的发生频率。

（二）时间副词对时间推进的影响分析

首先根据方差分析判断时间副词对时间推进是否有显著影响，见表 7.1：

表 7.1　时间副词影响时间推进的方差分析

	平方和	Df	均方	F	显著性
组　间	52.324	4	13.081	54.274	.000*
组　内	1 841.151	7 639	.241		
总　数	1 893.476	7 643			

方差分析显示，$P=0.000<0.05$，表示时间副词的类型不同对小句的时间推进的确有着显著影响。下面我们来看看语料库中的具体情况，由于时间副词的不同类型有时会共现，所以实际出现的时间副词次数会略微超过表 7.2 所示的出现次数。

表 7.2　时间副词在语料库中的总体情况

		无时间副词	位置时间副词	距离时间副词	频率时间副词	总数
NTP	句数	3 652	239	60	71	4 022
	比例	58.11%	39.24%	42.55%	68.27%	

续 表

		无时间副词	位置时间副词	距离时间副词	频率时间副词	总数
TP	句数	2 632	370	81	33	3 116
	比例	41.89%	60.76%	57.45%	31.73%	
总　数		6 284	609	141	104	7 138

1. 位置时间副词与时间推进

推进时间的小句倾向于使用的位置时间副词主要有以下两种类型：

第一种是后时性时间副词，其中"就$_1$"的使用最高频(187 次)，"便"(43 次)的使用位居其次。如：

(32) 等他刚把茶叶扣进缸子里，开水**就**紧跟着冲了进去。

(33) 他到处看看，**便**捡一处靠窗的位置坐下了。

另一种主要类型是次序性时间副词，共使用了 54 次，其中"然后"的使用最多：

(34) 老潘指着马爬犁上的我，拍了一下我的大肚子，**然后**摇摇头，苏联士兵便明白这是遇到难产的病人了，点了点头。

再来看非时间推进小句中出现的位置时间副词，其中先时性是使用最多的，最高频的是"已(经)"，共用了 91 次。

(35) 清冷的世界被门板隔在了外边，炉火熊熊的屋子里只有我们两个人。我**已经**将对她的种种不满抛到脑后，心里剩下的只有甜蜜、幸福和激动。

共时性时间副词的使用主要发现"正(在)、同时"，如：

(36) 萧和警卫员从人群中挤进去的时候，晒场上的人出于对陌生人的恭敬，给他们让开了一条缝。老道**正在**预测村子的凶吉。

可见，用于时间推进的位置时间副词倾向于后时性和次序性的；用于非时间推进的位置时间副词倾向于先时性和共时性。

2. 距离时间副词与时间推进

时间推进小句明显倾向于使用近距离时间副词，共使用了 74 次。如：

(37) 随后便发生了难以预料的事情：孟喜喜的脑袋**突然**往前一抵，把她的额头撞在年级主任的嘴上。

非时间推进小句中的距离时间副词并没有反映出明显的倾向性。

(38) 我们来得不凑巧，**刚**走了一辆，等下趟要两天呢。

(39) 刚才在车下发生的一切，傻根浑然不觉，刀疤脸却从窗口都看到了。可他**依然**不露声色，掏出一支烟又抽起来。

3. 频率时间副词与时间推进

与非时间推进小句相比，时间推进小句中的频率时间副词的使用并没表现出倾向性。一般都是中高频时间副词多于低频时间副词。时间推进的例子见例(40)(41)，非时间推进见例(42)(43)。

(40) 弟弟不响，**一直**走到劳动局大楼下，上了台阶，他才说："我蛮想工作的。"
(41) 马三大婶和母亲说话的时候，**不时**地朝萧瞥过来几眼。
(42) 一周夜班欠下的觉，下两个星期也还不掉，于是，他**老**感到睡不够。
(43) 她扯扯王薄的衣袖小声说："这小子……特像我弟弟，傻里傻气的。"王丽**时常**给弟弟寄钱，可弟弟不知她是贼。

综上，我们可以看到，相比时间词语对时间推进的影响而言，时间副词更为直接的更新参照时间，通过篇章的关联衔接，不同类型的时间副词对时间推进影响有别：位置时间副词中后时性时间副词和次序时间副词倾向于推进叙述时间，直接提供一个新的时轴顺向的参照时间；距离时间副词中近距离时间副词倾向于推进叙述时间，体现时间先后衔接；频率时间副词对于时间推进没有倾向性的影响。

四、时间状语对时间推进的影响度等级

下面我们采用逻辑斯蒂回归分析，统计出三大类时间副词以及时间词语对时间推进的影响概率，具体分析过程略去，回归分析结果见表7.3：

表7.3　时间状语的概率统计

时间状语	概　率
位置时间副词	0.607 55
距离时间副词	0.574 47
频率时间副词	0.317 31
时间词语	0.671 94

从概率数值的大小所得出的影响等级：

时间词语 > 位置时间副词 > 距离时间副词 > 频率时间副词

从等级来看，时间词语对时间推进的影响是最大的，其次是位置时间副词，然后是距离时间副词，频率时间副词对时间推进的影响是最小的。从概率值来看，等级中只有频率时间副词的概率值是不到50%，所以它对时间推进没有什么影响。这个影响等级可以结合句法层级和状语的语义来综合考虑。时间词语的句法位置高于时间副词，因而更具有篇章功能，所以时间词语对时间推进的影响可能容易超过时间副词。位置时间副词凸显的是一个情状与另一个情状或参照时间在时轴上

的先后关系，因而是对参照时间的直接定位，与时间推进直接相关，因而它们的出现尤其是其中后时性时间副词的使用便会带来时间推进的感觉。距离时间副词凸显的是从参照时间的视角来看，呈现情状的瞬间还是持续，虽然不是对参照时间的直接定位，但在时间推进中，在体现事件之间的时间先后关系的基础上，提供更多的时间跨度，因而也可以对时间推进产生影响。但频率时间副词凸显一个情状在以单位时间呈现的参照时间内出现的频率情况，因而对时间推进没有多大影响，也就不难理解了。

如果我们排除其他变量（补语和体标记）的影响来统计数据库，发现这个等级仍然是存在的，具体见表 7.4 的数据比较：

表 7.4　剥离相关变量后的时间状语使用情况

		位置时间副词	距离时间副词	频率时间副词	时间词语	总数
TP	句数	139	27	12	134	312
	比例	52.45%	43.55%	20.69%	55.60%	
NTP	句数	126	35	46	107	314
	比例	47.55%	56.45%	79.31%	44.40%	
总　　数		265	62	58	241	626

表 7.4 显示，在没有受到补语和体标记的干扰情况下，时间副词对时间推进的影响等级仍然呈现为时间词语最高 55.6%，其次是位置时间副词 52.45%，接着是距离时间副词 43.55%，最后是频率时间副词 20.69%。尽管从总数上看，时间推进小句和非时间推进小句中时间状语出现的频率几乎相同，但是从具体分布来看，还是能进一步验证上文观点的。

五、小　　结

本章我们基于时间状语，探讨了它们对时间推进的影响。它们是从情状的外部做的时间定位，对篇章时间推进而言，它们的使用能提供新的参照时间，相当于从外部给事件施加了牵引力，从而更新前文的参照时间，形成参照时间运动。有些时间副词是直接提供参照时间，而时间词语则根据不同的类型有着不同的参照时间引入机制。总体来说，时间状语作用于时间推进，都是从情状外部更新参照时间，牵引着时间推进。

3

第三部分

时间推进的运行变异

篇章时间推进虽是一个分层系统，系统成员依靠参照时间规则实现运转，但包含了无限的变化可能。这种变化来自系统内外，比如内部层级间的联动，结构内部的互动，外部篇章组织和语体类型的交互都会为其注入变异的因子。

第八章　宏观变异：单线推进和主辅并进

在本书所建构的篇章三层时间推进系统中，宏观层面的时间推进是以段落为单位，段落之间依靠时间参考而形成一定的时间区间，时间区间相互衔接，从而形成全文的时间线索。但从文学创作角度看，由于作者的叙事方法和技巧多样，于是时间区间之间便呈现出复杂的关系，可以是反映时间推进的顺叙，也可以是倒叙，还可以是插叙和补叙，这就给篇章时间推进模式带来很多的变异。在第二大部分中，我们从系统成员和运转机制的角度对篇章时间推进系统的模式做了具体的描述和分析。但是任何的系统模式总是理论化和理想化的，是简单和抽象的，而变化又是无处不在、无时不有的，实际中总会存在各种变异现象。相比模型而言，变化是常态，是更值得特别关注的。因此这一大部分我们强调变异，就是强调模型内部和外部的变化，一方面可以提供更多视角考察篇章时间推进，呈现更多在模型中看不见的细节互动。另一方面也可以为相关成分的篇章功能研究提供新的观测点，以深化相关研究。

本章我们重点讨论宏观层面上时间推进模式的变异。我们发现，宏观层面上，时间推进的模式大致呈现出两种变异：单线推进模式和主辅并进模式。这主要依赖于时间词语对时间区间的界定作用，体现了时间词语在宏观层面的推进功能。但同时我们也注意到，不同模式的变异对时间词语的调用也有差异。我们将综合起来考察推进模式和时间词语的互动。

一、单线推进模式

在第二章中，我们分析展示了小说《茨菰》的宏观层面时间推进（见图 2.1），其中的时间区间是一个个地往前推进，呈现单线推进模式，就像时间线那样。这种推进模式简单而有效，能够指引读者追踪故事情节，感受时间带来的变化。再来看小说《第十二夜》，如图 8.1（数字后面括号中标出该段落的时间参考，灰色框中的数字表示这一时间参考所管辖的段落）。

《第十二夜》描述的是“我”来到马家峪购买房子的经过。基本上是从第一夜逐步推进，按照时间发展的顺序展开小说情节，而且时间区间的跨度差别都不大。从所管辖的段落来看，也体现了作者的叙事详略安排，作者对前四夜和后三夜着墨较多[①]，

---

① 作者在每一部分都单独另起一行，使用“第一夜”这样的时间词语统辖写作段落，时间线索非常明确。

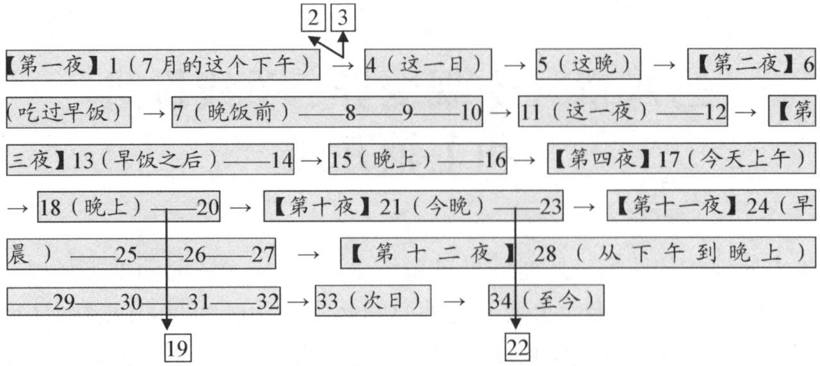

图 8.1 《第十二夜》的宏观时间推进

时间区间的布局较多，而中间的几夜则并未描述。这同样也是单线推进模式，只是相比第二章所刻画的《茨菰》时间推进模式而言，有些变化。变化主要体现为在单线推进中穿插了一些补叙和插叙，分别是第 2 段、第 3 段、第 19 段和第 22 段。第 2 段和第 3 段是补叙为何“我”会去马家峪的原委，但段落内部基本都是描述状态。第 19 段是插叙“大姑当年”的事情，使用了时间词语“当年”。第 22 段也是补叙，同样也有时间词语“自从我走后”来引导。从叙事上看，这样的插入并不影响宏观时间推进的大局，只是使故事看起来有了细节的拓展。应该说这种稍做变化的单线推进模式是非常常见的，因为它显示出作者对叙事的节奏有把控，也容易生动地牵引着读者穿越时空。

二、主辅并进模式

除了上面所说的单线推进模式，很多小说其实会因为作者叙事的需要，不仅广泛涉及插叙、倒叙、补叙等各种写作手法，而且由于这些写法交代了较多的故事细节，其内部各自又形成了一些段落的连贯，于是这些非顺叙的段落之间仍然形成时间推进。这就好像是在叙事主线之外铺设了另一条平行的时间推进线，而且最终这条时间推进线要汇入故事的时间主线。于是就形成了主辅并进的双线（多线）推进模式。以小说《本次列车终点》为例：

图 8.2 显示，整个宏观层面的时间推进是清晰的，这就构成了叙事主要时间线（用灰色框表示），它相当于一个时点序列，每个时间区间都在这条主线上依次定位，当然也可以视之为一个时段序列，因为每个时间区间都在主线上占据一定的长度。时段序列的量差关系是不同的，体现为作者的详略安排，即本身的时段可能是等量的。但是对于作者的描述而言，会给予不同的量差。甚至表现为时段的下位分割，作者使用了显性的时间词语来标示。但是从第 17 段到第 20 段，整体上形成了一个插叙的时间区间，作者的思绪回到了十年前。要注意的是这些段落形成了自己的时间推进线，而且与主线平行，这就是所谓的辅线（用无底色粗框表示），即

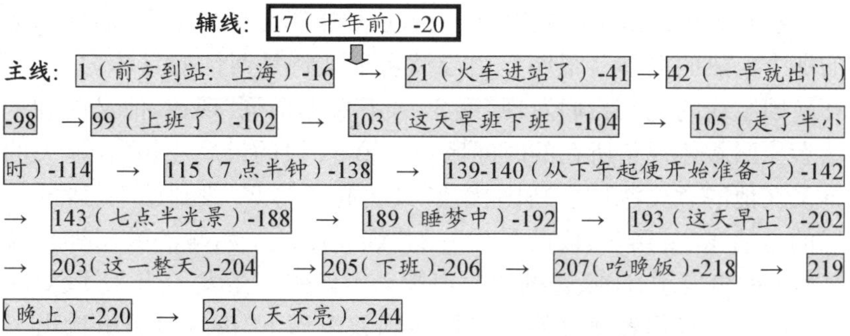

图 8.2　《本次列车终点》的宏观时间推进

指作者采用插叙、补叙、倒叙等手法所形成的时间线以外的连续推进区间。当然辅线于第 21 段汇入叙事主线。这种汇入是有标记的，在第 21 段中，作者使用了“火车进站了”来将叙事时间拉回叙事的当前。

再来看复杂一些的主辅并进模式，如小说《迷舟》，如图 8.3：

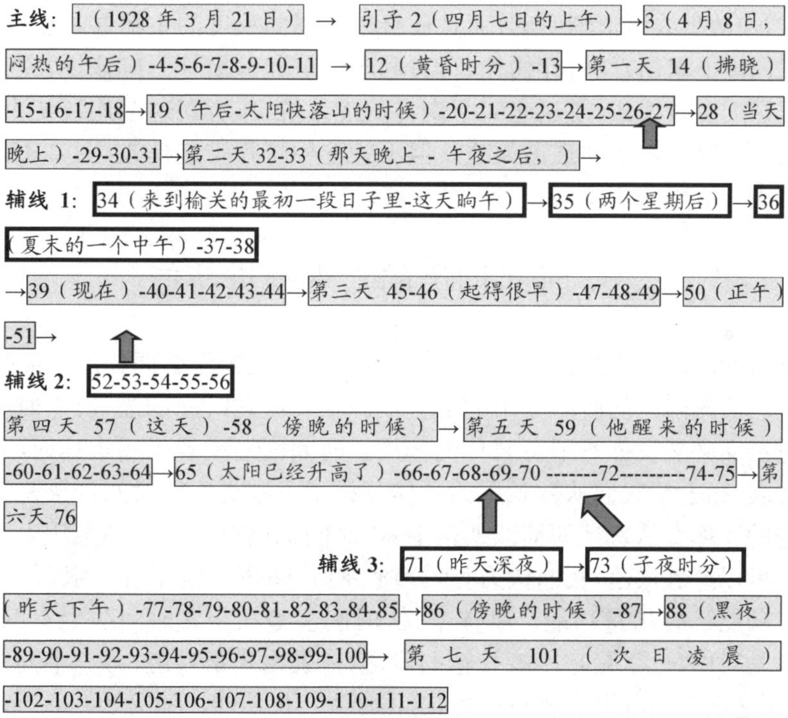

图 8.3　《迷舟》的宏观时间推进

图 8.3 显示了《迷舟》这篇小说有一条主线和三条辅线，说它们是三条不同的辅线是因为它们分别叙述不同的情节。主辅线的切换是有一定的线索的。这种切换大多是关键语词所激发的读者的预设。比如小说的第 34 段开始第一条辅线，因

为在第 32 段中，结尾的最后一句“他注视着远处影影绰绰的山影，回忆起他在表舅家度过的那个炎热的夏季”，很明显引导读者下文将是回忆的具体内容。第 38 段是如何切换回主线的呢？我们发现，第 39 段有关键语词“现在，他又闻到了那股果香”，将读者拉回叙述视角所在的时间区间。第 51 段的最后一句“在榆关的那个夏天的一幕又在他的意念深处重新困扰他”又引起了第 52 段到第 56 段的插叙。比较有意思的是辅线 3：第 70 段的最后一句“媒婆压低了粗哑的嗓门神色慌张地告诉萧：他和杏的事发了，昨晚杏的哭叫声惊动了四邻。”激发了第 71 段对昨晚事情的追述，可是第 72 段作者通过将场景切换到叙事当下“萧从口袋里掏出了所有的铜板放在马三大婶手里”从而将读者拉回到 70 段所在的时间区间，紧接着的第 73 段作者又将场景切回到“昨天晚上”，并通过“子夜时分”这个时间参考和第 71 段分割开来，到了 74 段，作者再次将场景切回到叙事当下“马三大婶的水烟早已吸完了”，拉回到主线上的同一个时间区间内。因此我们将第 65 段到第 75 段视为一个时间区间，特别之处在于辅线 3 的两个时间区间和它呈现交叉并进。

总的来说，宏观层面上，作者组织时间推进是有变化的，不仅采用简单的单线推进模式，使故事线索清晰明朗；而且还会采用不同程度的主辅并进模式，使叙事在时间的向度上来回延展，穿插徐行，有利于情节充分展开。应该说，完全的单线模式和复杂的多线模式，搭建起一个变异的连续统，作者在这个连续统中，根据叙事的需要而选择使用哪种推进模式。但不管选用哪种推进模式，主要还都依赖于时间词语进行统筹和调度。

三、时间词语的宏观推进功能

宏观层面时间推进的模式灵活多变，时间区间成为作者调控故事发展脉络的重要手段。而时间区间所能调用的语言资源主要就是时间词语，所以时间词语在宏观推进层面必然发挥着不可替代的作用。时间词语或者采用本体时间，或者采用代体时间，第七章我们从微观层面具体分析了不同类型的时间词语是如何影响时间推进的。那么从宏观的篇章架构上看，时间词语有怎样的功能呢？既然这些时间参考可以跨越段落，我们认为时间参考在篇章的宏观架构上发挥了双重功能，既有定位功能又有指量功能。具体来说，时间参考在全文时间线上有两个向度：一个向度是对内，也就是它所能管辖的段落，体现出指量功能；另一个向度则是对外，即对于它在时间线上的相对位置，这体现为定位功能。如图 8.4：

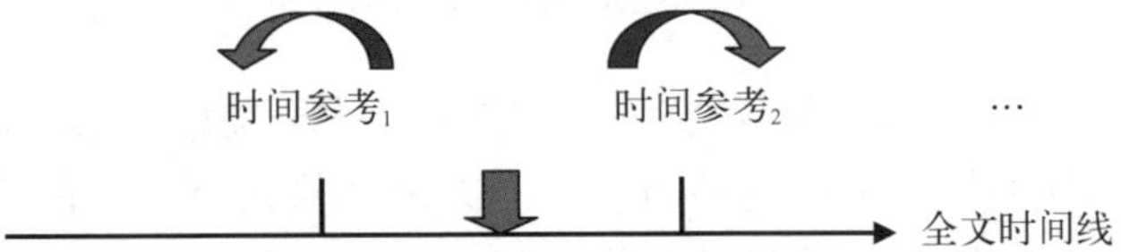

图 8.4 时间参考的两个向度

对内向度上，由于时间参考为它所管辖段落中的一系列事件提供大的时间背景，于是便具有指示这些事件持续的时间跨度的功能，即指量功能，而且不同时间区间之间还存在着量差，这便带来时间跨度大小的差异。又因为它能划定一个时间区间，从而与前后的时间区间分割开来，于是便具有划界功能。在对外向度上，时间参考具有时点的定位功能，着重在指示时间的序位，这种定位并非绝对定位，而是一种相对定位，因而彼此之间也就能实现衔接，在对外向度上，时间参考也具有衔接功能。可以说时间参考在篇章的对内对外两个向度上，分别发挥着时段和时点的功能，在更大的层次上体现时点和时段的关联。

李向农(2003)对时点和时段做了系统的研究。他指出[①]：时点是时间里的一个点，在表达功能上，时点可以用来推算和指定时间的顺序位置，可以定指古往今来的一个时间或特指相对于说话时间的一个时间。时段是时间里的一个段，在表达功能上，时段用来计算和划分时间的长短段落，可以表示具有起点和终点的或长或短的一段时间。他还指出，在本质特征上，时点着重在指示时间的序位，而时段着重在表示时间的长短，但表序位的"点"和表长短的"段"在构成上是有关联的。从时点和时段的关联上说，从某一个时点开始，移动到任一时点为止，就可以在时轴上构成或截取一个有着确定长度的时段，因而时点和时段本来就是共存于时轴之中的。时点时段之间的这种关联性表明，时轴上一个一个的时点本身并不表示时间量，它们只是指示时间的顺序位置，因而具有序位性；而时段则是由一个时点经历到另一个时点，因而它具有历程性。

从以上分析中可以概括出，表义功能上，时点具有序位性，时段则同时具备指量功能和划界功能；构成机制上，时点和时段具有关联性。可以说，李向农(2003)的研究基本上是对时间表述形式做静态的系统考察。如果从篇章的动态进展来看，随着故事情节的构建，篇章逐渐形成了一条明晰的时间线，每个时间参考都和周边的时间参考相互依赖，相对存在，因而具有序位功能。另一方面，每个时间参考总是为情节提供时间背景，情节的详略安排又使得时间参考所管辖的宽度有差异，于是便存在量差。也正是因为存在量差，我们才能明显感觉到时间参考的指量和划界功能。

四、宏观推进中的时点序列

单线推进中，主要是时点序列的灵活配置。充当时间参考的时间词语在全文时间线上铺开就呈现出时点序列，具有位移性。同时更重要的特征是这些时间词语可以实现跨层组织，即不在一个层次的时间词语构成时点序列。严格的时点序

---

① 以下两段论述分别引自李向农(2003)第 20 页和第 55—56 页。

列是由同一层次的时点构成，即序列成员之间是相对存在的，比如“昨天→今天→明天”。篇章中严格的时点序列比较少，因为那样会显得时间进程太刻板，区间的量差体现不出来。所以大多都是有序与无序的杂糅、上位与下位的交织，表现出时点序列配置的灵活性，顺应情节的多变。比如《天下无贼》的一部分时间主线是“头一天→这天晚上→第二天→傍晚时”，其中“头一天”和“第二天”构成一个时点序列，在这个序列中插入各自的下位时点“这天晚上”“傍晚时”，表现出时点序列的自由性。正因此，才使得时间区间存在着量差。小说作者正是通过灵动地调配时点来取舍故事情节，对重点和关键情节进行聚焦，达到控制时间推进节奏的目的，或成倍快进或逐帧渐进。

李向农(2003：124)提到：分别处于上下位序列中的时点不能跨序列进入对方的时点序列，即只能是“去年——今年——明年”，而不能是“去年——今天——明年”。小说中的时点序列则相对自由。比较以下的两个图。图 8.5 是从小说《迷舟》中截取的部分章节和段落，由于在章节处使用显性时间标示，因而时间主线呈现的是相对严格的时点序列：

图 8.5 《迷舟》中的部分序列

而很多小说并不是这样。比如图 8.6 是《天下无贼》的一部分主线：

图 8.6 《天下无贼》的部分序列

正是因为这一点，才导致时间区间之间存在着量差。这也反映了作者对故事情节的取舍，对重点和关键情节的聚焦。因此单线推进模式中，时间词语的使用主要凸显的是时点序列的照应性。

主辅并进的模式中，不同的时点序列各自运行，就像两条各自向前推进的轨道，在某个交叉路口交汇成一股。因而在交汇处的时间词语，其使用不同于单线推进的时点序列中的时间词语，即主辅交汇处的时间词语要凸显的不是与前文时点序列的照应，而是要刻意体现与之前时间区间的不同，如图 8.2 中的“十年前”，使该区间从宏观时间线上独立出来，因而表达上趋于完整或较长的时间词语，图 8.3 中的“来到榆关的最初一段日子里”，从而凸显它们将引领一个新的平行的时间区间，此后辅线中的时间词语即以此为参照，服务于所在的时点序列。因而主线和辅线中的时间词语，它们的照应是有界域的差别的。

五、小　　结

总的说来，宏观层面的时间推进主要是借助于时间参考（时间词和时间结构）形成一定的时间区间，时间区间彼此串联形成全文的时间线索。时间区间的新提法不同于以往学界所说的篇章管界，它更加宏观，而且据此我们能更清晰地呈现宏观层面上时间推进的单线推进模式和主辅并进模式。用于界定时间区间的时间参考具有内外两个向度上的篇章功能，对内具有指量和划界功能，对外则具有定位和衔接功能。所以宏观层面的时间推进体现了作者的谋篇布局，体现了作者的叙述技巧，因为对待同样的故事，不同作者会选择不同的时间区间进行再现，因而在时间参考的定位功能和指量功能上都有别，所形成的宏观线索也就大大不同了。

第九章　跨层联动：以“了”为例

在第二章，我们重点阐述了时间推进的三个层面，也建立了一个初步的分析框架。对于系统而言，分层是为了更好地定位语法成分的影响范围，从而更为精准地探讨这些语法成分的篇章功能。但从系统的运转来说，不同层级之间本质上是互动的。分层只是一种研究的需要，对于系统而言更应注重跨层的联动研究。综合第七章和第八章，其实已经显示，时间词语跨层联动，不仅可以在微观层面更新参照时间，从事件外部牵引着时间推进，而且可以在宏观层面界定时间区间，发挥定位和指量功能。可见，系统成员是可以不受层级限制而实现联动的。为了更深入地揭示跨层联动，本章我们以体标记“了”为切入点，来展开更为细致地分析，从这个角度诠释时间推进在理想模型之外的变异。

一、第一观测点：体标记“了”

之所以选择体标记“了”，有以下考虑：首先从第二章的分析框架中能看到，体标记处于小句内部情状层级的中间地带，对于时间推进的影响而言，它不像时间状语从外部牵引时间推进，也不像动词情状从内部提供最基础的动力，而是和补语一样施加了界性特征，可是补语更加凸显事件结果状态，只有体标记的功能充满了神秘感，而且其个性非常强。其次，汉语的体范畴一直是个重点难点问题，尤其是篇章功能的研究，虽有重要发现但并不成系统。因为相比前景和背景，时间推进的判断更为单纯和客观。而且体是观察时间进程中的事件构成的方式(戴耀晶 1997：5)，时间推进其实也是观察一系列事件的构成方式对时间进程的影响，二者都与情状的有界性直接有关，所以时间推进能提供观测体标记篇章功能的一个新的而且是更为直接的视角。在汉语体范畴的研究中，“了”可以说是第一问题。再次，已有研究也指向“了”可能存在的跨层联动。比如屈承熹(2006：61)在 Spanos(1979)、Andreasen(1981)和 Chang(1986)的研究基础上，总结出体标记“了”①的两个主要篇章功能：一是在一串相关事件中，指出其中的顶峰(peak)事件；二是在一串以时序排列的事件中，表明某事件的先时性，及这些事件的相关性。Wu(2009)则在 SDRT 框架下系统探讨了汉语体标记和时间推进的关系，他认为一般情况下带“了”的小句通过叙述关系和后句连接，从而推进时间；只有通过阐述关系才能使“了”描述的事件的内部过程可及(accessible)。

① 近年来，汉语学界对“$了_2$”的篇章功能的讨论远超过“$了_1$”，一些学者还认为从篇章表现上看，两个“了”可以实现整合，是同一实体的不同篇章功能而已。我们主张两个“了”的分立，各自有着不同的篇章功能。

这些研究都表明，“了”除了在微观层面发挥作用，还可能会影响中观。

为了纯化研究对象，我们一般只标注主句中的“了”，暂时不考虑从句中的“了”[①]。我们的数据库中，“了”总共使用了 1 040 次，其中有 759 次是出现在时间推进小句中，占到使用总次数的 73%，这说明“了”和时间推进确实有着比较明显的关联。下面我们就来具体看看“了”在三个层面的时间推进上所发挥的作用，呈现一个语法成分在篇章不同层面的联动效应。

二、“了”在宏观层面的界标功能

宏观层面的时间推进上，我们发现时间区间的边界处和“了”有着某种关联。下面以《迷舟》的第 3 区间和第 4 区间（段落后用【】代表，下同）的边界处为例来说明，请看(1)：

(1) **四月八日，闷热的午后**阳光使人恹恹欲睡。萧在涟水岸边的柳林里骑马独行。……萧旁若无人地走出了指挥所，朝着系马的一棵老杨树走去，萧在解马缰的时候听到了身后脚步踩乱草丛的声响。那是警卫员不安地跟了出来。萧回过头狠狠地瞪**了**他一眼，警卫员不由得止住**了**脚步。【3】已是**黄昏时分**，他独自一个人骑马从北坡登上**了**棋山的一个不高的山头。……他的白马在跃下山坡的时候，他想起**了**前些日子在师部开会时听到的战报：三月二十一日攻占榆关的恰恰是他哥哥的部队。【4】

例(1)显示，第 3 区间开头处的时间参考（粗体）指明，接下来所叙述的事件发生在“四月八日的午后”。当下一段落中出现“黄昏时分”时，则明确告诉读者接下来所述事件发生的时间背景，于是就自然切换到第 4 区间。例子中用下划线标示出位于边界处的句子，可以看到，在第 3 区间的右边界和第 4 区间的左边界及右边界都出现了“了”。当然并不是每个时间区间都如此，有的时候“了”出现在左边界的句子中，有时出现在右边界的句子中。因为我们是将篇章切分成小句的，所以这里所说的边界并不仅限于边界处的那个小句，我们将搜索范围扩大到边界处的完整句子（即以句号结尾[②]）。表 9.1 是八篇小说的时间区间的相关统计数据：

表 9.1　八篇小说的时间区间和体标记“了”的分布情况

小　说	区间总数	边界处用体标记“了”的区间数	体标记“了”的位置	
			左边界	右边界
茨菰	16	9	8	4
一坛猪油	31	18	11	15

① 感官动词“看到”“听到”等，可能会标注从句中的“了”，这要看从句事件是否推进主线的时间。

② 有的句子较长，所以操作中我们也注意“了”不能离边界太远，一般是边界附近两个小句范围内。

续　表

小　　说	区间总数	边界处用体标记“了”的区间数	体标记“了”的位置	
			左边界	右边界
第十二夜	16	9	7	6
冰雪美人	11	6	6	2
迷舟	26	20	17	14
拇指铐	9	5	3	4
天下无贼	16	6	4	3
本次列车终点	17	10	7	9
总数	142	83	63	57
			120	

表9.1显示，八篇小说共有142个时间区间，有83个区间在边界处使用“了”，占总数的58%。就单篇小说而言，只有《天下无贼》中边界处用“了”的区间没有超过区间总数的一半(6/16)，其余均过半。这说明了一种倾向性：绝大多数小说都有一半以上的时间区间会在边界处使用“了”。另外，“了”在时间区间左右边界的分布是均匀的，左边界处共有63次，右边界共有57次，没有绝对差异。我们也注意到，时间区间边界处不用“了”的情况也有不少，但如果细看，会发现这些时间区间中有的会在内部时间参考处使用“了”。如：

(2) 只一两天的时间，小岔河的孩子们就熟悉起来了。老潘说年底时还要上一批工人，到时组织上会派来一个教师，那时老大就有学上了。不然他这种年龄不上学，在大山里就耽搁了。

我把猪油从闷罐、碗和伞中用勺子刮到一个脸盆里，用它做菜。那时小岔河开垦出的土地不多，再加上菜籽不全，男人们只种了豆角和土豆。我们这些留在家里的女人就找了一个在山中游猎的鄂伦春人，让他教我们认野菜。采了水芹菜、山葱、老桑芹后，我们就掉着样地给男人们做菜，把他们吃得天天叫好，上山伐木时更有力气了。野菜用猪油烹调最对路了，野菜吃油啊。有时吃着吃着，会在菜里发现蚂蚁，那是猪油洒了时，蚂蚁趁乱溜进去的。它们贪了口福不假，小命却是搭上了。老潘夹着蚂蚁时，也不挑出，说是蚂蚁浸了一身的油，扔了可惜，连同它一起吃了。到**了**小岔河没两个月，我怀上了。兴许是吃猪油的缘故，这胎儿特别显怀，秋天蘑菇下来的时候，谁都看出我有了。男人们就拿老潘开玩笑，说，潘大嫂才来两个来月，你的种子就发芽了，本事大啊。老潘笑着说，都是猪油里的蚂蚁搞的，那东西长力气啊！【16】

例(2)是《一坛猪油》的第16个时间区间，这里作者并不是在完整地叙述一个事件的进展情况，而是像电影的快进播放一样带领读者浏览一系列相关事件，区间内部的时间跨度是很大的：刚到小岔河一两天→快两个月→秋天蘑菇下来时。虽然这一区间的左右边界处都没有使用“了”，但是下划线所示带有内部时间参考的小句却使用“了”。这些内部时间参考完全可以因为作者的意图不同而得到不同的处理，可以设想，作者如果从这里另起一段也是可以的，那样“了”就又出现在边界处了。

从以上的数据和分析中可以看出，体标记“了”和宏观层面上时间区间的边界确实有着较强的关联。我们还可以将体标记“了”与句末“了”做一比较。关于句末“了”的篇章功能有一种“边界说”(Thompson 1968；Chang 1986；Huang 1988；Ljungqvist 2007 等)，即句末“了”是篇章结尾助词(discourse-final particle)，标记篇章片段(discourse segments)的结束。但对于什么是篇章片段却有不同理解。我们试着用时间区间来看看它与句末“了”有怎样的关系。如：

(3) 现在我们都知道了，那个热心人**后来**并没有把彩袖带回巩爱华的家。这是一个令人费解的结果，直到现在，与此事有关的人们还在争议，那个带路的人到底是谁？他到底把彩袖带到哪里去了。长寿**后来**没有找到他妹妹，他在巩爱华家闹了**两天**，没看见彩袖的人影，巩爱华也始终没露面，倒是派出所的人来了，按照有关条文，他们把长寿强行押到长途汽车站，遣送回去了。【11】

例(3)是《茨菰》的第11时间区间，内部时间参考涉及“后来→后来→再两天”。该区间的左右边界(画线小句)都使用了句末“了”，左边界的句末“了”显然没有推进时间的意味，只是辅助说明叙述人的全知视角，右边界的句末“了”用于时间推进小句并标记该段落的结束。下面我们仿照表9.1进行统计，得到表9.2：

表9.2　八篇小说的时间区间和句末“了”的分布情况

小　说	区间总数	边界处用句末“了”的区间数	句末“了”的位置	
			左边界	右边界
茨菰	16	8	3	6
一坛猪油	31	21	20	8
第十二夜	16	3	1	2
冰雪美人	11	3	2	1
迷舟	26	5	2	4

续　表

<table>
<tr><th rowspan="2">小　　说</th><th rowspan="2">区间总数</th><th rowspan="2">边界处用句末“了”的区间数</th><th colspan="2">句末“了”的位置</th></tr>
<tr><th>左边界</th><th>右边界</th></tr>
<tr><td>拇指铐</td><td>9</td><td>2</td><td>2</td><td>0</td></tr>
<tr><td>天下无贼</td><td>16</td><td>8</td><td>6</td><td>6</td></tr>
<tr><td>本次列车终点</td><td>17</td><td>9</td><td>9</td><td>3</td></tr>
<tr><td rowspan="2">总数</td><td rowspan="2">142</td><td rowspan="2">59</td><td>45</td><td>30</td></tr>
<tr><td colspan="2">75</td></tr>
</table>

比较表 9.1 和表 9.2 会发现，边界处出现体标记“了”的时间区间要明显多于边界处出现句末“了”的区间总数（83>59），而且边界处体标记“了”的出现次数也是明显多于句末“了”的（120>75），另外句末“了”在时间区间的左右边界处的分布不是那么均匀，左边界要明显多一些。这些对比说明，如果我们将时间区间视为篇章片段，那么体标记“了”比句末“了”更具有标示作用①。

三、“了”在中观层面的核标功能

中观层面的时间推进是指段落中由多个小句组成的结构段之间的时间推进。要想了解“了”和中观层面的时间推进的关系，我们的做法是，统计带“了”的时间推进小句是通过怎样的修辞关系②与其他小句关联成结构段，从而在中观层面上推进时间的。也就是说，我们需要先确定哪些结构段在中观层面形成了时间推进，然后看这些结构段中带“了”的时间推进小句是如何与邻近小句关联的。因为必须通过段落的组织结构才能看清楚中观层面，所以我们对每个段落的 RST 结构树图进行了详细的分析，以（4）为例：

（4）1→叔叔将烟头猛嘬**了**几口，2→扬手 3→将烟屁股扔到雪地里。4→我看到烟屁股里冒出**了**一缕青烟，5→然后就熄灭了。6 叔叔咳嗽着，7→从他的黑皮包里摸出**了**他的大茶缸子，8→然后又打开抽屉 9→拿出他的茶叶桶，10→拧开盖子，11→将茶叶倒在手心里，12→掂量**了**一下，13→然后扣到茶缸子里。14 我早就提着暖瓶在他的身边等待着了，15 等他刚把茶叶扣进缸子里，16→开水就紧跟着冲**了**进去。

例（4）是《冰雪美人》的一个段落。该段共有 16 个小句，绝大部分小句都涉及

① 关于句末“了”的篇章功能详见本书第十一章。
② 修辞关系的定义和标准参看卫真道（2002）。

时间推进。图 9.1 是其 RST 树图：

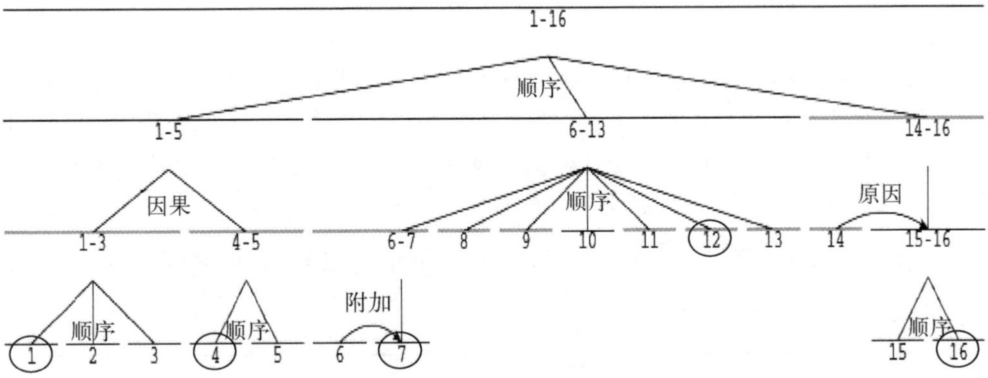

图 9.1　例(4)的 RST 分析

图 9.1 中圆圈所圈出来的数字表示该小句带有“了”，整段的中观层面有时间推进，即结构段 1—5、6—13 和 14—16 之间是序列关系，每个结构段中都有包含“了”的小句。我们首先来看结构段 1—5，它是由低一级的结构段 1—3 通过结果关系和结构段 4—5 连接起来的，在 RST 中，结果是一种多核关系。再往下，小句 1、2、3 通过序列关系组成结构段 1—3，4 和 5 同样如此，序列也是一种多核关系。这也就是说，在中观层面推进时间的结构段 1—5 中，带“了”的时间推进小句 1 和 4 都是通过序列关系和其他小句关联，而且 1 和 4 所代表的小句同时也是结构段 1—5 的核心。再看结构段 6—13，6 是 7 的伴随状态，二者通过附加关系形成单核结构段 6—7，其中 7 是核心。8、9、10、11、12、13 所代表的小句是相继发生的，修辞关系是序列关系，于是带“了”的小句 12 也是结构段 6—13 的核心。同理，在结构段 14—16 中，14 和 15—16 之间有致使关系，小句 16 也是通过序列关系和 15 结合，16 也是结构段 14—16 的核心。按照这种思路，我们对八篇小说做了相应的统计，结果如表 9.3：

表 9.3　修辞关系的总体情况

修 辞 关 系	次数	修 辞 关 系	次数
序列(Sequence)	351	解答(Interpretation)	8
阐述(Elaboration)	112	对照(Antithesis)	7
附加(Addition)	24	动机(Motivation)	7
致使(Cause)	17	并加(Conjunction)	6
背景(Background)	10	方式(Means)	6
对立(Contrast)	9	因果(Result)	6

表9.3显示，"了"所在的时间推进小句主要是通过序列关系和阐述关系与其他小句组成中观层面时间推进的结构段。下面我们再来看一个阐述关系的例子：

(5) ……1→我在院里转**了**一圈，2→才犹豫着上**了**台阶3→进**了**屋。4自从昨天我和马老末成交后，5他便不再为屋门上锁了。6→我进**了**东屋，7→我看见**了**令我不解的景象：8炕上，昨晚那一团破振布样的大姑坐了起来，9正佝偻着身子梳她那头雪白的乱发。……

例(5)节选自《第十二夜》的一段，从这9个小句来看，它们之间的RST树图如下：

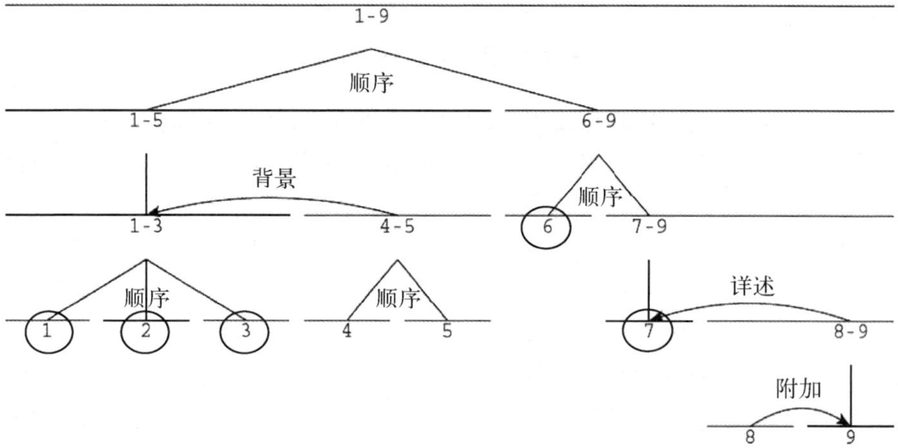

图9.2 例(5)的RST分析

图9.2显示，结构段1—5和6—9之间是序列关系，构成了中观层面的时间推进。每个结构段中都有带"了"的小句，其中6—9的子结构段8—9和第7小句之间正是通过阐述关系关联的，即结构段8—9是阐述第7小句中"看见"的具体景象。另外，从统计中还可以看到，"了"所在的时间推进小句都是该修辞关系的核心，因为序列关系是多核结构，阐述关系是辅助-核心的单核关系。这就说明，在一个段落的篇章组织中，"了"的出现能标记中观层面推进时间的结构段的核心，而且明显倾向于通过序列关系与前后文小句关联(351/563＝62％)。

屈承熹(2006：55－58)基于Chang(1986)，认为"了"能标记"顶峰"事件。他们对"顶峰"的定义是"一个片段中语义上特别重要的一个句子"。所谓片段是一个介于段落与单个的句子之间的成分。在每一个片段的内部，都会有一个典型的句子，在功能上看更为突出，这种句子被称为"顶峰"(Hinds 1979)。Chang由此提出：汉语"了"的篇章功能之一，就是明确地标记一个在片断里担任顶峰的小句，这与日语程序性篇章中限定动词的使用非常相似。他认为这项发现有效地解决了很多地方可用“了”却不用的问题。但什么才是功能上更为突出，这个界定本身就很模糊。例(4)中哪些小句处于顶峰，恐怕都众说不一。而且顶峰的说法也并未解决“了”的使用问题，因为并不是所有顶峰都一定要用“了”，非顶峰事件就一定不用“了”，二者没有严格的对应关系。Ma(2006)基于实证指出顶峰功能是“了”最主要的篇章功能。但对于什么是顶峰，她也只是依据屈承熹的界定，举例进行了说明，主要是指叙述的事件线上最后那个小句，认为那是汉语中最凸显的，显然这一处理过于简单化。

按照我们的理解，其实 Hinds 所说的片段相当于 RST 的结构段，它们处于中观层面。因此“顶峰”“功能突出”等等说法从中观层面来理解可能更为准确。我们通过 RST 的修辞关系来确定结构段的核心，具有可操作性和直观性。

四、“了”在微观层面的衔接功能

在微观层面也就是段落内推进时间的小句链上，我们选择两个角度来观察“了”的篇章功能。第一个角度是把由几个小句构成的句子区分出结句和非结句：结句在形式上就是以句号结尾的小句；非结句在形式上则是以逗号结尾的小句。我们想了解“了”所在的时间推进小句是倾向于出现在结句还是非结句中，以此来深入认识“了”的篇章功能。统计显示，759 句使用“了”的时间推进小句中，有 524 个小句是非结句，235 个小句是结句。如例(6)和例(7)：

(6) →买**了**船票后，→我就领着孩子逛商店，→买**了**二十尺蓝色斜纹布、五尺平纹花布，想着过年时给孩子们做新衣。

(7) →狼群终于站住，在一座大沙丘上抬起头→嚎**了**一阵子。

例(6)中的两个“了”都是出现在非结句中，例(7)中的“了”用于结句。统计数据显示，“了”倾向于出现在非结句的时间推进小句中，占到总数的 69%。也就是说“了”的出现倾向于还有后续小句的理解。可以说“了”出现在非结句的时间推进小句的位置能够左右逢源，既可以推进所在小句的时间，又能很自然地牵引出后面的小句，对该事件进行追踪，建立事件间的强关联。

第二个角度是观察“了”在微观层面的时间推进小句中的连用情况。前文说过，73%的“了”是用于时间推进小句，说明“了”的出现确实倾向于推进时间。但换个角度看，八篇小说总共有 3 456 个时间推进小句，其中使用“了”的小句仅有 759 句，即只有 22%的时间推进小句使用“了”，这个比例并不高。这是因为微观层面时间推进的影响因素很多，除了使用“了”，还可以使用趋向补语或时间状语等其他语言学手段。如：

(8) ……又歪头对身边的女子**说**：“这小杂种！”女子懒洋洋地**站**<u>起来</u>，对着阳光**打**了一个喷嚏。

(9) 那男人**嘟哝**着:“看不出还是个孝子。药方呢?”阿义急忙把药方和银钗**递**上去。

例(8)中,有三个时间上先后发生的动作形成词汇搭配衔接,构成时间推进的平台,趋向补语“起来”呈现的是“站”的动态位移,但也产生了结果状态“起身”,于是趋向补语聚焦所述动作的动态性,并通过空间实现有界,为后文时间推进奠定了前提,后一动作“打喷嚏”也就很自然和“站”在时间上衔接起来了,否则仍需要将前一动作做个终结,才能过渡到这个动作。例(9)中时间副词“急忙”同样也帮助实现了所在小句的时间推进。可见,微观层面存在着多样化的调控模式,因而我们就更需要关注连用“了”来推进时间的情况。仔细观察发现,连用“了”推进时间主要有以下两种情况:

一种情况是,“了”的连用发生在时间上快速推进的小句之间。所谓的快速推进是指作者为了集中篇幅叙述主要的小说冲突,会将某些相关事件一笔带过,于是在时间上就形成了一种跨越式推进,表现为时间词语频繁更迭,时间跨度较大。如:

(10) 过**了**中午,过**了**下午,晚饭前,马老末终于露面了。

例(10)中很明显,作者主要强调的是从上午一直等到晚饭前马老末才出现。对于作者来说,不需要对中午和下午所发生的事件多做交代,因此就用“了”来快速推进时间。再如例(11):

(11) 我们笑**了**一路。傍晌午时,车停在潮安河,我们到一家小店简单吃**了**点儿东西,接着赶路。太阳落时,到**了**黑河。

例(11)看得更加明显,作者省略了“一路上”的相关细节,在他看来,不可能全面铺开写,只能挑重要的关键事件来细加叙述,所以这些快速推进的情节,作者采用“了”的连用来实现时间的大幅度跨越。宏观层面时间区间的边界倾向于使用“了”,其实也可以看作是一种时间跨越,与这里的快速推进相似。而且我们发现,小说中凡是涉及时间上快速推进的情节,这些小句间基本上都会连用“了”。因此可以说,“了”的连用和快速时间推进之间有较强的关联。

另一种情况是,“了”的连用表示一系列连贯发生的事件。如例(12)—(16):

(12) 他看**了**看我的情况后,先是给我打**了**一针,然后给我做**了**剖腹手术,取出**了**个哇哇哭叫的胖男娃。

(13) 他扒开人,使劲往里钻,好容易抓住**了**车门的栏杆,踏上**了**踏板。他又抖擞**了**一下,重新振起,向纵深进军,终于在一片哇哇乱叫声中挤到**了**窗口座位旁边,抓住**了**扶把。

(14) 嫂嫂看**了**他一眼,哭声低**了**下去。

(15) 叫嚣着送**了**他一段，便退**了**回去。阿义松**了**一口气，扔掉**了**手中的砖头。

(16) 当孙大姑姐弟们终于把她们还被麻药昏迷着的母亲抬出诊所，叔叔换完**了**衣服洗完**了**手坐在椅子上吸足**了**烟喝饱**了**水要为孟喜喜看病的时候，一个莽汉像没头苍蝇一样破门而入。

这些例子并没有像上一种情况那样，用时间词语来帮助实现大幅度跨越，但仍是连续使用“了”来推进一系列依次发生的紧凑事件。如例(12)中呈现的是依次发生的系列事件，作者使用“了”的连用来加强这些事件的关联，使之紧凑衔接，给人感觉这些事件环环相套，不容打断。尤其明显的是例(16)，作者不用标点符号，一口气使用四个“了”来迅速扫过这些非关键但又是紧凑衔接的事件。当然这只是时间连贯推进的一种手段，二者之间没有前一种情况那样较强的关联。相比之下，非时间推进的小句中则很少连用“了”，偶尔出现这种连用也主要是形成排比句式，增加强调效果，如例(17)、例(18)：

(17) 这思念是渗透**了**他，充满**了**他，如今没有了，倒真有点不习惯，常常感到茫然。

(18) 树皮磨破**了**他的唇，硌酸**了**他的牙。

总的看来，在微观层面的时间推进中，“了”的连用能够使相关事件的时间推进显得更加紧凑。显然这比笼统地说事件之间的“相关性”更容易理解，也更为细化。

五、小　　结

本章以体标记“了”为切入点，详细探讨了它在时间推进三个层面间的跨层联动效果。研究发现，体标记“了”并不仅仅如第六章所说，只是作用于微观层面的时间推进，它可以跨越层级限制，在中观层面和宏观层面上都发挥一定的效能，产生一些标示作用。本章的个案研究说明第二章所建立的系统分层以及成员的层级定位只是相对的，分层只是篇章组织的自然呈现，成员也只是在层级上做大致的定位。系统的分层并不影响成员在不同层面上发挥效能，产生篇章影响，相反，正是由于系统成员能够跨层发生影响，关联起不同层面的篇章组织，才能将篇章时间推进串成一个立体交织的系统网络。因此，篇章语法研究既要区分不同的层面，只有区分层面才能相对准确地定位成员以及成员间的互动起点，同时也要研究层面的联动，内部联动同样也是系统运转的机制。

另外，本章从宏观、中观和微观三个层面的篇章时间推进角度展开了实证分析，具体而直观地定位了体标记“了”在三个层面时间推进中的篇章功能。这就比以往的体标记篇章功能研究更为准确和精细了。表 9.4 是本章研究和以往研究的比较：

表 9.4　本章研究与以往研究的不同

<table>
<tr><th>以往研究</th><th colspan="4">本　章　研　究</th></tr>
<tr><td rowspan="4">体标记“了”的篇章功能：
① 在一串相关事件中，指出顶峰事件。
② 在一串以时序排列的事件中，表明某事件的先时性及这些事件的相关性。</td><td>三个层面时间推进</td><td>体标记“了”篇章功能 1</td><td>体标记“了”篇章功能 2</td><td>体标记“了”篇章功能 3</td></tr>
<tr><td>宏观层面</td><td>标示时间区间的边界</td><td></td><td></td></tr>
<tr><td>中观层面</td><td></td><td>标记结构段核心，并通过序列、阐述等关联其他小句。</td><td></td></tr>
<tr><td>微观层面</td><td></td><td></td><td>牵引后续事件，其连用能加速推进。</td></tr>
</table>

其实这三个篇章功能都与“了”的语义密切相关。汉语的时和体很难绝对分开，“了”激活动词情状中的终止点，并将情状的起始点到终止点之间的时段作为整体呈现在参照时间之前。简单地说，“了”既是汉语的完整体标记，也是先时性标记。由于篇章是由很多意义块（或者说情节）构成的，所以“了”的这种语义放大到篇章的宏观层面，就是将一个时间区间视为一个整体（其中包含很多情状），给其设置边界并做整体观察。同样，“了”的完整体语义使得它所在的小句成为一个相对完整的事件，其他事件与它的结构关联无外乎两种方式，一种是在篇章结构上平等，另一种则是在篇章结构上辅助它，或是从深度上提供细枝末节，使其变得开放；或是从广度上提供全方位扫描，使其充实。这两种关联方式都能使“了”所在的小句成为推进时间的结构段的核心。此外，“了”的先时性语义使得它在事件关联时倾向于牵引出后续事件，而完整体语义又使得“了”的连用会不断地关闭所描述的一个个事件，显出事件之间承接很紧凑；特别是在快速时间跨越时，基本都会选择“了”的连用。

第十章　结构内部互动：以“着”为例

从篇章语法的研究理念来看，一个语法成分对篇章组织的影响，总是会涉及同处于结构体中的其他因素的制约。篇章的重要组织机制时间推进也是一样，结构体内部的互动会给推进模式带来无限的变化，这正是研究的难点所在。本章我们将以体标记“着”和事件类型的关系为切入点，深入探讨结构内部互动对时间推进产生的影响。

一、“着”的背景功能研究

在篇章的时间推进研究中，跨语言来看，完整体常用于叙述前后相继的事件，形成时间线；非完整体用于提供有关背景事件的信息，一般不会推进叙述时间（Hopper 1979；Depraetere 1995；Smith 2003）。但从第七章体标记对时间推进的影响分析中，我们也发现汉语典型的非完整体标记“着”虽然倾向于使用在非时间推进中，但也有不少用于时间推进中。另外，汉语学界对非完整体标记“着”的篇章功能研究同样发现它最典型地提供叙述中的“支持性或辅助性背景信息”（Binnick 1991；屈承熹 2006），以方梅（2000）为代表[①]。她发现连动结构中的“V_1着”提供的是同时发生的事件或先后存在的状况，V_1作为背景信息；“V 着”构成的单动小句也是作为背景信息为常。所以汉语典型的非完整体“V 着”倾向于表现背景信息。方梅同时也注意到“V 着”可以借助时制成分实现前景化，认为不借助时制成分的前景化具有明显的凸显功能。

随着研究的不断深入，学者们由笼统强调其背景功能到越发趋于精细，并尝试多角度的研究（如 Xiao & McEnery 2004；黄敏 2006；徐晶凝 2009；Wu 2009）。尤其是 Wu（2009），他系统地从时间推进角度，结合大规模语料库实证发现“着”是通过句子间的修辞关系而间接影响时间关系。默认情况下“着”会决定其所在的小句通过背景关系与邻近小句关联，从而产生共时解读。但“着”能对时间推进产生一定的作用：其一，带有“着”的小句的事件时间可以被推进，但是事件时间的推进并不是由体标记决定的，而是由一些指示行为终止的包孕短语决定的。如例（1）：

（1）a 他从瓦壶里倒了一碗热奶酪，b 瞧着她喝下了，c 又替她扰好被窝，

---

① 方梅（2000）用的术语是完全体和不完全体。

例(1)中 b“喝下”终止了“着”所呈现的事件持续，因而由 b 到 c 推进了叙述时间。其二，“着”所在小句也能推进前文的时间，如例(2)：

(2) a 季老人埋了定统的尸体，b 又将他乘坐的坐骑也宰了，c 然后坐在门口，d 拿着一柄长刀不住手地在磨刀石上磨着。

例(2)c 和 d 之间是背景关系，但如果删除 c 中的“坐在门口”，将 d 直接接在“然后”的后面，仍然推进了例(2)b 的时间，这表明带“着”的小句可以叙述前文小句。

Wu(2009)的理论框架是 SDRT，强调修辞关系的重要性。但由于修辞关系依赖于世界知识，很多学者均已论证时间推进的理解并不完全由世界知识决定(可参看 Altshuler 2012)，更应该关注语法规则本身的制约。而且“着”的篇章表现非常复杂，有些现象也难以纳入他的解释范围，如例(3)中 c 并没有指示行为终止的包孕短语，可是 c 到 d 却是时间推进：

(3) a 我姑妈等他往下解释，b 他却不解释了，c 指着房间里的人，d 又指指地上的两只芦花大公鸡。

所以我们需要对体标记“着”的篇章行为有深刻的认识，同时也对时间推进的变化情况做一个案的深入探究。本章将在时间推进的参照时间规则这一运行机制的解读下，具体结合“着”所在的结构类型，回答两个问题：① 如何理解“着”可以用于时间推进？② “着”在时间推进中有怎样的作用？

二、时间推进中的“着”与事件类型

第七章的数据分析显示：语料库的 7 644 个小句中，一共提取到“着”的使用 635 次，时间推进小句中使用了 239 次，占总数的 37.6%；非时间推进小句中使用了 396 次，占总数的 62.4%。这个比例说明了“着”倾向用于非时间推进小句。

表 10.1 时间推进中“着”所在句法结构的情况

句法结构	出现次数	所占比例
V 着(O)	140	58.6%
V_1着 V_2	99	41.4%
总数	239	100%

表 10.1 是时间推进小句中“着”的总体分布情况。“V_1着 V_2”中的表达主体是 V_2，它传达的是结构体的主要信息，“V_1着”只是提供 V_2的进程中 V_1的伴随性。如例(4)：

(4) a 晚上，大家都睡了，b 大哥抽**着**烟走进一"违章建筑"，c 说："你别生你大嫂气，她就是这么个脾气，心并不坏。……"

例(4)中由 a 到 b 是时间推进，b 中触发时间推进的是小句的主体部分"走进一违章建筑"，"抽着烟"只是描述这一过程中伴随着"抽烟"，这样的"着"并不影响时间推进。于是要观察"着"对时间推进的影响，我们最好考察"V 着(O)"结构。细心观察发现，其中有一些仍可以和后续小句结合起来视为"V_1着 V_2"结构，只不过是其分解形式，如例(5)：

(5) a"管大夫，开吧，钱好说，他们不认我认着。"她狠狠地瞪**着**两个弟弟，b 说，"不就一个娘吗？钱花了还能挣，娘没了就找不回来了。"

例(5)中，a 从时间的先后发生上，我们的确可以理解为是"她"先"瞪"然后"说"，但由于可以将画线部分看成是"瞪着两个弟弟说"的书面分解形式，于是我们仍将这类"V 着(O)"结构暂时排除。因为我们的主要研究目的是凸显"着"的独立运作与时间推进的关系，所以要尽量排除"V 着"作为伴随(依附)地位的情况，寻找典型的带"着"单动句。不纳入讨论范围的还包括部分"V_1(O)V_2着"结构，如例(6)：

(6) a 她很快镇定下来，b 跪在地上，c 小心地把白糖拢到一只碗里，d 我不喜欢吃糖的，我的嘴也没那么馋。她抬起头看**着**我，

例(6)中，d 的"V_2着"是 V_1"抬"牵引出来的，即小句时间的推进同样是与主要动词短语"抬起头"有关。此外，还有不少"言语内容"紧邻"言说动词＋着"的用例：

(7) "自家人，何必来这一套？"叔叔不屑地说**着**，脸上的神色似乎和缓了一些。
(8) 那男人嘟哝**着**："看不出还是个孝子。药方呢？"阿义急忙把药方和银钗递上去。

言说类动词包括"附和、应、解释、说、喊叫、叨叨、质问、嘟哝"等，不管言语内容出现在先还是后，由于都是通过人物话语自然推进篇章的，因此这些例子也暂时不考虑。要说明的是，以上的语料提取处理只是想更直接地体现研究针对性，并不会在整体上影响分析结论。于是剩下的 60 例带"着"小句便成为我们的主要考察对象。请看例(9)：

(9) a"生活得不错！"陈信兴奋地说。
b 大哥抱歉似地**笑着**，
c 半天才答非所问地说："好了，你总算回来了。"

例(9)中 a 是活动事件，言语行为的结束开启了结果状态。b 没有时间状语，根据 RTR，b 事件会以 a 事件的结果状态为参照时间，并发生在其中。于是"笑"发生在"说"的结果状态中，触发了时间推进。c 有时间状语"半天"，它的出现为该小

句明确了新的参照时间。“半天”从前文语境中寻找时间定位信息，即前文事件后的“半天”，它所明确的参照时间则是“半天”后的 t，于是 c 事件发生在 t 中，也就更新了篇章的参照时间。如图 10.1：

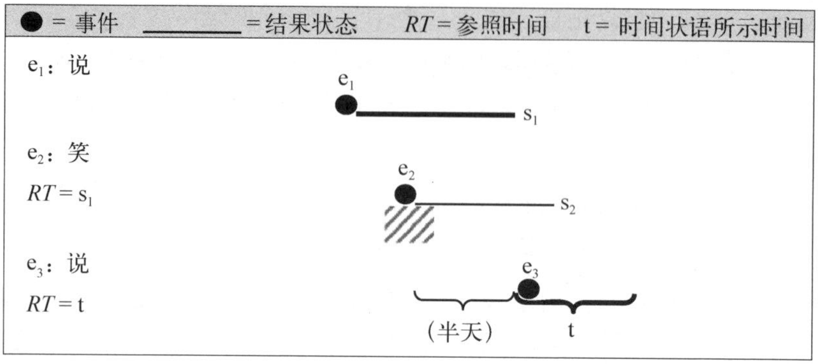

图 10.1 例(9)的 RTR 分析

篇章时间推进是环环相扣的，我们注意到，例(9)中 a 为 b 提供了明确的结果状态 s_1 作为备选参照时间，而 b 因为使用了“着”，凸显动态持续过程，而抑制了结果状态 s_2，也就无法为后文提供明确的参照时间。c 有时间状语可以更新参照时间，但假如没有时间状语，谁来提供参照时间呢？

从图 10.1 来看，e_2 发生在 s_1 中，触发了时间推进，“着”对此没有影响。“着”影响的是 e_2 的事件结构，其语义抑制了事件“笑”的结果状态 s_2。但根据图 1 的事件结构，“笑”的动态过程允许分出一系列下位阶段及其结果状态(s_x、s_y)，这些结果状态同样能为后续小句提供备选参照时间，只不过由于文内未作交代，因而并不确定。所以如果 c 没有时间状语，则需要某个下位结果状态作为参照时间来实现更新，继续推进篇章的时间理解。如图 10.2：

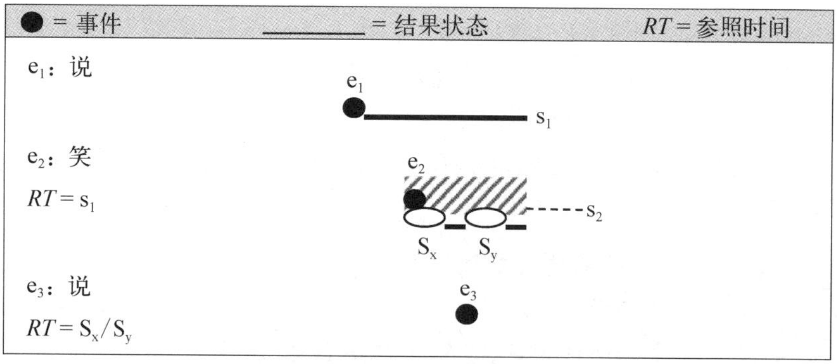

图 10.2 例(9)没有时间状语时的 RST 分析

所以“着”的使用并未妨碍时间推进，只是减缓了推进速度，保持动作持续。再来看例(10)：

（10）a 镰刀刃儿深深地吃进树干，夹住了。

b 她**摇晃着**镰柄，

c 累得气喘吁吁，

d 才把刀刃拔出来。

例（10）中 a 为 b 提供了“夹住”的结果状态作为参照时间，于是活动事件“摇晃镰柄”就发生在该参照时间内，触发了时间推进。“着”的使用，凸显的是“摇晃”的动态持续过程，抑制了结果状态 s_2，所以并没有为后续小句提供明确的备选参照时间。但由于事件结构允许分出下位结果状态，所以还是能提供参照时间的，只不过不确定。c 是状态句，根据 RTR，状态是包含其参照时间的。虽然 b 提供的参照时间并不明确，但一定是“摇晃”发生过程中的某个下位结果状态 s_x 或 s_y。d 中的时间副词“才”，表示“然后怎么样”（吕叔湘 1999：107），与前文事件划开了界限，激活 s_2，于是整个事件被包含在 s_2 中，获得了时间推进的解读。图示如下：

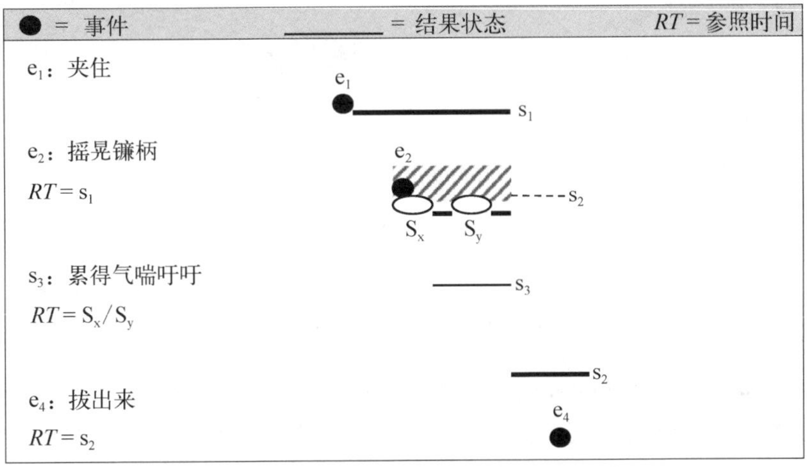

图 10.3　例（10）的 RTR 分析

通过例（9）、例（10）的分析，我们看到，“着”不会阻碍所在小句推进前文时间，因为这一推进主要是由前文事件的结果状态和“着”所在小句的事件性决定的。但是由于“着”的语义凸显事件结构的持续部分也就抑制了另一些部分，这一语义属性对于单句而言只是影响其语义结构和语法结构，但是进入篇章，对于时间推进而言，被抑制的事件结果状态非常重要，因此要么是激活下位结果状态[如（10）b]，要么期待后续小句激活结果状态[如（10）d]或提供明确的参照时间[如（9）c]。于是“着”对前后文的依赖性以及事件结构下位理解的关联接受度都在一定程度上影响了时间推进的速度。

以上我们所举带“着”小句都是活动事件，“着”凸显的是活动的动态持续。对于完结情状，“着”既可以表示动态过程的持续，也可以表示结果状态的持续，先看例(11)：

(11) a 他从衣兜里摸出一个放大镜，
b 低下千沟万壑的头面，
c 专注地**研究着**拇指铐，
d 好像一个昆虫学家在研究蚂蚁。
e 高个男人拍了一下他隆起的脊背，

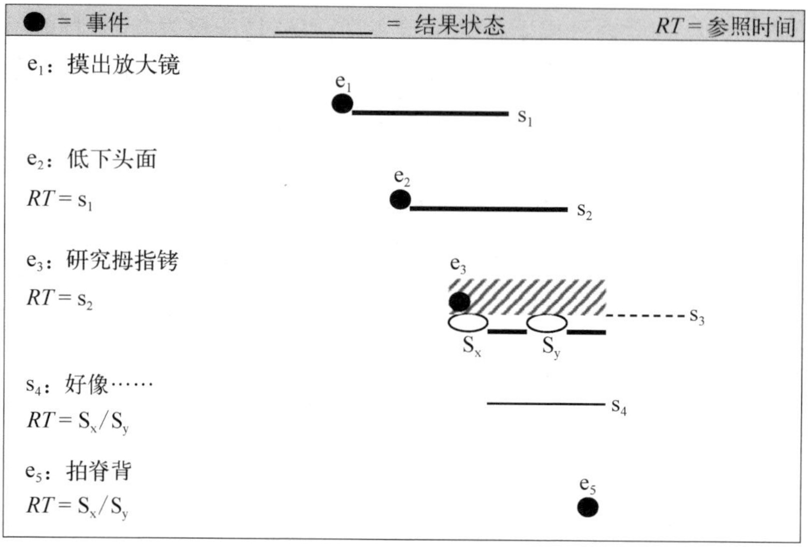

图 10.4 例(11)的 RTR 分析

例(11)中，c 是完结事件，按照杨素英、黄月圆、王勇(2009)的分类，“研究”属于模糊结果的指向结果动词。由于结果模糊，“着”凸显的是指向结果的动态持续过程，同样抑制了结果状态 s_3。事件结构允许它分出下位结果状态 s_x 和 s_y，从而为后续提供不确定的参照时间。d 是描述“他”的状态，状态是包含其参照时间的，形成共时解读。到了 e，“拍脊背”事件句没有出现时间状语，也没有激活 s_3，就需要 c 的下位结果状态作为默认参照时间，无论选择 s_x 还是 s_y，都推进了叙述时间。再来看例(12)：

(12) a 你挡着我。她嘱咐我姐姐。
b 我姐姐便用身体挡**着**她，
c 听见她悉悉索索地在裤带下面忙碌，
d 最后摸出了一卷毛票，……

例(12)中，b 也是完结事件，但按照杨素英等(2009)的分类，“挡”属于确定结果的指向结果动词，由于结果明确，这类动词带上“着”凸显的就不再是动态过程的

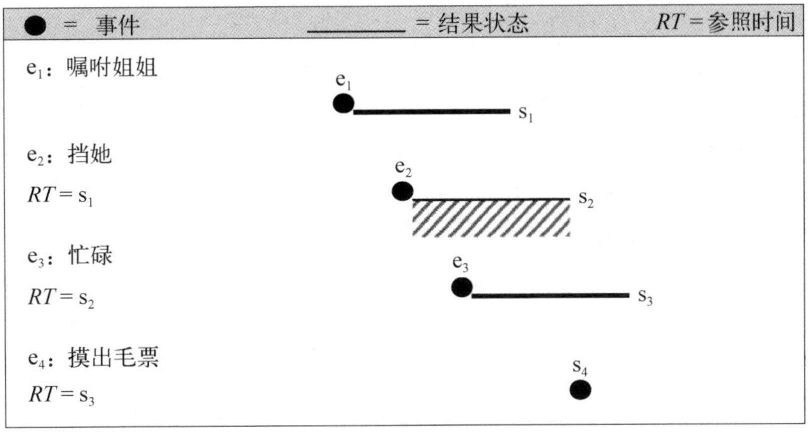

图 10.5 例(12)的 RTR 分析

持续，而是结果状态的持续。于是“忙碌”事件就以该结果状态为参照时间，引发了时间推进。

此外，瞬时活动事件与“着”共现，内在的瞬间特征被“着”的持续性压盖。这种语义同化(semantic assimilation，Xiao & McEnery 2004：195)产生了重复义解读。如例(13)“敲打”事件的瞬间实现和持续重复产生了多个结果状态，为后续事件提供参照时间备选：

(13) 姑妈看上去很急躁，她用自行车钥匙**敲打**着楼梯，彩袖你倒是快下来呀，马上你哥哥就来了，他来了你要走也走不了啦，我们只好看他把你绑回乡下去。

一般情况下，“着”是不和达成事件共现的，但语料中也有这样的用例：

(14) 草根脱出，他**下坠**着，飘飘摇摇，似乎没有一点重量。母亲一伸手抓住了他，带着他飞升，

“着”为“下坠”事件赋予了进程，后续小句“飘飘摇摇，似乎没有一点重量”正是描写这一进程中的感受。于是就有了潜在的下位结果状态，供后续事件“伸手”作为参照时间。

在我们看来，“着”出现在时间推进小句中其实是两股力量作用的结果：一股力量是“着”的持续义能削弱动态性[①]。典型的 VO 结构具有动态性，“着”的插入在一定程度上减弱了动力的传递；另一股力量则是所附动词的强动态倾向，第四章发现活动动词和指向结果类动词有出现在时间推进小句中的强烈倾向，这两类都是

① 学界所持的“状态说”很好地观察到这一属性，但我们认为“着”并未使动态事件完全状态化(或变为静态)，而只是减弱动态性而已。杨素英等(2009：488)正是用“着”来表现弱动态动词的持续性。

强动态动词。这两股力的较量造成了部分“V 着(O)”结构产生推进时间的篇章理解。

总结起来，在篇章时间进程中，“着”并不建立新的参照时间，所以本身不推进时间。“着”不会阻碍所在小句推进前文时间，而且它占据时空，保持时间持续，直到语境建立新的参照时间，或激活该时空的潜在(下位)结果状态用于参照时间的更新。因而“着”与事件类型互动会影响后续推进。我们的研究和 Wu(2009)的不同在于，Wu 认为“着”所在小句一定需要一些信息来终止由“着”所呈现的事件持续，这样才能继续推进。在我们看来，这并不符合事实，例(9)—(14)中“着”所在小句并没有终止性短语。其实 Wu 所说的“着”所在小句必须提供终止点，从本质上看就是帮助明确结果状态，从而为后续小句提供备选的参照时间。本章研究显示结果状态的提供未必需要终止点操作，可以是事件结构的下位解读，也可以由后续事件激活，或者根本不需要本句提供结果状态，而由后续的时间状语明确新的参照时间①。

基于“着”的以上篇章表现，我们认为：当“着”抑制所述事件的结果状态时，可以调控时间推进的速度，使之不至于急速推进，即动作并不是一发生就很快接入下一个动作。通过凸显的动态持续过程，可以体现时间推进的质感，让读者品味其动态性，增强情节体验感。这些便是“着”带给时间推进的篇章效能，我们可以比较一下删除“着”的情况：“着”一般不宜删除，如(9)中“笑着”是不能删除“着”的，例(10)(11)中“摇晃着”“研究着”的“着”虽可删除，但没有了动态事件过程，也就影响了时间进程的质感。

另外，“着”和“了”虽然都出现在时间推进中，但本质并不相同。如果建立一个“关联标记模式(沈家煊 1999)”的话，时间推进的无标模式应是完整体，因为“了”能帮助建立参照时间，所以用于时间推进很自然。而且其连用能快速推进时间，使事件关联更紧凑。“着”无法建立参照时间，用于时间推进属于有标模式(或表现前景信息是有标记的，方梅 2000：51)，虽不妨碍推进前文时间，但由于占据持续时段，后续推进有时还需激活下位结果状态理解，所以一定程度上减缓了推进。这也可以视为体标记的句法语义在篇章层面的映射：句法语义上“着”呈现事件的内部进程，“了”呈现事件的界变。篇章中“着”展现推进细节，而“了”实现推进链的对接。这一认识与下地早智子(2014)形成互证，即时体标记的篇章用法和其本身的时体标记用法呈现平行关系。

---

① “V 着 A”结构中“着”所附的动词也可以表示事件，比如：“他买了一些青菜，回家做晚饭，炒着挺香的，可晚饭时吃起来有些苦。”表事件的“V 着 A”在篇章的时间推进中起到怎样的作用？我们的理解：方梅(2000)将之处理为连动结构，语义重心是后面的评论性部分。方洁(2009)也讨论了该结构的评述性。可以说，一般认为这类结构的事件性较弱。本章虽未观察到这类用例，但从上例的事件链来看，也可以认为它处于时间推进中：“炒菜”事件本身是“做晚饭”的下位阶段，以之前的下位阶段(如“洗菜”)的结果状态为参照时间，实现推进。“挺香的”是“炒菜”持续进程中下位某阶段的主体感知状态，后续由时间状语“晚饭时”更新了参照时间，其余同理。

三、非时间推进中的“着”与结构类型

表 10.2 是非时间推进小句中“着”的分布情况：

表 10.2 非时间推进中“着”所在句法结构的情况

句法结构	出现次数	所占比例
V 着(O)	285	72%
V_1着 V_2	31	7.8%
方所倒置结构	58	14.6%
V 着 + 宾语小句	22	5.6%
总数	396	100%

从表 10.1 和表 10.2 的对比中，我们可以观察到以下几个重要区别：

首先，非时间推进小句中所涉及的带“着”的句法结构比时间推进小句中丰富，除了“V 着(O)”结构和“V_1着 V_2”结构，还有方所倒置结构和带宾语小句的“V 着”结构。先看方所倒置结构的例子：

(15) 陈信环视了一下房间，见这间以前他们三兄弟合住的屋子变了许多。墙上贴**着**淡绿的贴墙布，装饰**着**壁灯、油画。

(16) 我们进院时，发现院子竟然被清扫过：略微潮湿的土地上印**着**有规则的花纹般的扫帚印儿，使这久久无人经营的小院充溢着人气。

(17) 地上的冰雹已经化尽，田野里一片狼藉。松树下躺**着**一只猫头鹰的尸体。松树枝上悬挂**着**一些鱼肠状的脏物。

以上例句中的画线部分都是方所倒置结构，根据 Li & Thompson(1981：509－516)，方所倒置结构的篇章功能是引入一个新的 NP。也就是说它的信息重心是“V 着”后面的名词短语所指称的实体，整个结构描述该实体的状态。Xiao & McEnery(2004：182)也指出“着”出现在方所倒置句中指示存在状态。所以方所倒置结构很难适应时间推进①。

① 其实汉语还有另一种方所倒置结构(如“台上表演着相声”)，表示动作进行。我们认为这类结构描述的是场所内正在进行某一事件，这种动态结构很可能不同于静态的方所倒置，它会引导读者在时间轴上去做事件定位，和前后文易形成共时关系，比如：“警察赶到剧场时，台上表演着相声。”但是也不排除通过世界知识的空间切换来推进时间的，比如：

……警察急匆匆地往剧院赶。
台上表演着相声，……

这个例子中，通过警察的空间移动来带动时间进程理解。但该结构要为后续提供参照时间，还是要激活“表演”事件的下位结果状态理解。当然，这类结构的篇章功能有待进一步研究。

“V着+宾语小句”的例句如下：

(18) 我高考落榜，庄户不能，学儿不成，在家闲得无聊，心情坏得不行，整日与镇上几个不良少年斗鸡走狗，眼见**着**就要学坏，……

(19) 我心急如火，盼望**着**叔叔赶快把孙老太太的手术做完，好给令我心痛的孟喜喜看病。

(20) 黑河的对岸就是苏联，有家商店有苏联围巾卖，我看**着**花色和质地都好，又不贵，给自己买了一块。

非时间推进小句中共发现22例这类结构，其中V一般都涉及心理、感情、意志，如“想”“幻想”“急”“盼望”“祈盼”。其中“想”类用得最多，共涉及11句。这类结构主要是描述人物的心理或情感意志，其中的主要动词并不涉及具体的动作事件，因而一般也不会用于推进时间。当然，如果宾语小句指称的是故事的事件链进展，则可能推进时间。

其次，“V着(O)”和“V_1着V_2”这两类结构虽然都出现在时间推进小句和非时间推进小句中，但从两个表的比较可以明显看出，它们的分布是不均衡的：时间推进小句中，二者的比例差异远没有非时间推进小句的悬殊。也就是说，对于非时间推进小句而言，占据绝对主导地位的句法结构是“V着(O)”结构，而且我们从这类结构位于结句还是非结句来统计，得到表10.3：

表10.3 “V着(O)”的分布情况

V着(O)	出现次数	所占比例
用于非结句	211	74%
用于结句	74	26%
总数	285	100%

表10.3显示，非时间推进小句中，“V着(O)”结构主要用于非结句，即其后还有其他小句进一步表达完整的意思。这一篇章表现和“着”的语义也是很吻合的：“着”只是描述V的持续性，倾向于牵引出后续表述来实现完整表述。再来观察其中的高频动词，最常见的是视觉类动词，包括“打量”“看”“瞟”“盯”“张望”“仰望”“注视”“凝望”，共有42例。虽然在情状类型上属于指向结果动词，但其词义描述的是视觉所向，一般不易凸显动力感，因而句间的时间关系表现得并不是很明确。如：

(21) 大哥一把抓住他的手，什么话也说不出来，只是呆呆地**看着**他。

(22) 彩袖的沉默让大家都聚到了楼梯那里，每个人的脑袋都不安地向上面**仰望着**。

(23) 巩爱华的奶奶满头白发，也许是老糊涂了，也许不是糊涂，是精明，我姐姐在窗外朝里面张望，她不动声色地**注视着**外面，严密监视我姐姐，我姐姐喊巩爱华的名字时，那老妇人才颤巍巍地站起来。

还有很多动词涉及人(物)的姿态表达，这类动词具有动态和静态的双重属性(Xiao & McEnery 2004：184)，但在这里呈现的是状态性(stative)。如：

(24) 眼睛水汪汪的，嘴角**翘着**，脖子修长，精巧的头颅微微**后仰着**，穿着不能算高跟但也绝对不能算低跟的皮鞋在校园内的大路上、教学楼内的走廊上，目中无人地走来走去。

(25) 我怕猪油坛子被颠碎，就把它夹在腿间。我用胳膊**抱着孩子**，用腿**勾着坛子**，引起了别人的笑声。

(26) 他扭头看看，见人们像是有个默契，全都向左**侧着身子**，一个紧挨一个。

另有一些动词也具有状态义。如：

(27) 在傍晚牧童的牛蹄声中，在屋檐下的阴影逐渐拉长的井边，人们只是**传说着**经年未改的往事。

(28) 陈信刚回上海，还不大懂。但弟弟负责地站在他身边，为他**做着**榜样。

(29) 在这几乎和以前一样寂静的午后，对即将开始的大战的某种不祥的预感紧紧地**困扰着**他。

总的来说，以上所列举的无论是视觉类，还是涉及人物姿态的动词或状态义动词，它们都有一个共同特点，即都缺乏典型的事件性(eventive)。但并不等于说非时间推进小句中“V着(O)”结构的V没有动作义，我们发现，也有一部分动词具有动作义，可是它们的主语大都是施事性不强的物。如：

(30) 萧将小船划向岸边垂落下来的枝叶繁盛的晚茶花丛，那是藏船的好地方。**汩汩的流水**轻轻地摇动**着**小船，一只黑色的水鸟倏地飞出，沿河岸低飞而去。

(31) 她的脸色紫红，**左腮上的肌肉**像一条虫子抽动**着**，我知道这是她暴怒的标志。

(32) 她的步伐轻捷，**鞋跟**敲打**着**水磨石的地面，发出清脆的声响。

按照 Langacker(1999)，典型的事件句是由两个参与者和运动过程、结果形成的及物结构。上述这些小句中主语的低施事性明显影响了小句的及物性，从时间推进的角度来看，的确很难引起叙述时间的推进。

因此，虽然时间推进小句和非时间推进小句都使用了“V着(O)”结构，但无论是使用的比例还是其中动词的类型、主语的施事性方面都表现出很大的差异：时间推进小句中“V着(O)”结构普遍使用动作性动词，主语一般都是强施事性的人，而非时间推进小句中“V着(O)”结构则较少使用动作性动词，如果使用动作动词，其主语一般都是低施事性的物。

最后，我们来观察“V_1着 V_2”结构。除了使用比例上和时间推进小句存在很大的差异外，时间推进小句中这类结构的主要动词具有明显的事件性，且动态性强。而非时间推进小句中的这类结构中主要动词同样大多不具有典型的事件性。如：

(33) 在通往教学楼的道路上，年级主任已经双手叉**着**腰站在那里了。

(34) 大姑的院子里，东屋亮着昏暗的灯光。她佝偻**着**身子坐在炕上，还在低头纳底子。

(35) 道路依偎**着**马桑河弯曲延伸，仿佛永无尽头。

总结起来，“着”所在的非时间推进小句呈现状态性，因而难以引起叙述时间的推进。

四、小　　结

本章研究表明，结构体内部成分的互动的确会影响篇章时间推进的效果。一方面，“着”的确倾向于用在非时间推进小句中，无论是所在小句的句法结构还是事件性，都和时间推进小句中大不相同。另一方面，“着”和时间推进也并非完全不兼容，它可以参与时间推进小句的建构，使动态事件在时轴上占据持续的时段。但需要注意，“着”没有更新参照时间，所以时间推进并非由“着”触发。“着”对时间推进的真正影响表现为与事件类型互动来影响后续推进：如果“着”凸显事件的动态持续过程，抑制结果状态，后续推进就需要激活该结果状态或下位结果状态作为参照时间，因而“着”是时间推进的速度调控器，减缓了推进速度，体现了推进的质感。如果“着”凸显的是结果状态的持续，则有助于为后续推进明确参照时间。这些细节的研究显示出结构体内部的细微变化会影响篇章的时间组织。

同时，上一章和本章都以体标记为个案切入点，细致探讨了时间推进的变异，这也给深刻理解体标记的篇章功能带来了新的思考。我们不是从修辞关系的角度而是强调篇章时间的推进机制，并且结合事件类型具体分析“着”的篇章功能，这就深化和细化了篇章时间关系的研究。当然，由于语料库的涵盖面以及语料的处理策略，我们虽展现了“着”篇章功能的一些倾向性关联，但一定还涉及有关因素，这都有待进一步考察语言事实，并综合语感测试来调试理论的适切度，深化篇章语法的研究。

第十一章　推进中的注视点：句末“了”的篇章功能

篇章是一个多维系统，时间推进虽然是基本原则，但由于作者作为叙述的主体，无论是从写作技巧上还是事件的描述上都不会只是单一视角，他可能会不停地调换叙述视角，切换注意焦点，从不同的侧面来描绘场景时空，表现人物情绪，构建故事冲突。可以说，在时间推进这个大的宏观叙事框架下，叙述的视角是流动的。这就给篇章时间推进增加了灵动的活力，激发了表现的张力，因此可以说视角的转换是时间推进的标配，否则篇章叙事就完全像流水账一样。方梅(2017)指出：叙事语体中，事件主要参与者——篇章主角的转换在事件过程描述中也同样扮演重要的角色。我们认为，叙述者视角的转向同样在叙事进程中发挥了重要作用。本章就从汉语传统问题句末“了”切入，考察时间推进的一维线与叙述视角的发散性之间的关系，并为句末“了”的篇章功能提供一种新的刻画。

一、篇章视角下的句末“了”研究

句末“了”的篇章功能研究一直是学界关注的热点话题，传统研究已形成两种代表性意见：“当前相关状态”说(Li, Thompson & Thompson 1982)和“篇章单位结束”说(Chang 1986；Huang & Davis 1989；刘月华等 2001；屈承熹 2006)。

Li, Thompson & Thompson(1982)讨论句末“了”使用的话语动因，认为句末助词“了”的基本交际功能是表示一种“当前相关状态”，即表明一个事态跟某个特定的“参照时间”在当前具有特定的联系，因而表现出已然体的基本话语功能。叙述中已然体的功能是引进跟存在于叙述中“某一点”的情景“有关”的背景评论。这一认识具有重要价值，开启了此后的相关研究。但正如金立鑫、邵菁(2010)所指出的，这一理论解释的效度同样适用于其他的体标记如“着”“在”等，因此针对性不强。

张武昌(Chang 1986)认为句末“了”的篇章功能是标记一个篇章块(discourse block)，即表示一个篇章单位的结束。并且他认为这种用法甚至能支配情状改变功能的有无。这一理论很有说服力，屈承熹(2006)认为可以涵盖“结束陈述”功能(Li & Thompson 1981)和“打断”功能(Huang & Davis 1989)。但“篇章单位”的认定本身就模糊，而且即使按照位于句号处和段落结尾处的句末“了”来考量，还有相当数量的“了”得不到解释，如何实现理论和事实的对接仍是个棘手问题。

近几年随着研究的深入和角度的多样，又有了一些全新的认识，主要有“主观交互”说(Berg & Wu Guo 2006;王洪君/李榕/乐耀 2009)、“镜头转换”说(下地早智子 2014)和“指向框架”说(徐晶凝 2012、2014)。但由于句末“了”的使用太复杂,很多现象仍未能得到合理解释,如例(1):

(1) 萧继续稳稳地朝前遛了几步才拨回马头。天太闷热**了**,凉风越过山脊,从他的头顶上滑过,北坡谷底的空气是凝固的。

首先,作者在这里只是描写时空环境,用景语来写情语,句末“了”很难说是用于标注主观偏离(diviation)或是用于话主显身的主观近距交互。王洪君等(2009)主要论及对话的情况,并希望统一用主观近距交互去处理“非对话”现象。这从语体的宏观层面解释是可以的,但具体到微观语境则有失周全;其次,“指向框架”说将研究限定于序列事件句中的“了”,标记故事的重要进展,并不涉及这里的情况。再次,下地早智子(2014)未区分两个“了”,统一认为“了”具有镜头(shot)转换作用。她指出:“镜头”大概跟 Berg & Wu Guo(2006)所说的 ground,或者井上(2012)所说的“场面的变化”有关。叙述者是摄影师,言语是叙述者所描述的摄影作品。摄影师可以经常变换镜头,以便加快故事情节进展的速度。下面例(2)是她所举的例句,其中也并非所有“了”都与场面变化有关。例(1)中场面也未变,无法理解为镜头转换。

(2) 出**了**西直门,真是连一辆车也没遇上;祥子低下头去,不敢再看马路的左右。他的心好像直顶他的肋条。到**了**高亮桥,他向四围打**了**一眼,并没有一个兵,他又放**了**点心。(老舍《骆驼祥子》)

上述研究文献从研究方法和视角上看呈现出多样性,有宏观上突破语体范畴,寻求更高层的语用限制和心理动因的,有中观上就某特定语体内部来考察的,也有从更加微观的层面偏向篇章结构考察的,但总体来说纵深度还不够。本章首先从微观层面出发,紧密联系篇章自身的衔接组织来实证考察语法项目的功能,然后基于叙事学的相关理论做阐释,为句末“了”提供另一种篇章刻画,最后寻求与以往研究观点的兼容并包。

二、句末“了”体现篇章中的注视点转向

下地早智子(2014)指出,认知科学对视点(viewpoint)做了进一步区分:视座(standpoint)和注视点(gaze point)。“视座”指的是“从什么地方看”的“什么地方”,“注视点”指的是“看什么地方”的“什么地方”。我们通过前期语料预判,初步观察到句末“了”的使用很可能体现注视点的某类转向。为了进一步验证,我们在自建的小型语料库中,排除对话情节(包括直接对话和间接引语)进行微观考察。

本章依据位置来鉴定句末“了”。汉语语法研究的总体原则是形式和意义的结合。研究可以从意义入手,也可以从形式入手,但无论从哪一方入手,都应力求从

另一方去得到验证(陆俭明 1993)。本章是从篇章角度切入的，不采用“了$_1$”“了$_2$”的说法，但并非不区分二者，只是在句末位置的时候不进一步区分。因为从意义出发的话，首先“了”所表语法意义的界定比较模糊，意义的纠葛并非决然差别，有较大的学术争议性。在争议的基础上再去观察其篇章功能，就有可能遗漏某些重要的篇章分布信息。本章的出发点是从篇章架构看“了”的功能，在篇章语用层面，从形式入手可能会更加适合，更容易操作。因为首先观察到的是位置分布，由位置分布不同所导致的篇章功能的差异，将引导我们思考意义的研究，进而追求互证。

语料库共有 641 例带句末“了”的句子(见表 11.1)。我们发现虽然不同作者对句末“了”的使用存在较大差异，但句末“了”的确倾向于体现注视点的转向。这种转向可以表现为单向，即相对前文或者后文而言，是一种转向；也可以表现为双向，即针对前后文而言都是转向。从表 11.1 的统计结果来看，涉及转向使用的句末“了”占总数的 91%。

表 11.1 句末“了”用于转向和非转向的情况

句末“了”的使用 作家及小说	转向用例		不涉及转向用例
	单 向	双 向	
格非《迷舟》	40	18	6
王安忆《本次列车终点》	94	18	21
莫言《冰雪美人》	34	12	4
赵本夫《天下无贼》	55	7	7
苏童《茨菰》	53	9	5
迟子建《一坛猪油》	129	45	14
郭文斌《吉祥如意》①	44	10	2
铁凝《第十二夜》	9	5	0
总计	582		59

(一) 单向转换

第一类：物转向人。语料共涉及 55 处。“物”既包括具体或抽象的物体，也包括动物：

(3) 太平无事的香椿树街一下风声鹤唳**了**，我母亲让我去门外看一看，门外没有人，是对面铁匠家的大黄狗蹲在我家门口，我朝街东方向望过去，远远

① 这里以郭文斌的《吉祥如意》替换了本书所用语料库中莫言的《拇指铐》，因而句末“了”的总次数与第十四章有别，其余没有变化，特此说明。

看见我姑妈家门口堆了一团人影。

(4) 随着日晷的长短伸缩,时间悄悄地流走了,他的舅父发现他对药理和书籍的兴趣不大,就让他学习针灸。

以上例子中,句末“了”所在小句的注视点有具体的物“香椿树街”,也有抽象的物“时间”,但紧接着的下一句便将注视点转向人物“我母亲”“他的舅父”。在以上从物转向人的过程中,句末“了”出现在转向的纽带位置,体现即将发生注视点转向。下面的例子我们将看到,句末“了”也可以出现在转向发生后的位置,表示已经实现了注视点的转向。如:

(5) 这街上是个热闹的自由市场,有菜、鱼、鸡、鸭;有羊毛衫、拖鞋、皮包、发夹;有生风炉炸油墩子的,卖小馄饨的;还有卖纸扎的灯笼,泥做的娃娃,竖了一块牌子,上面写着——民间玩具。陈信忍不住笑了,他没想到,大上海也会有这样的“集”。

例(5)中一开始介绍“自由市场”的情况,列举其中的各类物品,直到转向主人公“陈信”。这里句末“了”的位置和上面例子不同,它出现在描述人的小句末尾,即转向发生后的边缘位置,表达出转向已经实现。

第二类:人转向物。这是第一类的反向转换,共有53处。我们来看例子:

(6) 他们聊了几句,就各自走开了。微弱得几乎使人难以觉察的风吹过来浓郁的茶香。

(7) 她将雨伞竖在门后,脱下身上的黑色羊绒大衣对着门外抖了几下,然后,顺手把门关上了。清冷的世界被门板隔在了外边,炉火熊熊的屋子里只有我们两个人。

(8) 陈信认为这个外号要比“长豇谷”更具有羞辱性。所以他一旦听人叫,立即就在那人后脑勺上敲个“毛栗子”。慢慢地,人们便不敢叫了。再后来,到了“文化革命”,初中六七届的他和高中六七届的哥哥,同时面临分配。

以上例子反映句末“了”处于从人转向物的中间位置,转向的物既有具体的“风”,也有抽象的物“清冷的世界”,抽象的时间“文化革命”。同样“了”也可以处于已经实现转向的边缘位置。如例(9)中的“了”处于描述物的小句末尾,体现注视点已经实现转向:

(9) 吃过早饭,马老末还无踪影,老秦就让我看他的新油画。上回那枚一百八十厘米的“一分钱”据他说已经卖了,卖了六千——老秦在这方面没有虚荣心。

第三类:人际转向。这类转向是指叙述者的注视点在不同人物之间切换。由于人物是情节核心,叙述篇章的情节冲突主要与人物有关,人物之间的转向自然推动情节,所以句末“了”更集中呈现在人际转向上。语料中出现次数最高,共197

次，占单向转向总数的43％。如：

(10) 接着，娘给他们绑花绳，说这样蛇就绕着他们走了。六月问为什么。娘说蛇怕花绳。六月就觉得绑了花绳的胳膊腕上像是布下了百万雄兵，任你蛇多么厉害老子都不怕**了**。绑好花绳后，娘又给他们每人的口袋里插了一根柳枝。

(11) 第二天早晨，鸡还没叫，司机就吆喝我们上路**了**。当我抱着猪油坛子上汽车时，看见店主的老婆站在车旁。

以上例子中的句末“了”处于人际转向的中间位置，体现篇章即将转向另一个人物。下面我们来看句末“了”处于转向实现的边缘位置的例子：

(12) 一个看上去有点瘸腿的老人在过道上挤来挤去，老是找不到一个可以立足的地方，急得骂骂咧咧。傻根看到**了**，站起身正要招呼让座，被身旁的王丽一把拉回座位上，低声说：“少管闲事！”

(13) 他敲门，敲门没人开，他就用拳头擂门，一边擂门一边喊，彩袖，你给我出来，死出来！我父亲后来去开门**了**，不是为了让他进来，是他自己要出去叫人。

第四类：人内转向。这种类型是指就同一个人物而言，叙述者的注视点涉及以下几个方面的互转：人物动作、人物言语、人物心理、人物状态和作者对人物的评论。因为注视点还是这同一个人物，只是涉及不同的内在类型，所以暂且称为人内转向。有人物的动作描写、有内在的心理刻画，还有作者针对该人物的评论，涉及认知域和言行域。这类出现次数也不少，共137次，占30％。我们来举例分析：

(14) 陈信想说，还会有一种情况，是一直没寻找到爱情的。可又一想，这话和阿三说，他未必理解。这一批小青年和他这一代似乎大大两样**了**。他斜眼瞅瞅弟弟：“你可真内行。”

例(14)中一直到句末“了”所描述的那个小句，都是在刻画主人公陈信内在的心理活动，此后转向陈信外在的动作“瞅瞅”。这是从内在的心理活动转向外在的动作行为。

(15) 我听到她吃吃地笑起来，但是这略微沙哑的笑声马上就停止**了**。这不是她的风格，她笑起来向来是响亮的没完没了的，像初次下蛋后急于向主人表功的小母鸡。

例(15)中1、2两个小句描写的是“她”从笑到笑声停止的行为，第2小句句末使用“了”，此后注视点转向主人公“我”对“她”的评论。这是从人物的行为转向作者对该人物的评论。

(16) 老道正在预测村子的凶吉。他的牙齿几乎全脱落**了**，说话含糊不清。

例(16)小句1描述老道的行为,小句2转向对老道牙齿的状态描述,这是从人物的动态行为转向静态的状态刻画。例(17)则是从人物外在的动作行为描述转向内在心理刻画:

(17) 傻根像被电击了一下,脑袋里嗡嗡响,他慌乱地张望了几眼,便赶紧回来**了**。就是从那天开始,傻根有了心思。

还有的时候,人物的言和行之间也有转向的发生,如:

(18) 彩袖蹲在那堆鸡毛前,挑起一根金黄色的鸡毛,捏了捏又放下**了**,留着鸡毛干什么呢?她问,做毽子吗?弟弟你踢毽子的?

"留着鸡毛干什么"是"彩袖"的言语,而之前的小句描述的是彩袖的动作行为,因此这里是从动作行为转向言语,从行转向言。

(19) 有的时候,他一个人扛着红缨枪,步行几十里,去开库康看他爸爸。说是谁若敢在他爸身上动武,他就用刺刀挑了他!他十四岁时就有一米七**了**,体重一百多斤……

例(19)中从人物的间接引语转向人物的身高、体重等状态。上面诸多例子反映出,人内转向比较细微,也往往是作者灵动穿梭于故事中的一种手法。

第五类:物际转向。另外我们也注意到注视点在物体之间的切换,叙述中物体的描写不是随意的,"一切景语皆情语",它总是作者对时空场景的选择性描写,与情节密切相关。语料中共16例,如例(20)中注视点从"防风林"转向与人物"杏"有关的"茶林":

(20) 小河的村后是一大片辽阔的平原。平原的尽头被一线黑魆魆的防风林遮住**了**。杏的茶林在离村子很远的一个土丘上,土丘的东边是一条深陷的大沟堑。

总的来说,以上几类都涉及注视点的转向,尽管可能有所交叉。需要特别说明的是,有些转向发生在段落交界处,而此处最能体现作者叙事意图的转向,句末"了"的使用正说明它能体现转向。本章称之为"段间转"。指的是依赖于前一段段尾和下一段段首的句子语义来理解转向。图示为:

……W(了)。

X(了),Y...

段间转的句末"了"可以处于W和X的任何一句句末,只要涉及W和X的语义的综合理解。段间转在我们的语料库中共出现74次。如:

(21) ……狼们都没跑,仍然站在沙丘上,有些疑疑惑惑的样子。

但现在傻根要回家**了**。

这是从段尾的动物“狼们”转向段首的人“傻根”。在篇章中，语义是连贯的，只是作者出于整体需要而将其另起一段。再如：

(22) ……说完，一头钻进“违章建筑”，睡觉去**了**。
睡梦中，有一双眼睛在对着他笑，这是一双黑黑的，弯弯的，像月牙儿似的眼睛。

前一段段尾处描写的是主人公“陈信”的动作行为，下一段段首转向主人公的梦境，属于心理活动，所以这种人内转向同样需要段尾和段首结合起来才能理解。

(二) 双向转换

双向转换即相对前后文都是一种转向，对于前文而言实现了某种转向，对于后文而言则是将要发生某种转向。

(23) 他顺着江岸向前走去，前边是外滩公园，他买了门票进去**了**。一进去便是一个喷水池，水从假山顶上落下，落在池子里，激起一圈圈涟漪。

这里体现人和物之间的互转。例(23)中小句2描写的是外滩公园，属于物，小句3描写“他”买票进园，篇章转向人，小句4又开始描写园内的布局：喷水池等，篇章又转回物，所以在这个小片段里，“了”处于篇章中人和物的双向切换中。再如发生在同一个人物上，即人内(涉及动作、心理、状态、言语等)：

(24) 更何况，在这里有着他的家，他的家，妈妈、哥哥、弟弟、爸爸的亡灵……他噙着眼泪微笑**了**。为了归来，他什么都可以牺牲，都可以放弃。

句末“了”所在的小句相对前文实现了从人物内在心理活动到外在状态的转向，相对后文而言，又转向了作者的主观评论。

(三) 不涉及转向的例子

语料中共有59例不涉及转向的例子，虽然不到10%，但仍需说明一下。很多都用于人物心理和外貌描摹的语境中，如：

(25) 他很茫然，十年里那点渗透他心灵的、苦苦的而又是甜甜的思念，消失**了**。十年里那种充实感也随即消失**了**。他的目的地达到**了**，下一步，他该往哪儿走？

或是描写通常状态的，如：

(26) 那个年月，住在黑龙江界河沿岸的村落，比如洛古河、马伦、鸥浦，如果碰到了来不及去大医院救治的重病人，便就近送到苏联去**了**，比如加林达、乌苏蒙。(迟子建《一坛猪油》)

对于这些用例，目前我们还无法给出合理的统一解释。但上文分析可以得出结论，涉及叙事的局部篇章模式（local discourse mode）[①]中，句末“了”集中出现在注视点转向处。

（四）中间位置

上文的单向转换分析已经看到，句末“了”既可以处于转向的中间位置，体现下文即将发生某种转向，也可以处于转向发生后的边缘位置，体现已经实现了某种转向。双向转换由于句末“了”所在的小句处于转向的中间，所以可以认为“了”处于中间位置。这样，我们对句末“了”所处转向位置进行统计，见表 11.2：

表 11.2 句末“了”所处的转向位置情况

	中间位置	边缘位置	高频位置所占百分比
迷舟	37	21	64%
本次列车终点	69	43	62%
冰雪美人	33	13	72%
天下无贼	35	27	57%
茨菰	41	21	66%
一坛猪油	127	47	73%
吉祥如意	31	23	57%
第十二夜	10	4	71%
总计	383	199	65%

可以看到，句末“了”体现注视点类型转向时有两种序列，中间位置属于优势序列，边缘位置相对则属劣势序列。从这个角度，也可以认为句末“了”对于注视点的转向而言，具有一定的引介功能和关联功能。

三、注视点转向和篇章的组织调控

如果将以上的注视点转向分析放到篇章组织结构上，能反映什么呢？综合篇章时间推进和相关的叙事学理论，我们认为句末“了”不仅对所在小句的语义有影响，而且很可能参与篇章的组织调控。

（一）人物塑造方式的切换

叙事学认为，小说是以塑造人物形象为中心，通过完整故事情节的叙述和具体

① “局部”概念能更直接呈现研究对象所处的语境，因此当前越来越受到重视（如 Fox 1994；Smith 2003；陶红印 2013）。

的环境描写反映社会生活的一种文学体裁。小说能够从多个角度对人物进行肖像描写、心理描写、对话描写、行为描写和环境描写，既能展现人物的外在形态，也能呈现人物的内在心理情感，还能完整展现人物与环境的互动关系，从而塑造丰满的人物形象。

从上文的分析中我们发现，句末“了”的使用主要集中出现在人物塑造方式的切换处。比如从人物描写转向外物环境描摹，从人物的心理描写转向人物的言语描写，或是在人物互动中塑造人物等等。也就是说，句末“了”可能一定程度上体现了作者的叙事意图，通过注视点的类型转向来丰富小说情节，使其更好地服务于小说的主旨。

（二）叙述视角和视线的流动

叙述视角指的是从作者/叙述者的角度投射视线，视角是可以流动的。视角流动有三个层面：一为正常流动的层面（即角色视角间的流动）；二为由正常层面向内转，潜入心理层面；三为由正常层面向外转，跳回作者或说话人的场面（杨义1997）。从本章的分析来看，句末“了”和视角流动有一定关系，在三个层面上都有体现，比如有些人际互转涉及角色视角的流动，人内转向有时会涉及潜入心理，有时也会跳回叙述人视角等等。从更为直接的视线流动上看，我们认为以人物为中心，涉及三个向度：

第一个向度：外向流动。这主要涉及人物和外物的互转，反映作者的外向型视线流动。从故事人物岔开去描写当下的外物，以利于读者解读时的环境和外物信息，进一步理解故事人物的所作所为。外物描写看似客观，实则折射作者的主观认知。

第二个向度：平行对流。这主要涉及人物之间的互转。只有在人物互动中才能更加有效地推进故事进展，这里面既有作者主观的介入，也有人物客观动态或静态的描写，因此是主客观互动的表现。

第三个向度：内向流动。这主要涉及转向人物内心情感的刻画，或者是言行的转向，发生在人物外在行为和内在心理等之间以及作者对人物的评论，因此偏主观感知。

（三）时间推进的节奏调控

上一节我们分析了注视点转向的很多类型。可以看到，有些转向比如由人转向物或由物转向人，是由事件参与者和外界环境的转向，体现的是前景和背景的切换，无法体现篇章时间推进，比如：

（27）猪油雪白雪白的，细腻极**了**，但我还是怕霍大眼把好油注在上面，下面凝结的却是油渣。

（28）当他酒足饭饱，洗了个热水澡，躺在“违章建筑”那张同弟弟合睡的大床上时，他感到舒适得像醉了。干净暖和的被子发出一种好闻的气息，床头写字台上开着台灯，橙色的灯光柔和地照亮着这间简陋的小屋，枕边有一叠期刊，不知是谁放的，反正家里人都知道陈信睡觉要靠小说催眠的，并且都记得。

例(27)是物转向人，例(28)是人转向物。都无法体现篇章的时间推进，呈现的是状态的描摹。

而人际的转向则能推进叙事时间，再如：

(29) 这是一趟过路车，傻根随大伙拥上去时，心情格外好。车厢里很空，几十个人随便坐。他到处看看，便捡一处靠窗的位置坐下了。一同来的那个刀疤脸随后坐他对面，也靠窗。

人内转向由于是转向心理活动或评论等，所以也没有推进叙事时间。

(30) 她知道自从萧去榆关学医的时候起，他的灵魂就被那个表舅的女儿悄悄地偷走了。她坐在桌边没有说话，无神地看着萧，身体有些颤抖。

因此，当"了"所标示的视角转向发生于叙事主体(人)之间的时候，与时间推进是协调的，动态切换的顺序与叙事的时间进程是一致的。当"了"标示的视角转向发生于叙事主体(人)和外在物或内心抑或是叙述人之间的时候，则可以参与调控推进的节奏，使推进放慢，并关注到细节刻画。这些值得细致研究。

四、与以往研究的兼容性

以上我们基于微观语境的实证考察发现，句末"了"涉及篇章中注视点的转向，这种转向与篇章的组织调控机制有关。本节我们想说明的是，这种分析其实可以兼容以往的研究结论，更好地体现语义属性和篇章功能的平行关系。

(一) 主观性的不同侧面

学者们已经注意到上下文以及语境因素对"了"的使用所产生的影响，尽管切入点和研究方向有别，但我们还是能够观察到这些理论假设之间的内在逻辑关联："当前相关状态说"的"当前"取决于听说双方的言谈语境，尽管这一说法很模糊，但大致可以理解为说话人提醒听话人注意所说事态以及与当前的关联。这往往起因于某种情状的变化，即"新情况出现说"，当这种新情况的出现偏离了原有的大脑模式，而信息发出者觉得需要与信息接受者协调大脑模式时，才会用"了"要求信息接收者做出相应调整。即所谓的"偏离共同基础说"(Berg & Wu Guo 2006，转引自杨素英/黄月圆 2009)。可以说，这些研究结论都体现句末"了"具有主观性，可以概括为"提醒对方注意当下的变化"。"篇章单位终结说"意味着对前一情状的描述告一段落，准备开启新的单位，同样用句末“了”来提醒听话人/读者注意这一变化。“主观交互说”强调的是话主显身的近距离交互，句末“了”用于调节与听话人的心理距离，话主走进叙述/故事中来，当面进行提醒更有效果。

本章的研究发现，句末“了”能体现作者的注视点转向，这其实也是主观性的一种体现。“提醒对方注意当下的变化”在小说中呈现为一种转向的变化。“篇章单位结束”本质上也是为了实现转向。转向所体现的作者对篇章组织的调控，可以视为一种“主观视点”，转换人物塑造方式、调整视线流向，更有效地带动读者穿梭于叙事时空。

（二）语义属性和篇章功能的平行关系

本章的注视点转向分析和学界普遍认可的句末“了”表“事态出现变化”的语义解释是相通的，本质上都是变化，只是不同层面。前者是篇章语用层面的注视点类型变化，后者则是句子事件层面的变化。因此本章结论体现了下地早智子（2014）所说的“时体标记的篇章用法和其本身的时体标记用法呈现平行关系”。但我们认为下地早智子“镜头转换”的认知解释似乎涵盖面过大：一方面，“镜头”的宏观理解不容易微观坐实；另一方面，注视点转向并不一定意味着场面变化（即镜头转换），本章的例句分析显示，句末“了”最直接的还是和注视点转向有关，这也更容易理解；第三方面，“镜头转换”说对两个“了”的统一处理是需要进一步商榷的。比如她对微型小说《异军突起》的结构分析：

表 11.3　下地早智子对《异军突起》的分析

情　　节	原　　　文
2 回想（2.5 事件 C）	最后，老谋深算的龚厂长提名女工程师刘梦为副厂长。由于异军突起，出乎意料，厂里立刻风平浪静<u>了</u>。
3 故事里的“现在”	龚厂长透过淡淡的烟雾，望着一片繁忙的厂区，着实得意自己运筹帷幄的将帅之才。

下地认为这里的句末“了”涉及镜头转换：回想内容的最后一段（结构 2.5）出现一个“了”，之后镜头便有所转换，记述又回到‘故事里的现在’。于是她得出结论：“了”在篇章用法上体现为标示故事情节里“镜头”的转换也即变化。但综合本书第九章，我们发现体标记“了”在宏观层面上能标示时间区间的边界，由于时间区间体现的是小说的时间大脉络，用在边界处的“了”是能体现镜头切换的。微观层面上快速推进篇章有时会连用“了”形成跨越式推进，这在一定程度上体现了“镜头切换”。但是很多例子更像是长镜头拍摄（完整的一个镜头拍摄）。如：

（31）叔叔咳嗽着，从他的黑皮包里摸出<u>了</u>他的大茶缸子，然后又打开抽屉，拿出他的茶叶桶，拧开盖子，将茶叶倒在手心里，掂量<u>了</u>一下，然后扣到茶缸子里。

而且，本章所列句末“了”的很多语料也无法纳入镜头切换的分析。因此，我们认为两个“了”的篇章功能是需要区别的。如果说篇章中体标记“了”主要涉及镜头切换，那么句末“了”的主要功能大概可以对应于拍摄角度的“景别交替”。

景别是指由于摄影机与被摄体的距离不同，而造成被摄体在画面中所呈现出的范围大小的区别。交替使用不同景别，可以使剧情的叙述、人物思想感情的表达、人物关系的处理更具有表现力。远景、全景又称交代镜头，阐释人物和环境的互动关系，通过特定环境展现人物。中景是叙事功能最强的一种景别，在包含对话、动作等场景中，它可以清晰表现人物之间的相互关系。近景和特写侧重传达人物的内心世界。我们可以这样理解：人和物互转的效果很像远景/全景和中景的转换，揭示时空环境与人的关系；人内转向则像近景/特写与中景的切换，表现人物内心世界；人际转向很像中景交替，揭示人物关系。从这一角度探讨两个“了”的篇章功能差异，是有趣的话题。

五、小　结

传统上认为句末“了”具有事态变化性，但是事态究竟发生了怎样的变化，并不清楚。本章基于篇章语料，定量考察句末“了”的微观语境变化，发现句末“了”体现注视点的类型转向，它很可能参与篇章的组构调控（人物塑造方式切换、视线流向调控、时间推进节奏调控）。本章观点应该比“主观性”“事态变化”更进一步，更加具体化，而且维持了“变化”的意义，并彰显时体篇章用法和语义功能的平行性。

Fleishman(1990)提到“叙事化(Narrativization)”涉及认知和语言学的两步操作：首先将经验的连续体分割为“事件”这样的认知单位，然后将“事件”编码为一系列谓语进行线性离散表达，并施以特定顺序使其结构有意义。这样看来，句末“了”体现注视点转向，正是在立体世界的有界化和线性化上发挥着重要作用。界化前一注视点所述的情景，转向另一注视点类型的描述，并且在这一过程中更有效地将离散的描述串联起来，维持篇章连贯。

尽管汉语的体范畴是相对凸显的，但仍不像形态发达语言那样能比较直接地体现篇章功能（如“设景”等），汉语的时体成分是间接影响篇章的。这也是我们主张在微观语境观察篇章功能的原因所在。最后要说明的是，本章只是呈现一种可能的功能刻画，并不意味着这一因素就必然决定句末“了”的使用。在体现这些篇章功能的同时，正如王洪君等(2009)所指出的，是否用句末“了”还要满足已有研究指出的时体情态等相关制约。徐晶凝(2016)也从句法语义角度更为细致地考察了主观近距交互式书面叙事篇章中“了”的分布，指出说话人对事件在篇章中作用的识解与句法因素二者彼此成就，共同决定句末“了”在书面叙事篇章中的分布。可见，句末“了”的研究深入亟待跨层面多因素的互动研究。

第十二章　语体变异：时间推进的效能及塑造

Smith(2003)区分了叙述、描写、报道、资讯和议论等五种篇章模式，并指出，篇章模式不同，文本推进原则也不同。叙述模式的文本推进是时间推进；报道模式则主要是围绕说话时间而定位的前进；描写模式是穿过场景或物体的空间推进，等等。其中时间推进是最基本的原则。Smith 的研究是基于篇章的文本段落的，尽管她统摄了口语和书面语的相关研究。这启发我们思考，如果考虑不同的语体，作为基本原则的时间推进的作用层面和效果是否有所差别？另外，如果有差别，会对其语法成分带来怎样的影响？或者说根本上，这些篇章原则会如何影响语言单位的功能，对其进行塑造？带着这些问题，本章我们先从不同的语体入手，比较篇章时间推进的变异。一是新闻报道语体，一是口语互动交际语体。然后深入语体内部，以时间词语为切入点考察口语交互语体对它的塑形，和叙事小说中的时间词语形成鲜明对比。

一、灾难新闻报道中的时间推进

新闻话语是一种再现事实的话语(陈力丹 2004)。尤其是灾难报道，其要旨就是在第一时间向公众再现准确而丰富的事实，以满足公众的信息需求。在灾难报道中，有反映事件动态发展的消息(比如转述其他媒体相关信息的)，也有记者的体验式报道。我们从“人民网国际专题”中选取 2011 年“日本 9.0 级地震引发海啸”这一热点事件，以人民网记者的 20 篇体验式灾难报道为文本，建立一个小型样本库。样本的总字数为 16 037 字，每篇新闻报道平均 801.85 字。下面结合新闻文本来展开具体的分析。

(一) 宏观层面：时空推进

宏观层面上，在样本库的 20 篇报道中只有 1 篇是完全的时间推进，见例(1)《日本石卷市一男子被海啸冲击　躲避五天后获救》：

(1) 据《朝日新闻》网站报道，在几乎被海啸吞没的日本宫城县石卷市六肋町，15 日一名被困在楼房二层的 25 岁男性被消防救援队成功救出。被发现时，本人仅有脚部受伤，意识处于清醒状态。据说，海啸发生时他也被冲走，但碰巧遇到这栋住宅，于是就一直住到了里面。

15 日下午三点，在听到有人报告说“好像听到有人呼救的声音”后，救援队员们便立刻开始在附近的住宅区进行搜寻。然后听到从二楼传来咚咚的敲打声，紧接着便听到“啊”的一声。

大约 15 分钟后，救援队员们用担架把这名男子救出。路上，队员们鼓励他说：“你已经很了不起了，现在怎么样？”这名男子用清晰的声音回答说：“没事，只是脚有些痛。”

在救护车身边等待救援的石卷市消防团的浜谷胜美说：“之前我们就在这名男子所在的附近搜寻过。距离地震发生后已有五天，他能坚持到现在真是一大奇迹。”

这篇新闻报道共 4 段，第 1 段中记者首先交代了全篇最凸显的信息（画线部分），也是和标题相符的信息。其中包含了时间和空间定位，时间是 15 日，地点是日本宫城县石卷市六肋町。在篇首交代全篇的时空定位信息，这是新闻报道凸显信息优先原则的体现。随后便具体展开对这一事件的报道，在第二段和第三段的开头分别交代了事件发生的两个关键时间点，形成了前后衔接的时间推进：

2（15 日下午三点） → 3（大约 15 分钟后）- 4

灰色方框中括号外的数字代表段落，括号中的则是记者使用的时间词。显然在这则报道中记者是使用两个时间词形成时间推进的。

时间词和处所词既是所报道事件之间的界标，又是将每个报道的事件组成连贯文本的衔接手段。我们发现绝大多数报道都是将时间推进和空间推进交织在一起，形成时空推进。如《记者手记：完全没有防护措施进入福岛》，在宏观层面就采用时空推进，首先使用时空定位全篇最主要的信息：从东京到地震灾区宫城县仙台市，从早上 8 点出发，抵达仙台已是晚上 8 点。接下来的 5 段是将时空交织在一起来推进文本的，示意如下：

1（一路上）——2 → 3（傍晚 7 时，进入宫城县境内） → 4（仙台市内）——5

样本库统计显示（见表 12.1），在记者的场景转换处都会使用时间词（T）或处所词（S），这样前后衔接便形成一种时空推进：

表 12.1 样本库中推进方式的情况

篇目＼场景	定位	1	2	3	4	5	6	7	8
1	TS	T	S	T	S	S	S	S	—
2	TS	S	S	S	TS	S	—	—	—
3	TS	S	S	S	S	S	—	—	—
4	S	T	TS	—	—	—	—	—	—

续　表

篇目＼场景	定位	1	2	3	4	5	6	7	8
5	TS	T	TS	T	—	—	—	—	—
6	TS	S	TS	TS	T	S	—	—	—
7	TS	T	S	S	S	S	S	S	S
8	TS	T	T	—	—	—	—	—	—
9	TS	S	TS	S	—	—	—	—	—
10	TS	T	S	S	T	S	S	—	—
11	TS	S	S	T	T	S	—	—	—
12	S	S	TS	S	S	—	—	—	—
13	TS	T	S	S	TS	T	S	—	—
14	TS	S	S	TS	S	—	—	—	—
15	—	S	T	S	TS	S	—	—	—
16	TS	S	T	T	S	S	S	T	—
17	TS	T	S	S	S	T	—	—	—
18	TS	S	S	T	S	S	T	—	—
19	TS	S	TS	S	S	S	S	T	S
20	TS	S	S	T	S	T	S	—	—

20篇报道中记者的场景转换多少不一，最多的是8个场景，最少的是2个场景，所以我们用“—”表示没有该场景。从表12.1可以看到，几乎每篇都会在开篇处交代全篇的时空定位，然后才采用时空推进具体展开。统计显示，场景切换只使用时间词的占22%，只用处所词的占66%，同时使用时间词和处所词的则占12%。这说明在宏观层面的文本推进中记者倾向于使用处所词来推进文本，当然，由于空间的推进其实蕴含着时间的推进，所以灾难报道是将时间和空间有机结合起来实现文本推进，这样既明确了信息，又有效地传递出了时效性和现场感。

（二）微观层面

1. 时间推进

不仅宏观层面上会使用时间推进来建构整体框架，在微观层面上也会采用时间推进来报道事件衔接的紧凑，给读者营造强烈的时间感。如例(2)、例(3)：

(2) 日本东北部地区11日发生里氏8.8级强震**后**，新华社记者**立即**从东京出发，经过22小时的长途跋涉，**终于**在当地时间12日15时（北京时间14

时)抵**达**日本强震的中心地区宫城县仙台市。(《日本震区见闻:自卫队军车呼啸而过 超市被抢购一空》)

(3) 回**到**东京,**立即**到最近的医院做**了**初步检测,没有发现核放射污染。(《人民网驻日本记者手记:归程》)

例(2)中使用了“后”“立即”“终于”这样的时间副词以及补语“达”,例(3)中使用了时间副词“立即”、补语“到”和时态助词“了”,这些都有助于实现时间推进。统计样本库的20篇报道,涉及微观时间推进23次,平均每篇大约有1次微观的时间推进。再看这些涉及微观时间推进的小句,大多包含以下语言学成分:时间副词、趋向/结果补语以及时态助词“了”(见表12.2):

表12.2 时间推进中相关成分的使用情况

语言成分	时间副词	趋向/结果补语	时态助词“了”
次　数	63	39	24

从语言学研究的角度看,这些时间副词(后、终于、立即、便、突然、然后等)都表示它所描述的事件是发生在上文事件之后。趋向/结果补语和时态助词“了”等也都能使其所在的小句成为完成、开始或终止的事件,从而实现小句之间的微观时间推进。因此,相比叙事小说的时间推进,无论是量还是质,这类新闻报道中的微观层面时间推进都显得比较少,而且比较简单。其实,我们发现在灾难新闻报道中,各种推进原则相互交织。

2. 视角推进

为了更多侧面地展现不同人物对灾难的感受和反应,以引起读者对灾难的高度关注及对灾民悲惨遭遇的强烈共鸣,记者常常会在报道第一时间的自身亲历之外,有选择地将其他人物视角提供的信息编入新闻文本中。

视角的转换是以一种隐喻的方式推进话语,即读者在记者所构建的文本域中穿行,故此我们称之为“视角推进”。统计发现20篇报道中记者总共转换视角53次,平均每篇转换视角2.65次。视角转换后,通常都会用指称形式来隐喻性地推进话语。这可以从三种回指现象来说明:代词回指、零形回指和名词回指。代词回指指的是使用“他、她、他们、自己”等代词来回指该视角;零形回指是指用零形式指代该视角,用“Ø”表示;名词回指指的是用名词形式回指该视角(徐赳赳 2003:5)。这三种回指形式常常是有机结合在一起,共同推进话语发展。例(4)摘自《人民网日本地震报道组抵达重灾区福岛县》:

(4) 面对记者,**墨永先生**讲述了地震当时的情景。3月11日里氏9级大型地震发生时**他**正在公司上班,突如其来的剧烈晃动几乎一瞬间便摧毁了办公室的2层区域。幸运的是**他**和同事正在办公楼的一层开会,因此**Ø**侥幸逃生。

16点左右，当**墨永先生**拼尽全力跑到政府指定的避难场所时那里已经挤满了惊慌失措的灾民。“没人知道该怎么办，感觉就像到了世界末日。”**他**这样形容当时的恐慌情形。

由于通信陷入瘫痪，那之后的整整一个晚上**他**都无法与外界取得联系，家人生死不明。说到这里，**墨永先生**有些梗塞，“和家人生死离别的感觉，真的很痛苦。”

宏观层面看这是时间推进，但是在微观层面上记者已经转换了视角，通过墨永先生的亲历来讲述灾难，推进话语。转换成墨永的视角后，记者综合使用了上述三种回指形式(见加粗字体)。综合样本库的数据，20篇报道中总共使用78次代词回指，69次零形回指和48次名词回指。图12.1是三类回指在每篇报道中的数据，图12.2是20篇报道中三类回指之间的总体比例。

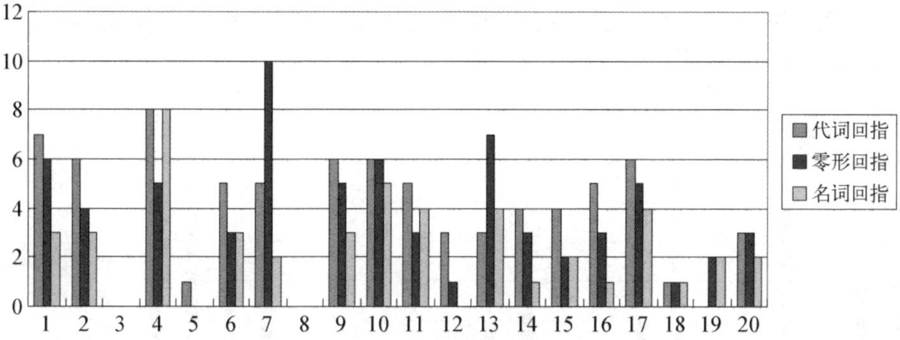

图12.1 样本库中三类回指的分布情况

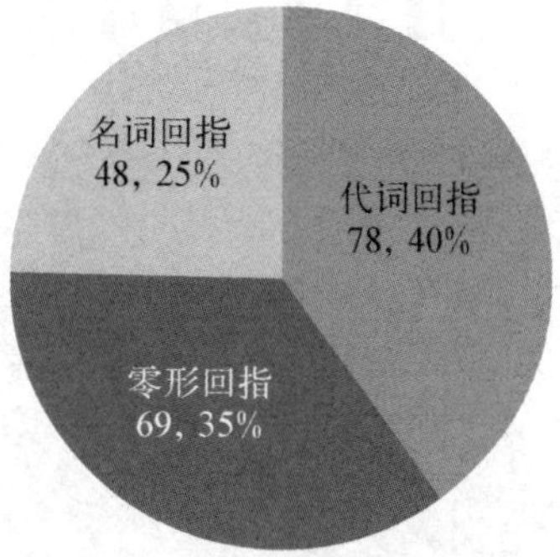

图12.2 三类回指的总体比例

两个图显示，代词回指和零形回指的使用超过了名词回指，代词回指用得更多。当然，就每篇报道而言，通常不会一种形式一贯到底，总是有机结合三类回指。视角推进让读者在有限篇幅内接受多个视角的信息，可以增强新闻话语的真实性、全面性和现场感。

3. 话题推进

在报道中，记者来到一个场景后，会报道一些与灾难相关的话题，话语就依靠话题转换以及子话题链来实现推进。这主要有两类：第一类是同一场景内话题之间的切换。如例(5)：

(5) 在记者前往宫城重灾区名取市的路上还出现了上班的早高峰。**汽油**仍然非常紧张，宫城县灾区的加油站几乎全部关闭，仅有的能运转的几个加油站不对一般机动车开放，只有前往救灾的紧急车辆可以允许进入加油。在地震和海啸袭来后，名取全市断**电**，也基本断**水**，**通讯设施**也几乎完全

损坏，市民只能通过市政府门口仅有的几台卫星电话给亲朋报平安。（《名取市，海啸暂时退却》）

例(5)中记者的话题从汽油转到电又转到水，最后又转到通信设施。更多的是第二类，即采用子话题链来推进话语。如例(6)：

(6) 进入仙台市区后，路边终于开始出现点点灯火。但**这座日本东北地区的最大都市**已经失去了往昔的魅力。**往日熙熙攘攘的中央街区**早早打烊，**街边的商业设施**几乎都关闭着。**偶尔开业的一家牛肉盖饭店**前排起了长队，远远就能看到，物资短缺同样困扰着仙台。（《人民网日本地震报道组进入仙台 遇大量灾民驾车逃离震区》）

例(6)中加粗部分都可以视为"仙台市区"的相关子话题，它们形成一条链，引领着读者理解话语。样本库中20篇报道共有59次是依靠子话题链来推进文本的。图12.3和图12.4展示了话题切换和子话题链在每篇报道的使用情况以及总体的比例情况：

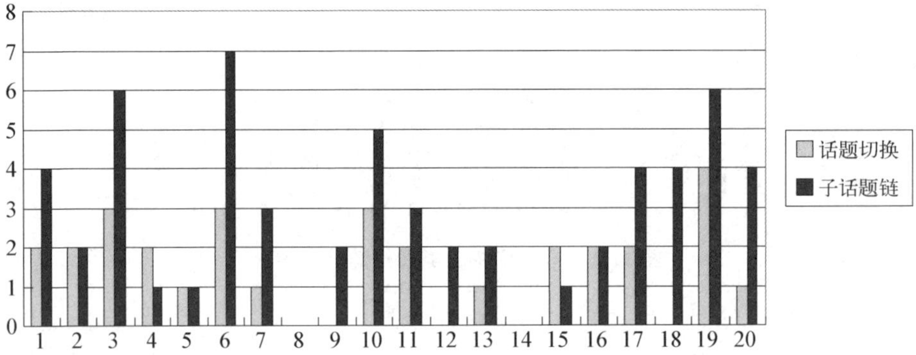

图12.3 样本库中话题切换和子话题链的分布情况

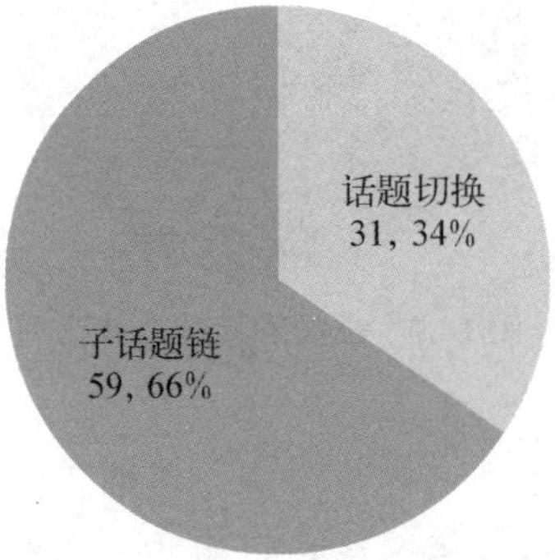

图12.4 话题切换和子话题链的总体比例

可以看出，报道中更多会采用子话题链的形式推进文本。这会使读者就一个话题得到更多的信息，感受更加有深度的报道。

4. 各种原则交织推进

以上所述的三类微观文本推进原则只是为了分析的方便才单独列出，其实它们并不是单独运用的，常常有机地结合在一起。我们来看例(7)：

(7) **记者**在栃木县三岛町补给水和食物的时候，遇到了从福岛灾区避难到此的**末永夫妇**。**末永**的家就在福岛县双叶町，同发生爆炸的核电站的距离在10公里以内。当地政府呼吁大家避难，

12 日一早**他们**驾车离开福岛，**Ø** 开了 7 个小时，**Ø** 到了现在的地方。

末永看到记者汽车的东京牌照，**Ø** 很关切地询问记者的去向，**Ø** 并及时提示说前面已经少有商店和物资，一定要再多买一些。**他**居住了 30 多年的房子就刚刚在 11 日被海啸彻底摧毁，全部家当就剩一辆汽车、一身衣服和一点现金。泪水在**他**红红的眼圈里打转，记者不忍问**他**太多。道别后，**末永夫妇**再次上路，到东京投奔**自己**的亲戚。

——摘自《赶赴重灾区(第一现场)》[10]

例(7)就是将视角推进和时间推进交织在一起。首先视角从记者转换到末永夫妇，视角内部使用代词回指、零形回指和名词回指来推进文本。同时画线部分也使用了时间推进。

如果不考虑交织的具体情况，只按照"视角推进""时间推进"和"话题推进"进行分类统计，就得到图 12.5。

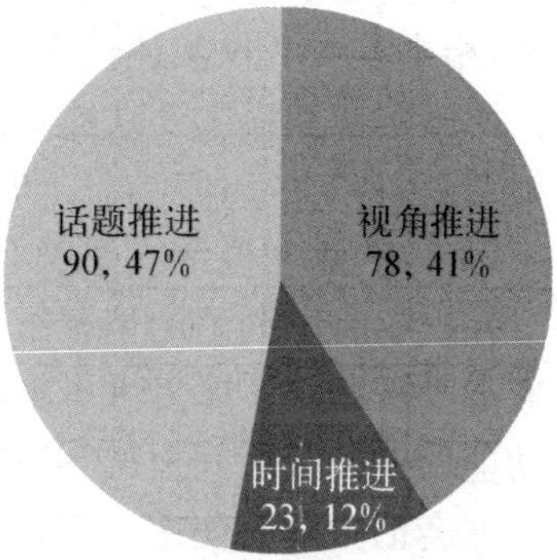

图 12.5 视角推进、时间推进和话题推进的总体比例

从图 12.5 可以看出，样本库中微观层面上话题推进使用了 90 次，占 47%；视角推进使用了 78 次，占 41%，这两种推进占据了绝大多数份额；微观层面上时间推进则使用相对较少，样本库中共使用 23 次，占 12%。

应该说，微观层面上灾难报道常采用视角推进、时间推进和话题推进这样的散点透视，将看似分散的视角、话题和时间信息等聚集在一起，推进文本并立体、全方位地展现灾难。

从以上分析可以看到，灾难报道呈现出多种推进原则分层互动的模式：在宏观上以记者所处的时空推进为架构，在微观上则采用视角推进、时间推进和话题推进这样的散点透视，传递给公众的是具有时效性、全面性、真实性、紧凑性灾难信息。因此，从宏观和微观来看，灾难新闻报道语体中，会使用时间推进，但并非唯一的基本推进模式。

二、口语互动交际中的时间参照

再来看口语互动交际语体。日常交流中，会话序列(sequence)的展开依赖于话题(谈论或叙述的内容相对集中的某个主题)的推进。因而时间推进并非是最关键的，话题推进才是最基本的机制。人们总是会通过话题调控(topic management)，来获得信息，表达态度立场，实现交际意图，维护人际社交。基于这样的认识，目前还很少有研究会话中的时间参照的，只是在相关文献中有所提及(Pomerantz 1987；Lynch & Bogen 1996；Enfield 2013)。我们认为，口语互动交际主要不依赖于时间推进，而叙事小说中时间推进所调用的重要语法手段如时间词语，它们同样使用于互动交际，所以就特别有必要深入研究同一手段的语体差别，来深化功能认识。因此本节以时间词语作为切入点，结合互动序列来做深入而系统的分析。并在此基础上，探讨这一重要的推进手段在不同语体中的差别。

我们注意到，Wu Ruey-Jiuan(2002)基于汉语口语会话指出汉语中的时间定位是通过时间副词来直接传递，通过体标记和情态助动词的使用来间接传递。她对此做了初步的探讨，涉及因素较多，比如体、情态、共享知识及互文等。可以说，Wu的研究搭建了研究框架，其实每一个因素都值得细细考察。她区分了叙述和非叙述，指出在252句叙述性会话中，只有47句标记了时间词语(占18.7%)。时间词语用以实现三项主要功能：在叙述的开始处建立一个时间框架；转换一个时间框架；提供特定的时间信息。时间标记总是用于叙述的开始，以建立时间框架，然后不再使用，除非说话人感觉有必要转换时间框架，或使时间框架很明确。非叙述部分在没有时间词语的情况下，动词类型和时间参照有关联。初步分析语料后，我们有如下疑问：日常会话并非如叙事性书面语那样重视时间线索，那么时间词语的功能仅仅关涉时间框架和时间信息吗？是否会涉及主观性和交互主观性？时间词语在会话中总体使用不多，大部分都并非精确指称，且有时候还会集中出现在某一序列中，那么其背后的话语动因究竟是什么？因此本节着重考察两个问题：1. 时间词语在互动中如何实现双方的交互行为？2. 时间词语的使用是如何受到互动塑形的？本节将采用互动语言学的范式展开研究，所用语料均来自自然发生(naturally occurring)的口语语料转写①，一般是同学或同事之间(2—4人)的自然会话录音转写，基本都是普通话，地点有宿舍、办公室、教室、火锅店、家里、路上，总时长约180分钟。

时间词语是一种语言资源，用于完成各类互动任务，进而塑造常规(practice，Kuhlen & Selting 2018：27)。基于语料的分析，笔者认为Wu(2002)所提到的三个功能在会话中是最为基础的，本章将之归纳为“指示时间”功能并对其进行相应扩充，具体涉及建立、转换和调整时间框架。此外笔者还注意到，会话序列为时间词语的使用提供了自由度，使它们能扮演其他的互动功能角色，分别是“期待回应”“监控即时认知”“辅助建构立场表达”。这些功能角色必须而且只能在互动序列中

① 口语例句转写体例基于乐耀(2016)，稍有增补：1) 按语调单位IU分行转写，一个语调单位一行。2) 当前说话人话语的结束：IU后用“。”标注；话语未完：IU后用“，”标注；IU若是疑问语调，其后用“?”标注。3) 长停顿标记成“…”，一般是长于或等于0.7秒，这类停顿需要在“…”添加圆括号标明时长；中停顿标记成“…”，是在0.3—0.6秒间，包括0.3和0.6，这类停顿不用标明时长；短停顿标成“..”，是小于等于0.2秒，不注明时长。4) 将话语重叠部分置于“[ ]”内。5) 用“- -”表示在完成一个完整的语调单位曲拱之前，该语调单位被截断。6) 听不太清楚的部分放在“<X X>”中，完全听不出来的直接标注“<X X X >”。7) 笑声用“<@@>”表示。8) 延长用等号标明“=”。9) 标注者或研究者的主观评论置于“(( ))”中。10) 将背景噪声很大，听不很清楚，但可以识别出的话语内容放入“()”。11) “↗”表示升调，“↘”表示降调。

才能理解，这表现时间词语的使用具有（交互）主观性，以往研究未曾注意。下面分别展开具体分析。

（一）指示时间

Wu（2002）所说的功能都与时间框架或时间信息有关，但她并未直接说明什么是时间框架。从她的分析和描述来看，指的应是叙事在时轴上的定位范围。建立时间框架意即设定接下来的话轮发生在该时间定位之后的时间范围。比如她的例子[按本章重新编号为（7），转写方式不同于本章所用例子]，舞蹈专业的 Susan 描述了她以前学习的学校是如何强制学生控制体重的：

（8）181@	S：**以前在学校**才好玩呢。	→建立时间框架
	S：胖一公斤	
	S：罚五百块	
182@	S：我们就说	
	S：哇上等肉	
	S：因为**我们刚开学的时候**	
183@	S：会量啊。	→建立时间框架

在 Wu 看来，两个框中的会话部分，Susan 正在启动她的叙事并建立时间框架。接下来便是举例“比如说我们新生有一个新生训练，它什么新生训练都没有，就叫你穿紧身衣，然后站在磅秤上面，他就看你的身高，然后就算一算，结果他就跟我讲，我**那时候**很瘦，我**那时候**四十三公斤，他就说，你要给我胖到四十五公斤……”，其中“那时候”是再次提供时间框架信息。随后 Susan 又谈到自己如何增肥，直到 208 行才开始谈到“开学的时候量体重”，Wu 认为是转换时间框架，定位于开学那天，使之更加明确：

	S：结果**开学的时候**	
	S：**开学那天**	
209@	S：我们量体重	→转换时间框架

Wu 的分析比较粗略，如果仔细观察会发现还有对时间框架的调整和照应等，下面我们将展示时间框架对于会话的意义。首先看（9）：

（9）40G：关键我们也傻，
　　41　还帮他干，
　　42　**以后**遇到这样事情，　　（（建立时间框架））
　　43　**上个月**，

44　比如说**上个月**发不出来，　((微调时间框架))
45　**这个月**我就罢工，　((转换时间框架))

例(9)中双方在谈论老板克扣工资的事情，42行说话人使用时间词语“以后”来建立谈话的时间框架，将会话引导到将来时域，43行在这一框架基础上展开推演，说话人是想通过时间框架的对比来表明自己的观点(前一个月不发工资，下一个月就不干)，但是当他说出“上个月”之后，立刻意识到这样的时间表达会引领受话人回到过去时域(以说话时间为参照的前一个月)，和42行的将来时间框架形成了冲突，于是马上进行修正(repair)，采用“比如说上个月”将时间又领回虚拟的将来时域中。45行使用“这个月”保持了时序的一致性。可见，这里体现了时间框架(将来时域)建立之后，做了微调(定位并修正到某个时点)，继而转换(下一个时点)。接下来说话人G继续在虚拟时域中推进话语。49行使用“这个月”来照应45行的时间框架。

49G：如果他说他说你不来那我**这个月**工资就不给你，
50　那我就打工商局电话，

接下来的话轮都是围绕究竟应该打哪个部门的电话，在网上查电话之类，这些话轮内容不涉及时间，属于常识性讨论。然后在下面的片段中继续推进时间：

211 G：什么事都得经历人生才丰富嘛，
212　对不对?
213Z：的确，
214　…就像[我这个。]
215G：　[你说如果]**打过电话以后**才会知道，((转换时间框架))
216　到哪工作都横着的，
217　欠老工资就打电话，

这里214和215有重叠(overlapping)，由于Z的回答“的确”符合G的预期，于是G想继续推进，Z也感觉到G的交际意图便自动让出了话轮。G继续在“这个月”的时间框架中进行转换，将时间定位到“打过电话以后”。我们注意到，会话中说话人还是比较关注说话的时间框架的，后面的会话序列中，说话人还使用照应性词语来回指很多话轮以前的那个时间节点：

276G：然后你**那个月**工资是不是没付给我是事实?((与之前的“这个月”照应))

该录音片段全部的时间主线就是三个同事在谈论老板欠他们工资的事情。其主线就是由时间词语搭建、微调和转换推进的。这样的时间词语所处的话轮位置一般都比较靠前凸显，用于引导时间进程。说话人使用的大都是参照性时间表达，本质是为了推进评论。

我们的语料中还有很长的序列在谈毕业论文，内容涉及从开题到答辩。其中时间词语被不断用来引导对话双方谈论有关论文的程序，下面是摘出的部分时间词语：

(10) 今天上午开题——开题报告的时候——你讲过之后——(以后)答辩的时候——之前的答辩——上一届那个老师过来的时候——前期的那个查重——盲审的时候——答辩的时候——通过了之后毕业了之后——我们那一年的时候..就是2017年的时候

会话互动中，信息组织的片段即话题流动是不可控的，受话人可能会基于自己的知识背景和即时的兴趣取向而对说话人话轮中的任何信息点进行接话，推进序列。我们发现，话题切换与时间框架的建立调整可能有一定关联。所谈论话题的改变，有时会带动时间框架的变化。话题切换有的是由另一方发起，有的时候是自我发起，比如例(11)：

(11) 1A：B在..在..在学校干吗呢**现在**？ ((建立时间框架))
2B：哎呀找…找选题啊。
3C：找选题不是在学校就能找到的<@ @>。
4B：我也不想回家…回家又得看见我妈。
5A：看见你妈…看见你妈怎么了？
…(4.0)
6 选题你**上次**说哪…哪几个来着？ ((转换时间框架))
7C：你这么讲你妈知道吗？
8B：她知道…告诉她的。
9A：哎你这里有省考的书…你**最近**在看吗？ ((转换时间框架))

1行中说话人A使用“现在”来增强现场感并建立起谈话的时间框架。5行中A对B的上一话轮局部内容感兴趣并发问，在等待4秒后看B并未回应，于是重拾“论文选题”的话题，并使用时间词语“上次”。可是A发现这一话题被C打断而且B又做了回应，于是开始新的话题，辅以时间词语“最近”，通过疑问形式交出话语权，以引发对方话轮。可见，其中话题的转换绑定了时间词语的使用。由于话题评论的推进体现了说话人的主观意图，时间词语的这种基本功能也体现了一定的主观性。

话题和时间词语之间的这种关联，和书面篇章中宏观时间推进类似(饶宏泉2011)。但会话中时间框架远非书面语中简单，因为书面语叙述篇章是以事件进展为核心，时间脉络相对清晰完整，事件是随着时间的推进而展开。而会话中双方常常分享彼此对同一个事件的看法，表达主观情态，叙事性并不强，因此是以话题/评论为核心，时间是灵活而自由的。时间框架建立以后，随着话题评论的推进会发生变动，同样也会随着话题的切换而转换，单独来看，时间词语的时序关系未必清晰。

由于语体或者话语模式的不同，书面叙述篇章中时间词语一般不会大跨度来回跳跃，而口语中时间词语却可以实现跳跃。当然会话中时间词语之间跨度虽大，但在即时的互动语境中却是平稳的，双方并未明显察觉。

（二）期待回应

会话中，有时说话人在前面话轮的基础上选择其中的时间词语重复再说，似乎只是在语流中占据（hold）一个位置，该位置的重要性是给互动双方思考的空间。一方面，说话人可以借这个位置来延迟反应，表面上看好像在回忆刚才说的时间节点，其实是自己在思考“我要怎么办”，或者是该时间节点超出了自己的预期，于是借位思考这个新情况。另一方面，也是给受话人一些思考的空间，让受话人明白说话人的犹豫态度，从而调整自己的观点立场等。这样的时间词语用于期待回应。如例（12）：

（12）43A：这样吧你，
44　**中午**你在，
45　那然然后小 C，
46　小 C 你中- -
47C：　　　我**今天中午**，
48　我爸妈**今天中午十二点四十**走，
49　我准备把他送过去。
50A：你**中午**送过去哈？
51　那那要不然那就是我看，
..
52　**中午**的情况，
…
53　嗯，
54　我看看啊，
55　你有事是吧？
56C：对。
..
57A：**中午**=，
58D：那那 A 老师我来替一下吧。

44 行的“中午”，说话人是在确认时间，准备安排 C 中午的事情。C 识别了 A 的意图，于是在 47 行打断 A 的话轮，说明自己的事由以拒绝对方安排。有趣的是，抢夺话轮之后，C 为了进一步增强自己事由的真实性，进行了自我修正，使用了精确的时间表达“今天中午十二点四十分”。要注意的是，C 的这一拒绝行为超出了 A 的预期，A接下来不断重复时间词语"中午"，既是给自己留出思考空间，同时也是希望有更多时间留给受话人（因为在场的还有D）去做协调，期待受话人回应。接下来在58行，D终于接过话轮，表明自己的态度，愿意接受任务。可见，这样的时间词语同时关涉主观性和交互主观性。再如例(13)：

(13) 91Z：然后**明天后天**这边**到时候**我就跟小W两个我两个负责一下吧啊，
92 ..小W。
93W：啊！↗
94Z：**明天跟后天**啊。
95W：**明天和后天**啊。
96Z：嗯。

91行在上面序列基础上，转换到新的时间框架"明天后天"。接着提醒W，W显然感到意外，于是Z又重复了时间词语"明天跟后天"，W继续重复该时间词语以表明自己的情绪和立场。可见，时间词语的局域高频使用是能够反映听说双方的主观互动的。说话人用时间词语来借位，保持该话轮，保持对该话题的关注，同时也是开放给受话人，期待其协调立场。受话人也可以利用该时间词语来借位思考，表达自己的情绪立场。用于这一功能的时间词语常常得到不同程度的重复，它们所展现的功能具有两个特点：占位性和开放性。

时间词语的这一占位使用可以类比于填充词(filler)。Fox(2010：2)指出，填充词主要是指当前词汇之后的所有非沉默性(non-silence)手段，推迟下一个词汇的到来。它们是由词汇生成困难(word-formulation trouble，Hayashi & Yoon 2010：34)驱动的。作为主要的填充词类型，占位符(placeholders)作为成分参与句法结构，用于指称表达并作为随后出现的明确词汇的替代物而提前为其占位，如例(14)的"这个"[例(14)、例(15)均来自Hayashi & Yoon(2010)]：

(14) F：对，有人，可能，不大相信
中国画上画的那一个是，
M：石头。
F：**这个**，啊石头和山这么，嗯稀奇古怪的。

此外，感叹犹豫标记(interjective hesitator)可以出现在话轮的任何位置，它们并非指称表达，主要是反映说话人的犹豫，如例(15)的"这个"：

(15) C：他**这个**(0.8)是(0.2)嗯(.)
他说那个正式的还没有下来

以往文献所提及的填充词一般都是意义比较虚的词，比如"这个、那个、就是"等等，姚双云、姚小鹏(2012)研究了"就是"的停顿填充功能，指出它用来填补话语空隙，而且当话语的空隙较大时，说话人可以重复使用它，比如"好多人就是就是告诉我”。其功能之一是让说话者有机会短暂思考以填补思维上的空白，从而维持和延长正在进行的会话，并保持在对话互动中的发言权。功能之二是有意识地凸显所要表达的后接客体、行为或事件，以引起听话人的特别关注，起到明示的作用。

那么用于期待回应的时间词语是否可以视为填充词呢？我们认为，从运行机制上不能算是填充词。首先它并非由词汇生成困难所驱动，而是由于超预期驱动。其次，它有实实在在的指称，而且具有交互性。但功能上它又的确和占位符有一定相似度，即占据时间。至于为何会选择时间词语来占位？这应该还是与时间词语的直指(deixis)功能有关，能吸引受话人注意力，邀请其共享注意力聚焦，对随后的行为具有预示性关联，受话人能参与建构话轮或行为。

(三) 辅助建构立场表达

会话中有的时候，说话人相对集中地使用时间词语，频繁地转换时间框架，形成时间跨度的对比，以此来辅助说明自己对该时间背景中事件的主观看法。如例(16)：

(16) 60A：你想..真的有些东西收获啊你都很意外，
61　就是什么..我不天天跑步吗？
62B：嗯。
63A：然后我们**大四的时候**..你晓得..那那一群..已经不中的人了可对啊？
…
64　然后搞那个体测..一千米，
65　…我竟然跑了我们那个年级的第一..而且--
66B：　<@　@>
67A：而且成绩比初中..**中考**的成绩还要好，
68　跑了三分三十几秒一千米，
69　我**大学**从来就没跑过，
70　大学最快的时候是**大一**，
71　跑了四分零五秒，
72　然后**后来**竟然跑了一个..三分…十几秒，
73　我**当时**就惊呆了，
74　这收获是大，
75　..把我跑步都跑了第一。

例(16)中说话人通过举例来表达第60行的核心立场“有些收获是很意外的”。63行“大四的时候”是建立时间框架，接下来集中出现时间词语，跨度很大形成对比，辅助说明说话人的立场观点，即意外收获的喜悦，这种主观立场的表达，伴随着的是时间流程的加速。再如例(17)：

(17) 104A：其实不照，
105　我..我只能讲武汉最辉煌的时代已经过了，
106　就**九几年的时候..**就是**我们出生那年代**，
107　**那时候**在全国能排前五，
108　**现在**=前二十边上..了吧。

综上，在说话人寻求语言手段辅助建构其立场表达的时候，会调用跨度比较大的时间词语表达，对比使用来凸显核心观点，加强论证。

(四) 监控即时认知

(18) 142B：你看我那桌上面，
143A：**明天**要吃两个，
144B：你看我那桌上面。
145　…(1.0)**今天**又--
146A：　(XXX)
147B：她**今天**又给我两个柚子，
148　<@ @>
149A：你那柚子好吓人哦，
150B：<@ @>**今天**--
151A：　为什么长这么丑？
152B：这是=她家树上的，
153　树上的。
154A：家里的？
155B：对，
156　树上，
157　就才=**寄**的，
158　又=又**寄**了两箱过来。
159A：她干吗要寄这个东西啊？

例(18)中145行说话人B的话轮第一次被打断，147行他进行了重新表达，这次虽未被打断，但受话人A并未识解自己的意图，还是在评论柚子。于是B在150行第三次提及该表达，结果还是被打断。经过三次提及，B暂时放弃了继续表达，而是转换表达方式，不再提事件，而是按照A的话语方式描述柚子，在152—156行双方认知达成协调后，157行B再次回到自己的意图表达上。从整个片段来看，B本想通过强调“今天”以显示“她”多次送柚子的行为，但这种信息意图一直没有得到A的正确识解，在多次尝试无果之后，改为不再强调时间，而是强调寄送柚子这个行为本身。但B在157和158两行中，仍通过“才”和“又”的对比，凸显话语意图，最终159行中A识解了B的意图。这个片段表明，说话人在会话的过程中不断监控受话人的认知状态，如果发现受话人未能识解自己的意图，便会反复尝试认知的协调。协调中，由于汉语时间词语一般都会出现在TCU的前部，于是造成该时间词语不断地被重复使用，这种情况下，时间词语显然不是在建立、转换和调整时间框架，而是体现了说话人监控认知状态，以便努力尝试实现认知的协调。

正是通过监控即时的认知状态和协调，使得受话人在话轮推进的过程中实现了会话推导，即通过不断推导说话人的意图，终于在线识解说话人的行为。再如：

(19) 1A：我们＝感觉我们＝**从小**，
2　　嗯嗯念书好像--
3B：　　　　　哎**我们当年那时**有意思啊！
4A：老师那个，
5　　讲＝在课上讲普通话都讲不标准我的妈。
6C：对啊我们**从小学..到初中..到高中**，
7　　都是这样的，
8　　我们老师都不标准。
9A：我们..我们就**高中**那个＝老师..就年轻一点的嘛，
10　她讲普通话讲得标准，

1中说话人A用“从小”建立时间框架，将时间拉回久远的小时候。B对此表示认同，共构时间框架。C也加入进来，使用具有梯级跨度的时间表达“从小学到初中到高中”，虽然是说自己的经历，但显然也是相互在进行现场的认知协调，使时间框架更为具体化，接下来A说到“高中”。

以上分析所呈现的是在会话的即时压力下，序列会赋予时间词语以一定的功能自由度，使其除了发挥最基本的时间框架相关功能之外，还能展现期待回应、辅助建构立场表达以及监控即时认知等互动功能。这些功能需要结合会话序列才能解读，即时间词语的功用是受到互动序列赋值的。总的来说，不管时间词语呈现出何种表现，本质上都体现了说话双方的认知互动：

建立、转换时间框架	认知引领
期待回应	认知等待
辅助建构立场表达	认知呈现
监控即时认知	认知协调

三、语体对时间词语的塑造

本书的第七章和第八章我们重点探讨了在叙事小说语体中，受到时间推进的原则支配，时间词语主要实现的是宏观层面的定位和指量功能，以及微观层面的更新参照时间功能，其调配主要考虑的是时点序列的灵活配置。本章第一节所探讨的灾难新闻报道语体，同样也受到时间推进原则影响，该语体对时间词语的塑造与叙事小说语体相近，基本都是遵循时间推进去布局和调配的。只是由于语体的限制，新闻要求在灾难发生的第一时间进行追踪报道，因此时间线无法充分铺开，彼此衔接紧凑，这就形成了时间词语的形式相对简单，大多是时点时间词和简单的时间结构。当我们把目光投向口语互动语体中，由于该语体并非基于时间推进，而是重视话题推进，于是其中时间词语的调配和使用就完全不像叙事和报道语体那样了。互动语言学将语言结构形式视为可供说话人调用的语言资源，而资源的调配即语言形式的选择是要受到互动原则制约的。下面我们来探讨会话中时间词语形式上的塑造要受到哪些原则的制约。

会话中的参照研究最多的当属人称参照系统。论及参照形式的基本问题最早是 Schegloff(1972)，他强调当人们表达参照时，需要对复杂的言语语境进行分析，涉及：定位分析(location analysis)、成员分析(membership analysis)和话题分析(topic analysis)。定位分析是指在可能的多种方式中选择可供识别的特定表达；成员分析是有关双方的社会地位，包括假定受话人能理解什么；话题分析或称行为分析，是要符合正在实施的行为或活动。Sacks & Schegloff(2007)提出逻辑上的“最小化优选(minimize-optimize)”来解决说话人做参照时的语言生成问题。当说话人做参照的时候，他将寻找的最优解决方案应同时满足两个倾向。一个是最简化(minimality)：说话人应该优先选择有且只有一个参照性单位的格式。另一个是可识别性(recognition)：说话人应该优先选择最容易被受话人识别的参照格式。他们以人称参照为例进行了说明。Levinson(2007)基于跨语言的人称参照对这两个原则提出了修改和延展，主要增加了“行为适应性(fit the expressive means to the action being performed)”和“局域文化限制[local constraints (cultural, institutional)]”，前者指参照表达格式要适应所实施的行为，后者需要观察局域的社会限制。

这些研究有的会顺带谈及时间参照，但都不成系统。可以说，目前学者们仍不清楚时间参照领域所要遵循的原则。Enfield(2013)认为其他参照系统未必会遵循人称参照系统的一些原则。但我们认为它们既然同属于参照系统，就会有一些共性原则需要遵循。Pomerantz(1987)基于英语法庭会话提供了两套描述来一并处理人称、空间和时间参照。一套描述是正式识别和相对识别。前者指的是绝对指称，比如专名，具有脱离语境性；后者则是与聚焦点的相对关系。如在 on the eleventh of March of last year 中，the eleventh of March 是正式识别，而 last year 则是相对识别。另一套描述是确定数目和特征描述。如 at two in the morning 属于前者，early in the morning 则属于后者。从事实表述清楚的角度看，优选的当然是明确数目和正式识别。但相对识别和特征描述同样也是意义建构机制的基础部分,它们提供与所描述之间的关联和理解。可以说,Pomerantz 的研究只是针对时间参照形式本身进行了分析和描述,并未系统论述时间参照的普遍原则。接下来,我们重点分析几个相关的普遍性原则。

(一) 最简化原则

从理论上说,最简化应当是说话人在选择时间参照形式上需要优选的原则之一。但从语料分析来看,这一原则实际上体现并不明显。一方面时间词语形式上有长短差异,从简短的时间名词到较长的关系化时间表达都有,无法确定什么是最简化的表述。另一方面,有的时间参照还同时使用了多种参照单位。根据李向农(2003)对现代汉语时间表述形式的研究,可以简要分类列举如下:

1. 单纯形式。比如“现在、今天、最近、上个月、以后、昨天晚上、当年、今天中午十二点四十、晚上 7 点钟、明天早上 8 点钟”等。

2. 组合形式。分为三种类型:一是前附加组合。比如“这两天、这几天、那一天、那天下午”等。二是后附加组合。比如“本科的时候、盲审的时候、考研的时候、上一届那个老师过来的时候、芜湖有雾霾的时候、夏天的时候、打过电话以后、小方回来以后、吃完饭以后、毕业了之后、十一月末考了试之后、他考到那个学校去之后、回家之前”等。三是嵌套附加组合。比如“从小学到初中到高中、从周二到周日、08(2008)年开始、五点一刻到五点半”等。

此外,口语表达的灵活性和随意性,也产生了不少拼接的形式,比如“我们那一年的时候就是 2017 年的时候、九几年的时候就是我们出生那年代、从十二点多一直看到下午四五点钟就吃晚饭的时候”等等。

从以上列举的这些主要类型来看:一、大部分都是参照时间表达,直指时间的表达较少,它们主要用于准确时间节点的呈现,如“今天中午十二点四十”“明天早上 8 点钟”等等。二、不管是时点还是时段表达,形式上都长短不一,有的还涉及自我修正等话语机制,因而我们无法得知说话人是否优选的就是最简短的时间参照格式。

(二) 可识别性原则

互动中,为了使交际更为顺畅,说话人总要考虑受话人容易识别和理解的表达方式。如:

(20) 227 然后第四个就是 = **晚上**一个卫生这一块,
228 卫生这一块由于今天正好就结束了,
229 然后我们**晚上** = **下班之前** = 把卫生还是按正常的一样平时一样把它搞好搞干净,

227 行说话人切换时间框架回到“今天晚上”,229 行进一步定位到更加明确的时间框架，缩小事件识别范围，增加受话人的可识别度，目的就是引起重视。可以说，可识别性是交互主观性的体现，站在受话人角度去理解，其实目的还是要更好地完成交际任务，这就涉及第三个原则即交际任务驱动原则。

（三）交际任务驱动原则

我们认为，时间词语塑形的一条更为重要的原则是“交际任务驱动”。会话互动中，根据说话人交际任务的不同，其时间词语的选择并不仅仅考虑受话人能否识别，还会考虑是否需要受话人关注和明确该时间信息。当说话人有明确的任务部署以及重要的事情要交代时，就会用到明确甚至是精准的时间词语，这都是为了提高明确程度，提醒受话人关注。而如果说话人只是举例来辅助表达，时间信息不作为主要信息强调，不需要受话人过多关注，这就是降低明确程度。这些都是由交际任务塑形的。比如例(21)中关系化的时间表达从形式上看是定指性的名词短语，具体而明确，但从交际任务的角度来看则是淡化而模糊的表达，即是否为受话人所识别并不重要，只是为了配合任务的需要而说，这样的时间表达和受话人并没有太直接的关系。

(21) 128A：雾霾…北京第一合肥第二。
129B：嗯！
130　合肥合肥的污染--
131A：　我**那一天正好是＝到合肥去的时候**..那..…好脏啊。

关系化的时间表达具体指称哪一天，和当下谈论话题无关，说话人只是让这个信息显得更为具体而有说服力，增强言据性。再如例(22)：

(22) 184Z：…好看吗？
185G：还好，
186　反正就是前三集不要一个人看。
187Z：太无聊了是吧？
188G：不是不是，
189　讲一个鬼村的故事，
190　**那天晚上**吓得我在那啊啊叫，

说话人也不需要指明“那天晚上”究竟是具体的哪天晚上，只需要给出这个时间信息，凸显说话人当时的心理状态。所以说，时间参照的明确程度，需要考虑与交际任务的适切程度。

在时间参照的三个原则中，“最简化”是从说话人的角度出发，要选择最为简洁的方式来实现参照，而“可识别性”则是从受话人的角度考虑，要求选择对方容易识别和理解的时间表达，体现了时间参照同时涉及主观性和交互主观性的特点。但我们觉得更重要的应是“交际任务驱动”，在交际任务驱动下，即使时间词语的所谓模糊性指称(也有先说模糊表达然后修正为明确表达的情况),也可以清楚地显示交际任务的重心所在。再比如下面例子中的“现在”“到时候”“回头”等词语,都体现了时间参照同时涉及主观性和交互主观性。

(23) 我**现在**在追那个《秦时明月》

(24) 我们**回头**私下里再讲一下啊

(25) 在方老师这个班你**到时候**照应一下啊

(26) 146A:他现在不是说…不仅有就是**通过了之后..毕业了之后**..还有可能..再再审吗?

…(1.0)

147 就是说[抽。]

148C: [教育部据说每年都要审,]

149 **我们那一年的时候..就是=2017年的时候..**可能教育部要来审。

150A:要来抽。

151C:因为你这个..是个=硕士点嘛。

152 他说你这个硕士点要合格..所以说要可能要去抽一点论文。

四、小 结

时间推进作为文本推进的基本原则,在不同的语体中受到语体的塑造,会表现出一些差异。我们选取了叙事小说语体和灾难报道语体,呈现它们在时间推进上的同中之异。另外还引入口语互动交际语体的语料来拓展研究视野,虽说口语互动不涉及文本的推进,但是这一语体作为语言的最自然栖息地,其序列的展开、话轮的交接本质上看也是一种推进,这种推进是在时间中铺开的,可以说是随着时间的推进,谈话在不断延续。当然这样的“时间推进”并非参照时间的动态更新,而是话轮和序列的组织。而话轮和序列根本上是围绕着双方的话题而展开的,所以准确地说,口语互动交际语体的基本推进原则是话题推进。可是我们发现,以往互动交际语体中时间参照的研究仍是从时间组织架构上去探讨会话中的时间词语。因此本章以时间词语为切入点,系统探讨了它在互动交际中的功能,并深入对比了其他两类语体,一方面是希望能从语体变化的角度呈现时间推进的差别,另一方面也是想要给时间词语的研究提供更多丰富的视角。应该说,这样的语体比较是非常有益的,它既能考察时间推进模式的变异,也能为同一种语法手段在不同语体中的功能表现和形式塑造研究搭建比较平台,提供广阔的视野。

从这样的集中比较和深入讨论中,我们发现,时间推进模式会在不同语体中发生变化,而且同样是调用时间词语这一语言资源,不同语体对其塑造是符合语体自身特征的。尤其是互动交际这样的开放式语体中,时间词语既是说话人的选择,更是互动的设计。它作为时间参照的外显形式，在会话中除了发挥基本的时间定位和引导作用，还会在互动的时间属性的压力下，用于期待回应、辅助立场表达以及体现即时的认知监控，呈现出主观性和交互主观性。时间词语的形式选择同样受到互动原则的塑造。因此，相对于书面语篇章对时间推进的重视和依赖而言，口语的时间参照更显自由和灵动。说话人并不是非常在意事件的定位，而是更在意将其作为话题或进行评论，于是时间框架自然围绕着这些核心而设计。此外，本章系统呈现出时间词语在会话互动中的功能表现和形式塑造，阐明要理解时间参照，就必须考虑互动序列和话轮设计。这种思路对于汉语研究而言，是值得关注的。

4 第四部分

时间推进与类型特征

时间推进是篇章发展的基本原则，但其所能调用的语法手段显然受到语言类型的制约。在语言对比视域下，参照时间的时制取向与篇章取向的关系可以得到更深入地考察。另外，语法手段的篇章功能也受制于所在的语言类型特征。

第十三章　汉英的“时”范畴与时间推进配置

虽然时间推进是篇章推进的基本原则，但不同的语言系统，由于它所调用的语言资源不同，在时间推进上必然会导致某些差别。同时这样的资源调配也会导致语法成分的功能差别。第四大部分就基于语言对比，从语言类型特征出发，比较汉英时间推进的不同，并探讨某些语法成分的篇章功能差异，这种语言对比视域，有助于深化我们对时间推进及相关成分的功能认识。下面我们先来看看英语和汉语类型特征的差别与时间推进的关联。

一、语言的“时”范畴

众所周知，所有语言都要表达有关时间的概念，但是对于语言中是否有以及是否突显[①]“时”范畴，各家却众说不一。Comrie(1985)认为“时”是将所指称的情景的时间与某个其他时间——通常是言语时间——相联系。陈平(1988)认为，“时”一般指的是情景的发生时间、说话时间和时轴上的另外一个时间(参照时间)三者在时轴上的相互关系。可以说，学界一般都认为“时”是一个语法范畴。世界上的语言据此分为有时制语言和无时制语言，英语属于前者，汉语属于后者。“时”作为基本的语言学范畴，常常与其他范畴如“体”范畴、“情态”范畴密切相关。于是在实际的语言分析中学者们常常困惑于“时体”问题的纠缠不清。Bhat(1999)认为，不同语言对时、体和情态的特性有着不同的突显选择，于是提出时-体-情态的突显理论(theory of prominence)。按照该理论，英语是时范畴突显的语言，而汉语是体范畴突显的语言。其他语言中需要“时”表达的时间概念，在汉语里可以在体范畴内加以解决(尚新 2007：65)。

从本质上看，“时”所反映的时间定位关系对于语言来说无疑是至关重要的。语言中的时间定位有不同的层面，就一个事件表征而言，它发生在具体时间中，于是涉及该事件与定位时间(说话时间或参照时间)的关系，“时”范畴即与此相关。但事件之间总是关联的，当人们需要表达事件之间的时间关系时，就可能以其中某一事件为定位时间，而形成时间运动。篇章中的时间推进正是如此。可见，“时”与时间推进都是关注事件汇入时间流，如果关注单个事件，就会注意到它进入时间流

---

① 本章中的部分叙述引自尚新(2007)一文，为尊重先贤，保留原文中的“突显”一词，其他都统一为“凸显”。

的位置，即在时轴上的时间定位。如果关注多个事件，则尤为重视事件的时间关系。因此，虽然一个事件的时间定位和事件之间的时间关系聚焦的是不同的时间属性，但不可否认，就语言的时间一维性而言，二者都是在时轴上进行的时间运算，本质上是相通的。

理论上说，有"时"范畴或"时"范畴突显的英语，"时"标记的存在应该更有助于厘清事件间的时间关系。但是本书第二部分的研究表明，没有"时"或"时"范畴不突显的汉语，篇章层面上事件间的时间关系也没有问题。这就引发我们的兴趣，"时"范畴和篇章时间推进究竟有怎样的关系？篇章时间推进是人类篇章组织的基本原则，而"时"范畴却显出语言的个性，因而这个问题又上升到语言的共性和个性的理解。

二、英语的"时"范畴及其篇章模式

（一）句子的时制及其篇章解读模式

一般认为，英语有两个基本时制，即过去和现在。时制是主句中的强制性成分。英语也有复杂的时制，如完成时(John has arrived)和包孕将来时(John would leave soon)。就时间定位来说，英语中独立句子的时制是直指的，即定位于说话时间。时制定位情状是通过默认两个时间(情状时间和说话时间)来实现，现在时、过去时和将来时的区分，就是情状时间共时于、前于或后于说话时间。在英语的复杂句中，定位可能不是说话时间，而是其以外的时间。时制还传递第三个时间，即"参照时间"。从而形成复杂的时制关系。

时制的句法域是整个句子，有形态时制的语言如英语中，每个句子中都有一些形式表现时制。然而，时制的解读需要语境的信息。Smith(2003)指出，依据段落的篇章模式的不同，时制会有不同的解读。她区分五种篇章模式(叙述、描写、报道、资讯和议论)，认为英语中时制主要有三种篇章解读模式：继续、照应和直指。叙述具有时制解读的继续模式。描写模式中，有一个完整的照应模式：时间是静态的，和前文的参照时间相同。在另外的一些篇章模式如报道、议论和资讯中，时制通常是直指的。直指时制是指向说话时间，这是一种默认模式。下面我们主要来看与时间推进有关的两种模式(也见绪论)。

叙述文是动态推进的。第一句话之后，叙述的事件和状态就与前面事件和文本时间建立了关联，而不是和说话时间有关。每个句子的事件和状态都在下面标上 E 和 S。叙述时间随着完整体事件的句子来推进。

(1) $\mathbf{1}_{E1}$→She put on her apron, $_{E2}$→took a lump of clay from the bin and $_{E3}$→ weighed off enough for a small vase. $\mathbf{2}_{S1}$ The clay was wet. **3** Frowning, $_{E4}$→she cut the lump in half with a cheese-wire to check for

air bubbles, $_{E5}$ → then slammed the pieces together much harder than usual. **4**$_{E6}$ → A fleck of clay spun off and $_{E7}$ → hit her forehead, just above her right eye. (Peter Robinson *A Necessary End*)

...t1... t2... t3... 4... t5... t6... t7... <ST

E1 E2 E3 E4 E5 E6 E7

S1

所有情状在时间上都定位在说话时间之前，这是叙述的惯例。而且可以看出时制传递的信息是简单继续的。"过去时制"得不到直指的解释：如果是直指，那么事件应该都与说话时间有关，而不是彼此相关。时制的连续性功能在叙述文中出现在现在、将来以及过去，所以是普遍的。

时制继续解读可以用叙述文的两个普遍原则来表达。随着叙述的推进，建立了一系列不同的参照时间。在表达有界事件的句子中，参照时间推进了。在状态和进行事件的句子中，时间就是前文已经建立的参照时间。这是一种照应性解读，在叙述模式中限于某些类型的情状。

a 继续模式：有界事件

E_1... E_2... E_3...

$RT_1 < SpT$ $RT_2 > RT_1$ $RT_3 > RT_2$

b 有限照应模式：状态、进行

E_3... S_1...

RT_3 $RT_4 = RT_3$

另外，时制定位和体是互动的，这会排除将有界事件定位在现在，即说话时间。这取决于有界事件的语用限制：它们并不能定位在说话时间。现在的事件一定是作为进行而呈现，"Mary is drawing a circle"，或者作为包含一个普遍状态而存在，如"Tom often feeds the cat"，这便是有界事件限制。采用现在时的时间视角，说话人默认为交流就是瞬间的。现在时的视角与有界事件是不一致的，因为界限将超出这个视角。因为这个限制，所有的简单句现在时制都表达无界的情状。

(二) 篇章中的时制切换

过去时虽是叙述的基本时制，但也常发生时制切换(tense shift)。Bohnemeyer (2003)指出，时制和时间连接词(after/before)作为事件顺序联系项(relators)，或者称为事件顺序算子(operators)，可以为叙述结构引进显性的时间线。如：

(2) The week **after** the moon landing the BBC **had broadcast** a special *Tomorrow's World* show dedicated to the intergrated circuit electronics which **had made** the Apollo missions possible ... Hamish McCready took the audience on a tour of Cape Canaveral, showed them the enormous

> mainframe and the new mini-computers ... similar to the ones that Joel **would begin** to work with **now** that he was a post-graduate.

took 和 showed 表明绝对时，had broadcast、had made 和 would begin 则表明相对时。After 和 now 则起参照点的作用，每个事件顺序算子编码事件的关系，从而使事件顺序的表征独立于线性顺序。正是这些算子的使用，使叙述结构具有明确的、可视的时间线，结构也因此可以变得复杂。

Wolfson(1979)指出，历史现在时(historical-present tense, HP)是指使用现在时来指称过去事件，它和过去时 P 都是篇章特征，叙述中这两个时制的选择能从说话人视角来建构经验以及将事件戏剧化。时制切换的方向是无关的：无论是 HP－P 还是 P－HP，都是将故事进行时间组织，并集中于事件之上。Schiffrin(1981)利用 73 篇英语叙事，来探讨 HP－P 的限制以及 HP 的篇章功能。他指出，传统上认为 HP 用来增强故事的戏剧性，使读者觉得好像这个故事正在实际的经验时间呈现。但他发现 HP 从不出现在外部评估句、抽象和结局的句子中(Labov 1972)。在涉及行为的句子中，动词有 30%处于 HP 中。而且这些句子中最典型的情形是，开始是过去时动词，几个小句之后转为 HP，或少数几次的互转，最后以过去时动词结尾。另外还有一个倾向：同一时制中的动词会聚集在一起。可能是因为维持一种时制能将事件置于同一个场景或情节内。相比而言，HP 和 P 之间迅速地交替并不典型，极端的情况是整个叙述都是用同一种时制。这种情况很少全用 HP。于是学者们认为时制切换是叙述中的一种戏剧化装置。

Fleischman(1990)也提到时制转换用于叙述的信息阻塞(information blocking)。时制可以用于控制叙述的速度等，在适当的事件上加速或减速。叙事现在时的效果是加速叙述，特别是当出现现在时动词组的时候。比如达成情状制造了加速效果。

综上所述，英语中“时”是句法层面的范畴，在句子层面，“时”的解读依赖于事件的时间定位。但“时”会扩展到篇章层面，形成不同的时制解读模式，从而影响篇章模式。而篇章层面，“时”的解读主要依赖于时间关系，即未必需要每个事件都做绝对的时间定位，只需要相对的时间先后关系。因此，英语的“时”是句法强制，篇章拓展的，它能参与篇章时间结构的建构，时制的切换还会给时间推进带来逼真的效果。

三、汉语的“时”范畴及其篇章属性

(一) 汉语有无时制的争论

关于汉语的时制问题，一直存有争议。绝大多数学者认为汉语没有时制(高名凯 1986；王力 1985；石毓智 1992；戴耀晶 1997；尚新 2007 等)。陈平(1988)、龚千炎(1995)等学者从三个时间的关系角度界定了汉语的抽象时制系统。张秀(1957)、张济卿(1998)、左思民(1997)、金立鑫(1998)、李铁根(1999)、陈立民(2002)等则认为汉语中时制和体是混合的，即“了、着、过”既是体标记也是时制标记。近年来不少学者也都有相关讨论，如 Lin(2003/2006)、顾阳(2007)、Tsai(2008)等，他们通过演绎论证汉语句子有时制中心语。我们认为，汉语从语法范畴角度看的确并未语法化出“时”范畴，但本书基于汉语篇章时间推进的研究表明，英语“时”范畴所表达的事件时间定位和事件之间的时间关系解读，在汉语中都是篇章取向的。因而汉语的“时”根本上属于篇章语用层面。

(二) 汉语“时”的篇章属性

黄敏(2006)将汉语“时”范畴视为篇章的范畴。她从三个平面的角度具体分析了汉语“时”在句法、语义和语用方面的表达形式。她认为汉语的“时”范畴必须在动态的篇章中讨论，一个个孤立的句子中往往难以确切地判断事件的时间位置，因此汉语的“时”具有语境和篇章的依赖性。据此她进一步探讨了“时”的篇章结构功能、篇章连贯功能以及篇章表达功能。虽然，正如她自己所说，这样对“时”范畴的处理有些“极端”，但我们认为至少这样的处理有助于深化汉语“时”的研究，也有利于从一个更广的视野俯瞰汉语的相关语法形式的篇章功能。Wu(2009)也同样扩展了对时制的理解，认为时制表示普遍的时间定位角度，每种语言都有时制。汉语中时制是篇章的特征，要明确汉语中的时间定位，需要考虑的是整个篇章。

Wu(2009)的证据是汉语和英语中一个活动情状上所施加终结点的可及性(accessibility)。英语中时制在句子层面就能给活动情状施加终结点。而汉语中，表达时制的词汇形式如过去时间词语无法给活动增加终结点，只有通过篇章的叙述关系才能实现。汉语中活动情状在过去时中既可以表现出顺序解读，比如例(3)中 c—e 的时间先后关系，也可以表现出共时解读，如(4)中 a 与 b—e 在时间上是覆盖的。这主要是依赖于篇章的修辞关系，叙述关系给活动情状施加了终结点。但是时间背景关系则不能施加终结点。

(3) a 明明**昨天**很乖
b 他一下课回家
c 就乖乖<u>写功课</u>
d <u>整理房间</u>
e 然后<u>吃饭</u>
f 一点都不用我担心

(4) a **昨天早上**我们全家一起<u>打扫房子</u>
b 妈妈不知道为什么想起咖喱没有买
c 连忙丢下扫把跑去超市
d 弟弟接到同学的电话

e 也出去了
f 结果我和爸爸忙了一整个早上
g 累死我了

但是英语中过去时中活动情状只能按顺序呈现，而不能像汉语这样产生共时解读(Smith1999)。例(4)的英语对应为例(5)：

(5) a My whole family **cleaned** the house **yesterday morning.**
b Somehow, Mom recalled that she forgot to buy curry.
c She dropped her broom in a hurry and ran to the supermarket.
d My brother received a call from his classmate and went out too.
e It turned out that Dad and I were busy for the whole morning.
f It was exhausting!

我们认同 Wu 关于汉语时制要依靠篇章建立才能发挥作用的观点，但认为并非要用修辞关系来解释这种篇章属性。Wu 的论证存在两个问题：一是用汉语时间词语来简单对应英语的时制标记；二是未充分考虑参照时间规则。首先，英语中也有时间词语，同样也是作用于时轴上的时间定位，在系统内并不和时制排斥，而是各有分工。终结点是由时制施加的而非由时间词语施加。因此简单地将汉语的时间词语对应于英语的时制，当然不能施加终结点。其次，汉语过去时中活动情状的两种时间关系，在我们看来仍然可以是一种。例(3)的时间顺序解读如下：c 中时间连接词“就”强调了“下课回家”发生在“写功课”之前，而且从参照时间规则看，活动情状“写功课”是以“到家”的结果状态为参照时间并发生在其中的。d 中活动情状“整理房间”之所以时间上发生在 c 之后，是因为从常识来看，“写功课”需要主体专注并思考，会占用一定的时间，虽然是活动情状，但是它是指向结果的，所以从参照时间规则来看，“写功课”的结果状态就能为“整理房间”提供参照。e 中活动情状“吃饭”之所以发生在之后，是受到时间连接词“然后”的制约。

再来看过去时中活动情状的共时解读。我们认为例(4)中未必就是共时覆盖解读，完全可以理解为时间推进，具体识解为：活动情状提供的是相对于前文的时间推进起点，并在时轴上持续。由于活动情状可以有下位阶段理解，比如“打扫房子”可以分解为很多下位事件，扫地、拖地、擦家具等等，尽管可以多人合作，但也是有大致的先后顺序的。只要能产生这些下位阶段及结果状态的解读，就可能为后续事件提供参照时间。所以从参照时间规则的角度完全可以解读为时间推进，而未必要按照修辞关系解读为时间背景关系。再如我们语料中的例(6)：

(6) 一九五六年吧，我三十来岁，已经是三个孩子的妈妈了。上头的两个是儿子，一个九岁，一个六岁。老小是个丫头，三岁，还得抱在怀里。

那年初夏的一个日子，我在河源老家**正**喂猪呢，乡邮递员送来一封信，是俺男人老潘写来的，说是组织上给了笔安家费，林业工人可以带家属了。他让我把家里的东西处理一下，带着孩子投奔他去。

例(6)中时间词语"那年初夏的一个日子"提供了一个新的参照时间，将事件在时轴上做了具体定位，并通过活动情状明确叙述时间"喂猪的时候"。由于该活动情状可以提供下位阶段及结果状态的解读，就能为后续提供可能的参照时间点，后续事件"送来一封信"正是发生在该活动情状的下位阶段结果状态之后。如果去掉其中的"正"也是一样：

(7) 那年初夏的一个日子，我在河源老家喂猪，乡邮递员送来一封信……

因此按照这一思路，英语中过去时和完整体有类似的功能，都能给活动事件界定或施加一个终结点。而汉语中没有时制的语法形式，过去时间词语本身并不能提供终结点，需要借助活动情状的下位阶段解读或者时间连接词，抑或补语、体标记等其他手段提供终结点。

以上，我们依据参照时间规则的解读指出 Wu 论证中的一些问题，这些问题的分析并不影响汉语"时"范畴作为篇章属性这一观点。因为汉语的时间定位更加依赖于篇章中所建立和更新的参照时间，依赖于日常的语用解读。

那么认识到汉语时制的篇章属性对于我们理解汉语的时间推进有何价值呢？本章认为，没有时制的语法形式，汉语时间推进系统中凸显的就是体的有界性。第五章和第六章都已论述，补语和体标记在有界性方面发挥了重要作用。下面我们再从二者在系统中的互动来看汉语时间推进的特征。

四、两种速度配置：汉语的补语和体标记[①]

汉语无法调配时制的语法形式，因而时间推进从形式上看，更多依赖于动词上的补语和体标记，这两个因素在汉语中是比较凸显的。就二者的互动而言，以往学界研究的一个主要切入点就是体标记"了"的隐现问题。一般认为，类型学上看汉语的体标记并非强制使用范畴(吴福祥 2005)。因而受到篇章或其他成分的影响会比较大。体标记"了"的隐现也受制于补语。Li & Thompson(1981)认为完成类词语会取代"了"，比如"我把手表放在抽屉里"。李兴亚(1989)归纳了影响"了"自由隐现的因素，其中就涉及动词后面有结果意义的补语。沈家煊(1995)指出，动结式和动趋式也都含有完结的意思，跟"动+了"一样有一个内在的自然终止点，因而表示有界动作。朱庆祥(2014)则进一步从序列事件句(sequential event)角度，研究"了"的隐现与补语的关系。研究发现，在序列事件完整体小句中，如果可以出现在"了"前的补语类型出现了，小句倾向于不出现体标记"了"，这是优先考虑的条件；如果只能位于"了"后的补语出现了，小句倾向于要带体标记"了"。但朱庆祥也

① 本节只讨论体标记"了"，这也是学界从有界性的角度经常提及的对比。

指出“了”和补语还是有区别的，“了”会增强现实性，使动作的自然终止点变为实际终止点。

应该说，以上研究视角的确加深了人们对补语和体标记二者相关性的认识。本章的关注点不再是二者在有界性上的互补影响，而是从篇章时间推进的系统要求来看，除了事件的时间定位关系，还有时间推进的速度问题。本章第二节说过在有时制的语言中，时制可以调节推进的节奏，那么在无时制的汉语中，推进的速度或者节奏是如何把控的呢？我们发现，体标记和补语可能是时间推进的两种不同速度档位。下面我们就尝试从这个新的角度切入，提供一些思考。

篇章是需要控制好推进节奏的，既不能像流水账，也不能太过于紧张，要让读者的心弦跟着作者的节奏走，就要合理地利用好各种手段。从理论上说，时间推进所能调用的语法手段对推进速度是有影响的：由于时间词语直接更新参照时间，而且篇章中时间词语的使用还涉及宏观时间区间的界定，建构叙事的时点序列，当然它也会涉及微观时间框架的切换，因而在时轴上推进的跨度相对是最大的，即时间词语能大跨度地推进叙事进展。相比而言，体标记和补语都直接作用于情状，但第九章论及体标记“了”会实现跨层联动，作用于更大的宏观和中观层面，因而从这一点上看，体标记的推进跨度应该是比补语大的，文本的推进节奏也快一些。尤其是在微观层面，体标记“了”会增加事件的相对独立性，特别是其连用，加强一系列事件间的关联，呈现出有一定跨度的时间推进。而补语在事件结构上是直接作用于动词事件上的，关注事件的过程和结果，因而对于事件间的时间推进而言，跨度最小，即推进节奏慢。如果借用汽车手动挡来比喻的话，动词的动态性相当于点火启动汽车引擎，给汽车提供了最基础的动力支持。补语相当于挂入起步挡（一挡），汽车开始行驶，叙述时间开始往前推进。体标记“了”的作用相当于挂入行车挡（二挡）或加速挡（三挡），汽车从这个挡位开始可以配合油门进行加速，提高到一定速度。即时间推进可以做一些更大跨度的加速了。而时间词语则相当于给汽车挂入中高速行驶挡（四挡）或高速挡（五挡），从而与高速行驶模式相匹配。在这个挡位上，时间推进可以实现大跨度的加速。换一种说法，对于处于推进关系的两个事件而言：

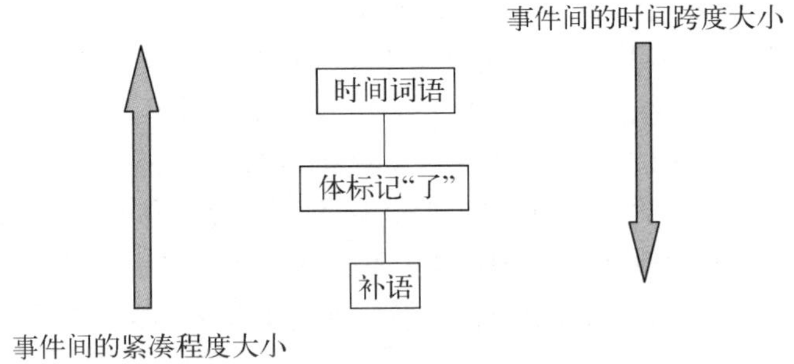

图 13.1 语言成分与时间推进的速度调控

从时间关系上看，两个事件如果衔接紧凑，也反映它们在时轴上比较靠近，前后相继；而如果事件相对独立表述，则与加速推进相匹配。其实一些学者对于"了"与事件紧凑程度已经有所关注，如黄敏（2006：204）谈及"了"强调动作的结果，标记单个事件的有界。在事件系列句中，当说话人认为其中一个事件与后面的事件的联系不太紧密，可单独成一个小单元或突出强调其结果性时，往往会在此子句后用"了"，甚至会在每个子句后用"了"。如：

(8) 陆武桥当着他们的面关掉了自己的BP机，关掉了电话，关上了房门，打开了激光音响，室内的一切漂浮在轻柔的音乐声中。（池莉《你以为你是谁》）

(9) 余宏到了办公室，找到了小时候的那位老师，把要谈的事情和老师谈完了，告辞出来。（张昊《情幻》）

如果要强调事件系列的整体性，句子应该分别为：

(10) 陆武桥当着他们的面关掉自己的BP机，关掉电话，关上房门，打开激光音响，室内的一切漂浮在轻柔的音乐声中。

(11) 余宏到办公室，找到小时候的那位老师，把要谈的事情和老师谈完，告辞出来。

于是在我们看来，这种去掉"了"对事件整体性的强化，会造成推进节奏紧张（事件衔接紧凑），即强调事件在时轴上的主观近距感。从篇章时间推进的跨度来看，主观上缩小了跨度。

另外，学界普遍认为"了"有煞句功能，其实质在于切断该句表意，后文未必和该句衔接。作者要凸显动作行为的一体性，一气呵成则不用"了"；若凸显每个动作本身则使用"了"。屈承熹（2006）也指出"了"用于高峰或序列事件的最后一个小句中。

(12) 一阵急促的报警声把林进惊醒。他睁开惺忪的睡眼，急速穿好衣服，走进工作室，一按电钮，荧屏上闪现出值班员张小兰的身影。年轻的姑娘神态异常……（刘肇贵《β这个谜》）

(13) 华老栓忽然坐起身，擦着火柴，点上遍身油腻的灯盏，茶馆的两间屋子里便弥漫了青白的光。（鲁迅《药》）

黄敏（2006：207）对此的解释是："了"有为叙事煞尾的作用，一旦出现"了"，叙事就要作一个（短暂的）终结，因此叙事的连贯性限制了"了"的出现，"了"为具有独立性的叙事结尾。在本章看来，煞尾功能其实就是制造事件间的时间间隔，即拉大时间跨度。下面我们来比较一下：

(14) 可沉重的石头压得它掉进了井里，淹死了。（《狼和七只小羊的故事》）

从客观时间上看，事件A“掉井”和事件B“淹死”的时间间隔是有的，但采用语法手段的区别会产生语言时间感知的不同。如果例(14)没有“了”，事件间显得更加紧凑，可以整合为连动结构“掉进井里淹死了”。但用“了”之后，增强了事件A的成句独立性，主观上增强了事件的独立性，也就无形中拉开了时间间隔。因此我们认为，用不用“了”与叙事的局域节奏可能有关，当作者要凸显整体的一气呵成时则不用，要凸显每个事件的相对独立性或体现时间跨度则用。当然，本节也只是提供这样一个初步的想法，有待另文详述。

五、小　结

本章在语言比较的视域下，聚焦于不同语言的“时”范畴，探讨“时”范畴与篇章时间推进的关系，并以此为观测点，为汉语时间推进的配置提供另一种思考。研究发现，“时”范畴本质上与篇章时间推进是相通的，二者都涉及事件的时间定位关系。英语中二者的相关性更加明显，“时”范畴是句法层面的，但可以拓展至篇章，形成时制的不同解读模式，影响时间推进，而且时制还能保持时间描述的一致性，如果发生了时制切换一定是有其他语用目的。汉语中“时”范畴则属于篇章层面，事件的时间定位和事件间的时间关系都要依赖于篇章语用。具体来说，主要依赖于体的有界性。因而补语和体标记这两个因素在汉语中更为凸显，我们从时间推进的速度调控角度对二者做了新的解读，这有助于更深入理解汉语的时间推进系统配置。同时，本章的研究也是在一个更高的层面讨论英汉两种语言中时和体的争论。

其实Comrie(1985)曾指出，“时是时间中位置的语法化”只是一种原型界定。“时的意义的调查通过研究其在篇章中的用法能最好地触及”。Binnick(1991)也认为，“许多当前的研究都认为，时是篇章现象，不是孤立的句子的现象”。Kamp & Rohrer(1983)同样指出，“时的显著性主要就在于在它们所出现的句子和话语或文本中前后的句子之间建立的时间关系”。这些观点都表明，“时”需要从篇章层面展开深度研究。

现代语言学尤其强调系统中的对立。一方面，从系统角度考虑，不同语言中，篇章时间推进系统所调用的资源存在差异，这与“时”范畴是有关系的。另一方面，时间推进系统中的每个成员，其价值除了看其自身，还要看系统内的其他成员。因此即使是调用某一类资源，由于系统配置的差异，在不同语言中，同一类资源的价值自然就会不同。这有待进一步的专题研究。

第十四章　时间推进与汉语句末“了”的时体属性

第十三章我们从“时”范畴的属性角度分析了汉语和英语的差别，以及这种属性差别对时间推进配置的影响。其中就涉及不同语言的资源调用以及该资源在系统中的定位问题。汉语中的句末“了”作为一个重要的时体资源，一直是个热点和难点问题。第十一章中，我们是从“注视点转向”这样一个给时间推进增加变化的维度对句末“了”的篇章功能做了分析，得到了一些不同于以往的认识。本章我们将再次聚焦到句末“了”，回归时间推进本身，基于语言对比，对汉语句末“了”的时体属性做深入的探讨，希望能深化汉语的时体研究。

一、完成体的定位

汉语的句末“了”一般被视为完成体(perfect，或译为已然体)(Li，Thompson & Thompson 1982；吴福祥 1998；望月圭子 2000；陈前瑞 2008；金立鑫/邵菁 2010等)。尽管跨语言看完成体异常复杂，但它有两个基本的语义要求：情状发生在参照时间之前；情状具备现时相关性(Comrie 1976；Binnick 1991；Bybee，Perkins & Pagliuca 1994)。对于完成体的篇章表现，有一个特征很少被关注——逆顺序性(counter-sequentiality，Givon 2001：293)，即完成体用于编码那些脱离时间序列的事件。陈前瑞(2008：196)引述了类型学界的普遍看法“完成体不能用来叙述特定的、前景化的序列事件，这是它与完整体的区别”。近些年来，关注完成体功能变异的学者发现，完成体也可以用于叙事的时间推进部分。

Schwenter(1994)详细论述了完成体的“报道新情况(report hot news)”功能，认为它不同于一般完成体(结果性、经历性、持续性等)，具有独立地位和特殊表现，这一用法与完整体的用法比较接近：它不仅能报道前景事件，而且还能连用以用来叙述一系列的新事件。如例(1)中B所述的一系列离散事件以时间顺序呈现，这样的顺序更典型是用完整体或一般过去时标记的：

(1) J：Does anyone know if Clinton's here yet?

B：Yes，they've just pulled up out front；they've brought him up to the plaza；now I think they've put him up on stage.

Ritz & Engel(2008)和Ritz(2010)分别基于不同类型的语料库(口头叙述和警察报道)，观察澳洲英语的现在完成体不同于标准英语的地方，发现澳洲英语的现在完成体可以用于时间推进(例子见后文)。

这些研究不断向学界传递着信号,即世界语言范围内的完成体是非常复杂的也是不稳定的,研究其功能变异有助于厘清时体演变的关键环节。这启发我们思考,既然汉语学界都认可句末“了”的完成体属性,那么其在逆顺序性上有着怎样的表现呢?分析比较这些异同有助于人们更好理解汉语在时体方面的类型学特征。而目前来看,汉语的相关研究并未对此问题给予足够的重视。下面我们从时间推进的角度观察句末“了”的分布和使用。

二、时间推进与句末“了”的篇章分布

在语料的处理上,本章依据位置来鉴定句末“了”。正如第十一章所说,因为我们是从篇章角度切入进行研究的,重视的是句末“了”的篇章分布信息。所以从形式入手可能更加适合,也具有操作性。根据观察到的位置分布不同而呈现的篇章功能差异,去归纳反思篇章研究与句法研究的协调,追求与意义功能的互证。而且,现有主张“了”是完成体的文献,也主要是从位置上判定的。

语料的 7 644 个小句中,共收集到句末“了”615 例[①]。其中 307 例“了”是出现在时间推进小句中,这个比例说明有一半的“了”用于时间推进。首先来看出现在时间推进小句中的例子:

(2) 车停**了**,弟弟气喘吁吁地追上来**了**。

(3) 她将雨伞竖在门后,脱下身上的黑色羊绒大衣对着门外抖了几下,然后,顺手把门关上**了**。

(4) 三人上了火车正在寻找铺位,一个小偷就盯上了傻根,手刚伸向他的帆布包,就被王薄一把捉住**了**。

(5) 老 Q 率先朝拖拉机走去,其余三个人也沮丧地离开**了**。

以上带句末“了”的画线小句相对前文而言都更新了参照时间,推进了叙述时间。再来看非时间推进的用例:

(6) 按理说我生过仨孩子**了**,不该怕**了**,可是胎儿太大**了**,疼得我满炕打滚,就是生不下来。

(7) 小时候我不爱吃茨菰,但茨菰烧肉我爱吃,现在人到中年,我不吃茨菰,茨菰烧肉也不吃**了**。

(8) 我突然发现,仿佛就在适才的一瞬间里,她的脸变得像冰一样透明**了**。

(9) 葬仪正式开始的时候,萧就紧跟在那些乐师的后面。他还没有完全从睡

① 暂时排除“他听了倒是一震”“扔进去了我姐姐又不放心”等简缩句中的情况,并不影响整体结论。

眠中醒来。月光被疾速移动的乌云遮住了,他的脚步有些蹒跚。

例(6)—例(9)中的画线小句不处于前后文的时轴定位中,描述的只是故事的背景信息。从以上的语料统计可以看到,汉语句末"了"的确能用于时间推进。问题也就来了,如果认为汉语句末"了"是完成体,那么如何理解类型学上界定的完成体的"逆顺序性"表现?这对于理解汉语的时体特征有何意义?

三、完成体的功能类型变异

(一)"事态出现变化"并非"报道新情况"

我们注意到,汉语学界一般都认可句末"了"表示"事态出现新变化"(吕叔湘1999)。这是否就是类型学上所说的"报道新情况"呢?因为如果是的话,汉语完成体就具有共性的功能,具有这样功能的完成体可以推进时间。下面我们从两个方面来看:

首先我们来看吕叔湘(1999)所举的部分例句:

(10) VO 了:刮风了

(11) V 了:这道题我会做了

(12) A 了:这双鞋太小了

(13) N 了:春天了

(14) NCL 了:已经一百个了

这些例子"主要肯定事态出现了变化或即将出现变化"。它关注的是所述情状(包括事件和状态)自身发生的变化:"天气"从"没刮风"到"刮风",我从"不会做这道题"到"会做","这双鞋"从"不小"到"小",季节从"不是春天"到"春天",某客体从"不够一百个"到"达到/超过一百个"等。从语用功能上说,是说话人提醒对方注意情状的变化(吕文华1992;武果、吕文华1998等)。可以说,句末"了"关注的是当前的某种(结果)状态,而我们认为这正是与完成体"报道新情况"用法最关键的区别。

据Schwenter(1994),完成体的"报道新情况"功能最早由McCawley(1971)提出,例(15)、例(16)是典型的"报道新情况"用法:

(15) The train station has burned to the ground.

(16) Tuition has just gone up again.

这两个例子中的完成体是描述最近的过去情状,说话人认为该情状在说话时刻是重要的,而且被假定为是对方第一次知道的,这便是"报道新情况"的特征。Schwenter认为完成体的"报道新情况"功能注重的是聚焦于事件本身,强调的只是过去行为而非结果状态。但其他的完成体用法聚焦于和说话时间的关系,强调过去行为在当前的某种结果。"报道新情况"则强调事件只是基于即时性(immediacy)和感知重要性(perceived significance)而被判为和当前有关,这种判断最重要的是基于说话人对事件的最新性和信息值的识解建构。因此完成体的报道新情况用法不是强调情状本身的变化,而是强调该情状是重要的。这和汉语学界的"情状变化"说是不同的。当然,因为所描述情状自身的特征,它和说话时刻仍然有着某种关联,但这种关联不同于其他完成体功能所蕴含的那样——聚焦于过去情状所带来的现在状态。

其次,Schwenter(1994: 1011)指出,现代英语中报道新情况的完成体用法出现在媒体语域(电视、报纸)中很典型,日常会话中很难找到。但王洪君、李榕、乐耀(2009: 317 - 321)却发现,单纯对话中句末"了"的出现频率最高,报纸上出现的频率反而最低。

因此从聚焦情况和使用语域来看,我们认为,汉语学界对句末"了"表示"事态出现变化"的解读,并不等同于类型学上"报道新情况"完成体的相关特征。除了以上的区别,我们发现句末"了"的篇章表现和报道新情况的完成体的篇章表现还是有较大差异的,以下三条是 Schwenter(1994)所提到的(参看陈前瑞 2008: 198 - 199):

1. 一般是孤立的报道,以便在篇章中引入一个新的话题。因为消息本质是新的,所以报道新情况用法的孤立性与完整体功能的前景性有些相似,它使过去情状处于显要地位。

2. 所呈现的信息是第一次传递给其他人,而完成体的其他用法所传递的信息一般是旧的但与当前相关,或者是提醒听话人过去的情状仍然相关。

3. 一般的完成体用法在叙述篇章中都是扮演背景的角色,而报道新情况的完成体不仅能报道前景事件,而且还能连用以叙述一系列的新事件。但由于真实世界中,新的热点事件通常不会一个接着一个出现构成行为序列,所以完成体的这种属性很少被使用。

对比这三条,我们发现汉语句末"了":首先,在篇章中未必要引入一个新话题,尤其是第一次传递的信息。相反,按照吕文华、武果等人所认为的语用上句末"了"用于提醒,倒是很有可能拿旧信息来作为提醒。其次,句末"了"和周围语境有关,并不孤立。最后,汉语不需要连用句末"了",也可以推进叙述时间。综合本节的分析,我们认为汉语句末"了"并不像英语"报道新情况"的完成体。

(二) 澳洲英语的现在完成体(Present Perfect, PP)

我们注意到,近年来关于英语变体的研究成果显示出一些有意思的现象。Ritz & Engel(2008)基于脱口秀口语叙述语料,发现澳洲英语的 PP 所使用的语境,在其他英语变体中倾向于使用一般过去时(SP)。一系列 PP 小句可以表达时间推进,与特定的指示过去的时间状语共现,从而产生逼真的叙述效果,将听者定位于虚拟现在。在 86 个口头叙述中，总共有 60 例 PP 小句连用来展现时间推进，其中 43 例是没有显性标记的，如例(17)。17 例使用标记的情况中 then 用得最多(14 例)，如例(18)。标准英语中 then 指示独立于说话时刻的某个时间，因此一般不可能与现在完成体共现，但在澳洲英语中却可以共现，then 出现在句首或中间。根据 Thompson(1999)，这些位置的 then 表示时间推进。

(17) … he decided that he was going to install a sensor light for the garage … So he's installed this sensor light … so he's put it in and then he[? 's] spent the next three nights trying to beat his own sensor light, tiptoeing around …, he's tiptoeing around, running one way … (Triple J radio Sydney, 2.3.00)

(18) "And **then** he's taken him up into his arms, he's rocked it and held it like it was his own child and **then** taken him off to the ambulance," Mr. Fitzgerald said.

此外，这类 PP 所搭配的 VP 主要是活动和完结，它们具有持续性和动态过程性。PP 标记对过去情状的回望，读者或听者被置于情状之中，但同时也为后续事件提供了该时间之后的定位，于是篇章中报道的事件就有了紧密关联，尤其是使用终结动词时事件就会快速发展。作者认为这一变异可能与非正规文体有关。

Ritz(2010)则进一步依据网络的警察媒体报道，发现澳洲英语中 PP 小句处于明显的指向过去的片段中；一系列 PP 句表达时间推进，常常用 then 这样的状语标记；PP 句包含指示过去的定位状语和表达关系的时间状语。可以说，综合书面语料(警察媒体报道)和口语语料(脱口秀节目)，学者们认为澳洲英语的 PP 获得了某些 SP 的功能，比如用于表达时间推进，描绘事件的顺序，以及与很多状语搭配，某些状语指示确定的过去时间等。这些研究再一次表明一些语言中完成体的确不符合典型完成体的特征，尤其是逆顺序性的表现方面。

下面我们以澳洲英语 PP 为比较对象，考察汉语句末“了”在时间推进中的表现，并分析作用机制，从而探寻其时体特征。

四、句末“了”对时间推进的影响分析

尽管研究已经表明，不管是英语报道新情况的完成体还是澳洲英语的完成体、法语 PC(passé composé)，抑或是汉语句末“了”，都可以用于时间推进，但“了”是如何影响时间推进的，至今仍缺乏系统的研究。

下面我们根据时间推进的三层系统和参照时间规则，结合语料统计和分析来展开分析。研究发现，“了”字句用于时间推进主要分为三种情况：第一种是该小句带有与时间推进相适应的时间状语，从而实现了参照时间的更新；第二种是小句

呈现了某类事件，从而符合参照时间运动机制；第三种是小句描述的是状态，则需要依靠与前文的修辞关系来实现时间推进。本章我们主要从时间状语和情状类型这两个角度来展开考察。

（一）句末“了”与时间状语

句末“了”所在的307句时间推进小句中，时间状语出现了144次，占到时间推进小句总数的46.9%。其中既包括时间副词也包括时间词语，时间状语中最高频的副词是“就、便、又”，其中“就”51次，“便”和“又”各12次。分别举例来看：

（19）我听到她吃吃地笑起来，但是这略微沙哑的笑声马上**就**停止了。

（20）我也没骑过马，但看着马还算温顺，再说我累得不行了，看见马跟见了救星似的，**就**背着猪油坛子壮着胆上马了。

（21）他到处看看，**便**捡一处靠窗的位置坐下了。

（22）长寿矮小，但很粗壮，他的身体被抬出我家门框，很快**又**顽强地进来了，彩袖，彩袖，你给我死出来！

这三个副词表示事件相继发生，具有后时性，因而能推进时间。除此，还有其他的副词，如“终于、立刻、随即、然后”等：

（23）我姑妈说到这儿，见我母亲收了茨菰却没有什么表示，**终于**把那件急事兜出来了。

（24）他在榆关镇的街上和萧的表舅邂逅之后，老人**立刻**被他渊博的学识吸引住了。

（25）她先是点头，紧接着又摇头。我看到她的眼睛里洋溢着泪水，我的眼睛**随即**也潮湿了。

（26）她将雨伞竖在门后，脱下身上的黑色羊绒大衣对着门外抖了几下，**然后**，顺手把门关上了。

这些时间副词都具有一定的后时性，为篇章提供了新的参照时间，与时间推进相适应。另外，我们发现，“了”还可以和定位性时间词语共现，共有42次。举例如下：

（27）无论彩袖的故事怎么曲折，本来应该发生在我姑妈家，与我们家是没什么关联的。但**那天夜里**我姑妈提着一只芦花大公鸡心急火燎地跑到我家来了，说是要和我母亲商量个急事。

（28）**七点半**，饭菜终于烧好了。大家在妈妈睡觉的六平方小屋里围着饭桌吃饭。

这些时间词语将事件定位在故事进展的时间轴上，相对于叙述者而言都是过去时间，但相对于前文而言却属于后时性的，因而与时间推进相适应。而且这些时间状语从外部对事件或状态进行覆盖，它们的使用直接就为小句提供了新的参照时间，实现参照时间的更新。

（二）句末“了”与情状类型

徐晶凝（2012：406）指出，研究“了”之篇章功能的文献并没有结合情状体进行。因此她结合动词的情状体展开篇章功能的深入比较分析。我们认为这是一个很好的思路，可以更加细致地观察“了”的篇章功能。由于本章的着眼点和研究目标都与徐不同，因此考察的不仅仅是动词层面的情状体，更是小句的情状类型。本章数据中动词情状类型标注所参照的是杨素英、黄月圆、王勇（2009），小句的情状判断则综合已有的一些“情状合成规则”（杨素英 2000；Xiao & McEnery 2004），合成的结果仍然放入 Vendle（1967）的经典四分框架中，以便于比较和说明。

表 14.1　句末“了”与不同情状类型中的使用情况

	达成	状态	活动	完结	总数
次　数	184	59	45	19	307
百分比	59.93%	19.22%	14.66%	6.19%	100%

表 14.1 显示，达成和状态的频率最高[①]，这两类情状的共性是小句都侧重于呈现状态，不管是结果状态还是自身状态。先来看达成情状：

（29）马老末不知何时又出现了，他手中拎个包袱，摊在老秦的桌上，他指着包袱对我说，大姑的“装裹”他们都备好了，她今天能纳底子，不见得就能活过明天。

（30）傻根看到了，站起身正要招呼让座，被身旁的王丽一把拉回座位上，低声说：“少管闲事！”傻根又乖乖地坐下了。

（31）“没有什么意思。”嫂嫂说。“我知道你的意思。”妈妈干脆把话挑明了，“你是在为房子生气。”

（32）表哥说彩袖死得很有计划……彩袖当着好多人的面喝了半桶农药。我姑妈那边，我们家这边，都被这个消息吓着了。

达成情状呈现的是事件的结果状态，或者是事件自身编码了结果，或者是补语形式点明结果。再来看状态情状，按照参照时间运动机制，状态情状一般是不会推进时间的，那么为什么用于时间推进的句末“了”会涉及状态情状？我们认为，这主

① 语料处理时，有些小句的情状是状态还是达成并不容易判断，如“门被响亮地撞开了”和“一只水牛的犄角在沟壑的拐弯处出现了”，我们的处理原则是看是否具有动态事件特征，虽然这两例都以物体为主语，但显然前者呈现的是动态动作，属于达成；后者只是描述物体，属于状态。尽管如此，并不影响本章结论，因为这两种情状都凸显状态。

要依赖于修辞关系，很多状态情状在篇章的中观层面其实是前文事件的结果状态，修辞关系是结果关系，结果状态能引发时间推进。

(33) 老潘指着马爬犁上的我，拍了一下我的大肚子，然后摇摇头，苏联士兵便明白这是遇到难产的病人了，点了点头。

或者主体的状态：

(34) "就是，就是。"大哥又附和道。"好了，到此为止吧。"陈信感到无聊极了，"妈妈，以后你再别操这个心了。我自己找。有本事找个好老婆，没本事活该打光棍。"

小句呈现的或者是主体的感受或者是客体状态的描述，都没有呈现出动态事件特征。达成和状态这两类的次数和比例说明，汉语句末"了"倾向于呈现动作及其产生的结果。

此外，还有外界景物的状态来推进叙述时间的：

(35) 大兴安岭一到十月就进入冬天了。

活动和终结相对要少，比如：

(36) 马老末已开始背着老秦，四处物色买房的人了。

(37) 老潘去接蚂蚁的时候，他的肚子已经好了，他还拿着赏给他的两块压床钱，跟老潘说他能给家里挣钱花了。

(38) 我也偷偷地把家中院子里葡萄架上第一串发紫的葡萄剪下来，用一张报纸包了，拿到学校，我母亲和我姑妈绝交了。

(39) 老潘夹着蚂蚁时，也不挑出，说是蚂蚁浸了一身的油，扔了可惜，连同它一起吃了。

综上，我们发现汉语句末"了"在时间推进上的表现方面，类似于澳洲英语完成体的非标准用法。但不同又表现在两个方面：不需要连用，单用也可以推进时间；搭配的情状类型有所不同。上述分析我们看到，句末"了"用于时间推进，主要是和时间状语、VP情状类型以及修辞关系等因素实现互动。因此，句末"了"用于时间推进并非其一己之力。时间推进的典型配置即：完整体推进叙述时间。完成体"了"用于时间推进，说明它还兼有一定的完整体功能。

五、小　　结

一般认为句末"了"是完成体，而人类语言中完成体的表现异常复杂，不指向篇章功能的纯句法语义分析显然不能展现完成体的语境和功能变异。因此本章结合跨语言材料和篇章语料库，尝试对汉语句末"了"的具体表现做出解释，目的也是为了更好地观察其时体属性。我们从篇章功能角度质疑句末"了"的纯完成体属性：

1. 句末"了"的确用于时间推进，这不同于典型的完成体在篇章中的"逆顺序性"；

2. 英语相关现象虽显示完成体也可以用于时间推进，但句末"了"和英语完成体的这些特殊用法有所差异；

3. 句末"了"难以在类型学上纳入纯完成体研究框架。

本章分析还发现，句末"了"主要与时间状语、VP 情状以及修辞关系互动来推进时间，它并非典型的时间推进配置。所以从篇章表现上看，汉语句末"了"可以分析为兼有完成体和完整体的功能①。正是这种兼用性产生时体归属的难题，进而导致人们对句末"了"存在很多争议，诸如是否存在"了$_{1+2}$"、两个"了"的分合如何处理等问题至今都悬而未决。本章研究也启发我们，句末"了"的研究难以一刀切，什么时候是完成体，什么时候又是完整体？其实从类型学上看，完成体本身一定程度上就具有完整体的特征，在篇章中，正如 Bybee 等(1994)所说，完成体的高频使用会磨损现时相关性，从而具有完整体的功能。

---

① 陈前瑞、胡亚(2016)也有相同认识，他们认为汉语的两个"了"兼有完结体、完成体和完整体功能，并用语义地图做了表征。就完整体与完成体而言，词尾"了"以完整体为主，完成体为辅；句尾"了"以完成体为主，完整体为辅。我们完全认同这一看法。

结　语

一、研究发现

本书在篇章语法的理论框架下，分四大部分，较为全面地阐述了汉语篇章中时间推进的系统架构。

第一部分在文献综述基础上，侧重于理论建构，提出了篇章时间推进的系统模型。这个系统包含了宏观、中观和微观三个层面。具体来说，宏观层面的时间推进是指以段落为单位，段落之间形成一定的时间区间，时间区间相互衔接形成全文的时间线。中观层面的时间推进是每个段落中多个小句所组成的结构段之间的修辞关系引发的时间线。微观层面的时间推进则是指段落中能够推进时间的所有小句形成的推进链。三个层面上，影响时间推进的因素各不相同。系统对所有影响因素做了定位。另外，三个层面之间构成一个完整的动态推进系统。

第二部分在系统建构的基础上，对模型内部构成和运转机制进行了细致的分析。时间推进本质上是参照时间的动态更新，该系统的运转依赖于参照时间规则：参照时间可以由时间状语明确，也可以由语境提供。如果句中有时间状语，参照时间就由它定位；如果句中没有时间状语，则由语境提供参照时间，即前文提及事件的结果状态就构成了参照时间。事件被包含在其参照时间内，而状态则包含了其参照时间。系统内部构成成分包括动词情状、补语、体标记和时间状语，它们从内到外分别发挥了动力内核、结果凸显、界性加推和外部牵引的功能。

第三部分从内外多个维度，结合系统视角和典型个案，展现了时间推进的变异。从内部看，时间推进模式有着单线推进和主辅并进两种变化。构成成员（如体标记“了”、时间词语）并非只能作用于某一层面，而是可以实现跨层联动，综合影响时间推进。时间推进的非常规现象也可以从构成成员彼此间（如体标记“着”与事件类型）的互动中得到解释。从外部看，叙述视角与时间推进都是叙事的重要组织，注视点转向会给时间推进增加变化，这可以解释某些成分（如句末“了”）的篇章功能。不同语体中，时间推进的作用不同，同一种手段（如时间词语）的功能可能存在很大差别。

第四部分基于英汉对比，探讨语言类型与时间推进的关系，审视汉语时体问题。英语是“时”范畴突显的语言，“时”属于句法层面，但会扩展至篇章层面，形成时制的不同解读模式，影响时间推进。汉语是“体”范畴突显的语言，“时”范畴则属于篇章层面，事件的时间定位和事件间的时间关系都要依赖于篇章语用。从这一角度审视了汉语补语和体标记的关系。另外，基于完成体在英语中的功能变异，我们也结合时间状语、情状类型和修辞关系，综合分析了汉语句末“了”与时间推进的关系，重新定位了句末“了”的时体属性。

二、主要创新

首先，本书基于汉语事实，建构了时间推进系统的分析框架。已有研究大多是基于英语的，尽管形成了不同的理论观点，也都有各自较为成熟的技术路线，但总体上看，对于时间推进的篇章运行机制仍有待纵深推进，具体影响因素还缺乏微观研究和系统验查，至于跨语言共性研究则更是短板，尤其是与英语在“时”范畴上有着明显差异的汉语，这方面的研究不仅能有效推动普通语言学理论建设，更能彰显汉语的特征。但从汉语近些年来的篇章语法研究来看，时间推进研究仍处于起步阶段，研究的深度和广度以及系统性都明显受制于对汉语事实的深度挖掘和对汉语特征的深刻认识，因而急需厘清事实，提升理论。本书基于汉语叙事小说，建构了一个分析框架，这个分析框架不仅与现有的理论相容，而且也发展了 Smith（2003）的时间推进理论，深化了对汉语时体的篇章认识。在我们的分析框架中，不仅明确了时间推进的运转机制，还实现了分层和分类，细化了影响要素的颗粒度刻画，力争模型搭建与变异解释并重，多维度完善了理论。

其次，本书致力于探究时间在语言中不同层面的编码互动。人类语言中，时间编码不只是在语义和句法层面，更重要的是会在篇章语用中得到具体落实。在本书看来，篇章层面对时间的重视会充分调用句法层面的时间编码手段，甚至会对这些手段的功能进行塑造。语法成分的篇章功能是功能语法的重要研究领域，但对于如何定位功能的层面以及功能的强弱一直缺乏充分的研究。同时，篇章组织对语法成分的调用和功能塑造也有重要影响，这方面的研究正逐渐受到学界重视。本书对篇章重要组织机制时间推进的研究，正是循着篇章语法的重点关切，基于组织分层定位了作用层面，并结合统计测定内部差异，这些都拓展了汉语时体成分的篇章功能研究，有助于推动篇章语法的深度研究。

再次，语言类型比较的视域深化了对汉语时体问题的传统研究。时间推进尽管是篇章的基本组织机制，但不代表各个语言都表现相同，这其中就涉及语言表达手段的千差万别，尤其是时体范畴，作为时间表达的研究聚焦，属性差异和功能变化都备受关注。所以本书在英汉对比的视域下，从“时”范畴的界定入手，重新审视汉语的“时”，认为汉语的“时”属于篇章特征，并探讨汉语的一些传统问题：补语和体标记的互动、句末“了”的时体属性。这样的研究视野对深入探讨汉语时体问题无疑是非常有益的。

最后，本书是目前国内第一部系统论述篇章时间推进的专著。尽管黄敏（2006）站在篇章语用范畴的高位界定了“时”范畴，并从体标记、时间接续词的角度对文学叙事篇章的相关时间推进现象做了初步探讨，但无论是在研究着眼点、侧重点还是理论方法上，本书都与之大不相同。本研究着眼于篇章组织机制的系统理论建构，基于语料库的统计实证，侧重于语法成分篇章功能研究的新拓展，一定程度上弥补了汉语学界对这一领域关注的不足。

三、研 究 展 望

时间推进是篇章语法研究的重要课题，它不仅关涉篇章的组织机制，还统摄了汉语重要的时体问题，因而是深入研究汉语时体成分与篇章架构关系的一个关键枢纽。本书虽然在这一领域做了系统的思考，提供了一些新的观察和思考，但至少有以下三个大的问题仍需要后续深入研究。

第一，时间推进三个层面的联动机制研究。三个层面的区分是为了分析的便利和技术操作的需要，在实际篇章建构中，作者综合调用各种推进手段一定涉及各个层面的联动。如何从理论上更好地建构一个“多层交互激活模型”，需要各个层面之间的联动研究。再从篇章整合的角度看，各个成员之间的互动研究也需要加强，这些都有助于深化汉语情状合成的理论和应用研究。

第二，篇章时间推进对时体成分的功能塑造。本书虽探讨了篇章时间推进的系统配置，但从第三大部分的研究中，我们感觉到篇章时间推进与其他篇章组织的交融协作，时间推进与时间回归的有机穿插（还包括更多的篇章时间组织细节），还有不同语体所具有的不同时间推进模式，都会对时体成分的功能塑造产生影响，这些问题与当前语言学前沿所关注的话语功能浮现是一致的，正是下一步可以深入研讨的方向。

第三，语体视角的时间推进变异研究有待加强。第十二章我们从灾难新闻报道语体和口语互动交际语体，探讨了时间推进的变异。但正如 Smith（2003）所开创的篇章模式研究所启示的，篇章的内部结构非常复杂，不同语体以及同一语体内部的不同情节或段落中，时间推进都可能有别。只有扎根篇章，吸收借鉴语体语法甚至是跨学科的研究成果，细致爬梳，才能深化系统研究。

第四，篇章组织机制的协同研究是个系统工程。篇章组织除了时间推进，还有很重要的话题推进，人们总是围绕着大话题、小话题来谋篇布局，话题的引入、延展和退出机制同样值得深入而系统的挖掘。同时，无论是话题推进还是时间推进，都要落到语法成分上来实现，因而成分的多功能性也可以在这样的视角下展开研究，这可能成为篇章语法的新问题。

参考文献

陈　刚　1980　试论“着”的用法及其与英语进行式的比较，《中国语文》第1期。

陈力丹　2004　深刻理解“新闻”——读梵·迪克《作为话语的新闻》，《新闻大学》冬。

陈立民　2002　汉语的时态和时态成分，《语言研究》第3期。

陈立民　2006　时间的两种相对切分方式和“着”的语法意义，《语言教学与研究》第6期。

陈莉萍　2008a　修辞结构理论与句群研究，《苏州大学学报》(哲社版)第4期。

陈莉萍　2008b　汉语语篇结构标注面临的挑战与对策，《南通大学学报》(社科版)第5期。

陈　平　1988　论现代汉语时间系统的三元结构，《中国语文》第6期。

陈前瑞　2008　《汉语体貌研究的类型学视野》，北京：商务印书馆。

陈前瑞　胡　亚　2016　词尾和句尾“了”的多功能模式，《语言教学与研究》第4期。

陈月明　1999　时间副词“在”与“着$_1$”，《汉语学习》第4期。

陈　忠　2010　《汉语时间结构研究》，北京：世界图书出版公司。

陈忠华　邱国旺　1997　修辞结构理论与修辞结构分析评介，《外语研究》第3期。

戴浩一　1990　以认知为基础的汉语功能语法刍议，《国外语言学》第4期。

戴维·克里斯特尔　编　沈家煊　译　2002　《现代语言学词典》，北京：商务印书馆。

戴耀晶　1997　《现代汉语时体系统研究》，杭州：浙江教育出版社。

邓守信　1986　汉语动词的时间结构，《第一届国际汉语教学讨论会论文选》，北京：北京语言学院出版社。

丁建新　2004　话语中的时间、时间表达和时间连贯，《外语学刊》第4期。

范继淹　1986　《范继淹语言学论文集》，北京：语文出版社。

方　洁　2009　《现代汉语“V着A”格式研究》，上海：上海师范大学硕士学位论文。

方　梅　2000　从“V着”看汉语不完全体的功能特征，《语法研究和探索》(九)，北京：商务印书馆。

方　梅　2017　叙事语篇的衔接与视角表达，《语言教学与研究》第5期。

房玉清　1980　从外国学生的病句看现代汉语的动态范畴，《语言教学与研究》第3期。

房玉清　1992　动态助词“了”“着”“过”的语义特征及其用法比较，《汉语学习》第1期。

费春元　1992　说“着”，《语文研究》第2期。

高名凯　1986　《汉语语法论》，北京：商务印书馆。

龚千炎　1995　《汉语的时相、时制、时态》，北京：商务印书馆。

顾　阳　2007　时态、时制理论与汉语时间参照，《语言科学》第4期。

顾曰国　2010　专家评审意见，《汉语篇章语言学》(徐赳赳著)，北京：商务印书馆。

郭　锐　1993　汉语动词的过程结构，《中国语文》第6期。

郭　熙　1986　“放到桌子上”“放在桌子上”“放桌子上”，《中国语文》第1期。

胡培安　2006　《时间词语的内部组构与表达功能研究》，长春：吉林人民出版社。

胡树鲜　1990　《现代汉语语法理论初探》，北京：中国人民大学出版社。

黄居仁　2010　丛书前言，《对话的逻辑——篇章解读的动态语义理论》（Asher，N. & A. Lascarides 著），北京：北京大学出版社。
黄　敏　2006　《论语篇中现代汉语“时”的表达及功能》，南昌：江西人民出版社。
黄小平　2014　新闻副文本的修辞结构研究——以《人民日报》为例，《贵州大学学报（社会科学版）》第 4 期。
竟　成　1993　关于动态助词“了”的语法意义问题，《语文研究》第 1 期。
金奉民　1991　助词“着”的基本语法意义，《汉语学习》第 4 期。
金立鑫　1998　试论“了”的时体特征，《语言教学与研究》第 1 期。
金立鑫　2002　词尾“了”的时体意义及其句法条件，《世界汉语教学》第 1 期。
金立鑫　邵　菁　2010　Charles N.Li 等　“论汉语完成体标记词‘了’的语用驱动因素”中某些观点商榷，《当代语言学》第 4 期。
金晓艳　马庆株　2010　汉语时间连接成分的位置考察，《语言科学》第 3 期。
孔令达　1986　关于动态助词“过$_1$”和“过$_2$”，《中国语文》第 4 期。
匡鹏飞　2009　论复句中时间词语的回指，《长江学术》第 1 期。
乐　明　2006　《汉语财经评论的修辞结构标注及篇章研究》，北京：中国传媒大学博士学位论文。
乐　明　2008　汉语篇章修辞结构的标注研究，《中文信息学报》第 4 期。
乐　耀　2016　从互动交际的视角看让步类同语式评价立场的表达，《中国语文》第 1 期。
黎锦熙　1924　《新著国语文法》，北京：商务印书馆。
李　泉　1996　副词和副词的再分类，《词类问题考察》（胡明扬主编），北京：北京语言学院出版社。
李少华　1996　现代汉语时间副词的分类描写，《荆州师专学报》（社科版）第 4 期。
黎天睦　1994　论“着”的核心意义，《功能主义与汉语语法》（戴浩一、薛凤生主编），北京：北京语言学院出版社。
李铁根　1999　《现代汉语时制研究》，沈阳：辽宁大学出版社。
李铁根　2002　“了”“着”“过”与汉语时制的表达，《语言研究》第 3 期。
李向农　2003　《现代汉语时点时段研究》，武汉：华中师范大学出版社。
李兴亚　1989　试说动态助词“了”的自由隐现，《中国语文》第 5 期。
廖秋忠　1986　现代汉语篇章中的连接成分，《中国语文》第 6 期。
廖秋忠　1987　篇章中的管界问题，《中国语文》第 4 期。
刘丹青　1994　“唯补词”初探，《汉语学习》第 3 期。
刘世铸　张　征　2003　修辞结构理论与 RST 工具，《外语电化教学》第 4 期。
刘月华　1998　《趋向不语通释》，北京：北京语言文化大学出版社。
刘月华　潘文娱　故　韡　2001　《实用现代汉语语法（增订本）》，北京：商务印书馆。
陆俭明　马真　1985　《现代汉语虚词散论》，北京：北京大学出版社。
陆俭明　1991　现代汉语时间词说略，《语言教学与研究》第 1 期。
陆俭明　1993　《八十年代中国语法研究》，北京：商务印书馆。
陆俭明　1999　“着”字补议，《中国语文》第 5 期。
吕叔湘　1942　《中国文法要略》，北京：商务印书馆。
吕叔湘　1980　《现代汉语八百词》，北京：商务印书馆。

吕叔湘 1986 《汉语句法的灵活性》,《中国语文》第1期。
吕叔湘 1999 《现代汉语八百词(增订本)》,北京:商务印书馆。
吕文华 1992 "了$_2$"语用功能初探,《语法研究与探索》(六),北京:语文出版社。
吕文华 2010 "了"的教学三题,《世界汉语教学》第4期。
马国彦 2011 篇章管界再探讨,《语言学论丛》(第43辑),北京:商务印书馆。
马庆株 2000 略谈汉语动词时体研究的思路——兼论语法分类研究中的对立问题,《语法研究与探索》(九),北京:商务印书馆。
马希文 1987 北京方言里的"着",《方言》第1期。
梅祖麟 1988 汉语方言里虚词"著"字三种用法的来源,《中国语言学报》第3期,北京:商务印书馆。
孟建安 2010 小说话语的时间表达系统,《汉语学报》第4期。
木村英树 1983 关于补语性词尾"着/zhe/"和"了/le/",《语文研究》第2期。
彭利贞 2007 论情态与"着"的分化,《语言研究》第2期。
秦洪武 2005 话语中体的意义和设景功能,《外语教学与研究》第3期。
秦洪武 崔 蓉 2009 事件共指与话语连贯,《当代语言学》第1期。
屈承熹 2006 《汉语篇章语法》,北京:北京语言大学出版社。
饶宏泉 2011 基于汉语的时间推进分析框架,《华文教学与研究》第2期。
饶宏泉 2012a 《汉语篇章的时间推进系统及相关影响因素研究》,武汉:华中师范大学博士学位论文。
饶宏泉 2012b 从时间推进的三个层面看体标记"了"的篇章功能,《语言科学》第4期。
饶宏泉 2015 参照时间规则与体标记"着"的篇章功能,《世界汉语教学》第1期。
饶宏泉 2015 篇章时间推进的相关研究综述,《华文教学与研究》第1期。
饶宏泉 2016 叙事学视角下句末"了"的篇章功能研究,《汉语学习》第6期。
饶宏泉 2018 从时间推进看时间词语的篇章功能,《汉语学报》第1期。
饶宏泉 2018 从篇章时间推进看句末"了"的时体属性,《汉语学习》第3期。
饶宏泉 2020 时间参照与会话的互动序列,《语文研究》第2期。
饶 萍 刘小林 2015 叙述篇章模式中体范畴的篇章功能,《外国语》第3期。
尚 新 2005 体义相交理论:汉语体标记的时间指向功能,《语言科学》第5期。
尚 新 2007 《英汉体范畴对比研究》,上海:上海人民出版社。
邵洪亮 2003 "V在+L"格式的表义和表达功能,《暨南大学华文学院学报》第1期。
沈家煊 1995 "有界"与"无界",《中国语文》第5期。
沈家煊 1999 《不对称和标记论》,南昌:江西教育出版社。
史金生 胡晓萍 2004 动量副词的类别及其选择性,《语文研究》第2期。
石毓智 1992 论现代汉语的"体"范畴,《中国社会科学》第6期。
陶红印 2013 多学科视野下修辞学研究的理论与实践,《当代修辞学》第2期。
王灿龙 2016 "前、后"的时间指向问题新探,《当代语言学》第2期。
王红斌 2004 后时时间副词做状语的事件句与非事件句,《山西师范大学学报》(社科版)第2期。
王洪君 李 榕 乐 耀 2009 "了$_2$"与话主显身的主观近距交互式语体,《语言学论丛》(第40辑),北京:商务印书馆。

王　力　1985　《中国现代语法》,北京:商务印书馆。
王　伟　1994　"修辞结构理论"评介(上),《国外语言学》第4期。
王　伟　1995　"修辞结构理论"评介(下),《国外语言学》第2期。
王　荀　李素建　王宇昕 2015　内容标签和关系标签相结合的汉语篇章标注规范,《中文信息学报》第3期
望月圭子　2000　汉语里的完成体,《汉语学习》第1期。
卫真道　2002　《篇章语言学》,北京:中国社会科学出版社。
吴春相　丁淑娟　2005　现代汉语频率副词的层级及语义研究,《汉语学习》第6期。
吴福祥　1998　重谈"动+了+宾"格式的来源和完成体助词"了"的产生,《中国语文》第6期。
吴福祥　2005　汉语体标记"着""了"为什么不能强制性使用,《当代语言学》第3期。
武　果　吕文华　1998　"$了_2$"句句型场试析,《世界汉语教学》第2期。
武　果　2004　语篇场景设置与动态助词"了"的隐现,《汉语研究与应用》第2期。
下地早智子　2014　时体标记篇章用法的日汉对比,《语法研究和探索》(十七),北京:中国语文杂志社。
夏　群　2010　试论现代汉语时间副词的性质及分类,《语言与翻译》第1期。
肖奚强　2002　"正(在)""在""着"功能比较研究,《语言研究》第4期。
谢信一　1994　汉语中的时间和意象,《功能主义与汉语语法》(戴浩一、薛凤生主编),北京:北京语言学院出版社。
邢福义　丁　力　汪国胜　张邱林　1990　时间词"刚刚"的多角度考察,《中国语文》第1期。
熊仲儒　2011　《现代汉语中的功能范畴》,芜湖:安徽师范大学出版社。
徐　丹　1992　汉语里的"在"与"着(著)",《中国语文》第6期。
徐晶凝　2009　时体研究的语篇、情态整合视角——以"在""着"为例,《语言学论丛》(第40辑),北京:商务印书馆。
徐晶凝　2012　过去已然事件句对"$了_1$""$了_2$"的选择,《语言学论丛》(第45辑),北京:商务印书馆。
徐晶凝　2014　叙事语句中"了"的语篇功能初探,《汉语学习》第1期。
徐晶凝　2016　主观近距交互式书面叙事语篇中"了"的分布,《汉语学习》第3期。
徐赳赳　1996　篇章中的段落分析,《中国语文》第2期。
徐赳赳　1999　复句研究与修辞结构理论,《外语教学与研究》第4期。
徐赳赳　2003　《现代汉语篇章回指研究》,北京:中国社会科学出版社。
徐赳赳　2010　《汉语篇章语言学》,北京:商务印书馆。
玄　玥　2010　"见"不是虚化结果补语——谈词义演变与语法化的区别,《世界汉语教学》第1期。
杨德峰　2006　时间副词做状语的全方位考察,《语言文字应用》第5期。
杨国文　2010　焦点进行时态"正在+V"/"正+(PP)+V"功能辨析,《语法研究和探索(十五)》,商务印书馆。
杨国文　2011　"动词+结果补语"和"动词重叠式"的非时态性质,《当代语言学》第3期。
杨荣祥　李少华　2014　再论时间副词的分类,《世界汉语教学》第4期。
杨素英　2000　当代动貌理论与汉语,《语法研究和探索》(九),北京:商务印书馆。
杨素英　黄月圆　陈前瑞　2009　《语篇模式:文本的局部结构》核心观点评介,《当代语言学》

第 4 期。
杨素英　黄月圆　王　勇　2009　汉语情状分类及分类中的问题,《语言学论丛》(第 39 辑),北京:商务印书馆。
杨素英　黄月圆　2013　体标记在不同语体中的分布情况考察,《当代语言学》第 3 期。
杨同用　谢淑芬　2005　现代汉语的位序词语与时间表达模型,《语文研究》第 3 期。
杨同用　徐德宽　2007　《汉语篇章中的时间表现形式研究》,北京:语文出版社。
杨晓红　杨玉芳　2009　汉语语篇修辞结构边界韵律表现,《清华大学学报》(自然科学版)第 S1 期。
杨杏红　齐沪杨　2010　现代汉语多项补语的语序问题,《世界汉语教学》第 1 期。
杨　义　1997　《中国叙事学》,北京:人民出版社。
姚双云　姚小鹏　2012　自然口语中"就是"话语标记功能的浮现,《世界汉语教学》第 1 期。
叶斯柏森　2009　《语法哲学》,北京:商务印书馆。
俞光中　1987　"V 在 NL"格式的分析及其来源献疑,《语文研究》第 3 期。
张德禄等译　2007　《英语的衔接》(*Cohesion in English*, Halliday & Hasan),北京:外语教学与研究出版社。
张济卿　1998　对汉语时间系统三元结构的一点看法,《汉语学习》第 5 期。
张　黎　1996　"着"的语义分布及其语法意义,《语文研究》第 1 期。
张　黎　2000　《汉语范畴语法论集》,东京:中国书店。
张　秀　1957　汉语动词的"体"和"时制"系统,《语法论集》第 1 集,北京:中华书局。
张谊生　2000　《现代汉语副词研究》,上海:学林出版社。
张谊生　2004　《现代汉语副词探索》,上海:学林出版社。
张亚军　2002　《副词与限定描状功能》,合肥:安徽教育出版社。
郑庆君　2003　汉语话语中的时间表达,《湖南师范大学学报》(社会科学版)第 6 期。
志村良治　1995　《中国中世语法史研究》,北京:中华书局。
周丽颖　2007　时间副词作定语分析,《汉语学习》第 2 期。
周小兵　1999　频度副词的划类与使用规则,《华东师范大学学报》(哲学社会科学版)第 4 期。
朱德熙　1982　《语法讲义》,北京:商务印书馆。
朱庆祥　2014　从序列事件语篇看"了$_1$"的隐现规律,《中国语文》第 2 期。
朱晓农　1987　音标选用和术语定义的变通性,《语文导报》第 3 期。
邹海清　2011　《现代汉语时间副词的功能研究》,北京:世界图书出版公司。
左思民　1997　《现代汉语体的再认识》,上海:上海师范大学博士学位论文。
左思民　1999　现代汉语中"体"的研究——兼及体研究的类型学意义,《语文研究》第 1 期。
左思民　2001　汉语中时、体标记的合一性,《现代中国语研究》第 3 期,京都:朋友书店。
Almeida, M. J. 1995 Time in Narratives. In J. F. Duchan, G. A. Bruder & L. E. Hewitt (eds.), *Deixis in Narrative: A Cognitive Science Perspective*. Lawrence Erlbaum Associates. 159 - 189.
Altshuler, D. 2010 *Temporal Interpretation in Narrative Discourse and Event Internal Reference*. Unpublished PhD Thesis, Rutgers University, New Brunswick, NJ.
Altshuler, D. 2012 Aspectual Meaning Meets Discourse Coherence: A Look at the Russian Imperfective. *Journal of Semantics* 29: 39 - 108.

Andreasen, A. 1981 *Background and Foreground through Aspect in Chinese Literature*. Unpublished Ph.D. Thesis. University of Stanford.

Bardovi-Harlig, K. 1998 Narrative structure and lexical aspect: Conspiring factors in second language acquisition of tense-aspect morphology. *Studies in second language acquisition* 20: 471 – 508.

Berg, M. V & Wu Guo. 2006 *The Chinese Particle Le: Discourse Construction and Pragmatic Marking in Chinese*. London: Routledge.

Bhat, D. N. S. 1999 *The prominence of tense, aspect and mood*. Amsterdam/Philadelphia: John Benjamins Publishing Company.

Bohnemeyer, J. 2003 Invisible time lines in the fabric of events: temporal coherence in Yucatec narratives. *Journal of linguistic anthropology*. 13(2): 1 – 22.

Binnick, R. I. 1991 *Time and the Verbs: A Guid to Tense and Aspect*. Oxford: Oxford University Press.

Bybee, Joan, William Perkins & Revere Pagliuca 1994 *The Evolution of Grammar: Tense, Aspect, and Modality in the languages of the world*. Chicago: The University of Chicago Press.

Caenepeel, M., & Moens, M. 1994 Temporal structure and discourse structure. In C. Vet & C. Vetters (eds.), *Tense and Aspect in Discourse*. Berlin: Mouton de Gruyter. 5 – 20.

Carlson, G. 1977 Bare plurals and the English kind. *Linguistics and Philosophy* 1: 413 – 457.

Carlson, L. Marcu. D. & M. Okurowski. 2001 Building a discourse-tagged corpus in the framework of rhetorical structure theory. *Proceedings of the First Annual Meeting of the North American Chapter of the Association for Computational Linguistics*, Seattle, WA. 9 – 17.

Carruthers, J. 2012 Discourse and Text. In Binnick, R(eds.). *The Oxford Handbook of Tense and Aspect*. Oxford: Oxford University Press. 306 – 334.

Cassell, J. Nakano, Y. Bickmore, T.W. Sidner, C.L. & Rich, C. 2001 Non-verbal Cues for Discourse Structure, *Proceedings of the 41st Meeting of the Association for Computational Linguistics*, Toulouse, France. 17 – 19.

Caudal, P. 2012 Pragmatics. In Binnick, R(eds.). *The Oxford Handbook of Tense and Aspect*. Oxford: Oxford University Press. 269 – 305.

Chang, Vincent Wuchang. 1986 *The Particle Le in Chinese Narrative Discourse*. Unpublished Ph.D. Thesis. University of Florida.

Chao Yuan Ren (赵元任) 1968 *A Grammar of Spoken Chinese*. Berkeley: University of California Press.《汉语口语语法》(吕叔湘译,1979),北京：商务印书馆.

Chomsky, N. 1965 *Aspects of the Theory of Syntax*. Cambridge, MA: MIT Press.

Christensen, M. 1994 *Variation in Spoken and Written Mandarin Narrative Discourse*. Unpublished Ph.D. Thesis. Ohio State University.

Chu, Chauncey C. 1976 Some semantic aspects of action verbs. *Lingua* 40: 43 – 54.

Chu, Chauncey C. 1987 The Sematnics, Syntax and Pragmatics of the Verbal Suffix *Zhe*. *Journal of Chinese Language Teachers Association* 22(1): 1 – 41.

Clark Eve V. 1971 On the acquisition of the meaning of *before* and *after*. *Journal of Verbal Learning and Verbal Behavior* 10：266－275.

Comrie，B. 1976 *Aspect：An Introduction to the Study of Verbal Aspect and Related Problems*. Cambridge：Cambridge University Press.

Comrie，B. 1985 *Tense*. Cambridge：Cambridge University Press.

Couper-Kuhlen，E. 1989 Foregrounding and temporal relations in narrative discourse. In A. Schopf (ed.)，*Essays on Tensing in English*，Vol. II. Tübingen：Niemeyer.7－30.

Declerck，R. 1991 *Tense in English: Its structure and use in discourse*. London/New York：Routledge.

Den Ouden，H. 2004 *Prosodic Realizations of Text Structure*. Unpublished Ph. D. Thesis. University of Tilburg.

Depraetere，Ilse. 1995 On the necessity of distinguishing between (non) boundedness and (a) telicity. *Linguistics and Philosophy* 18：1－19.

De Swart，H. 2007 A cross-linguistic discourse analysis of the Perfect. *Journal of Pragmatics* 39：2273－2307.

Dowty，D. 1979 *Word，Meaning and Montague Grammar*. Dordrecht：Reidel.

Dowty，D. 1986 The effects of aspectual class on the temporal structure of discourse：Semantics or pragmatics? *Linguistics & Philosophy* 9：37－62.

Dry，H. 1981 Sentence Aspect and the Movement of Narrative Time. *Text* 1：233－240.

Dry，H. 1983 The movement of narrative time. *Journal of Literary Semantics* 12：19－53.

Du，W. 1999 Locative inversion and temporal aspect in Chinese. Paper presented at Chicago Linguistic Society 35th Regional Meeting，Chicago.

Enfield，N. J. 2013 Reference in conversation. In Jack Sidnell & Tanya Stivers (Eds.) *The Handbook of Conversation Analysis*.Blackwell Publishing Ltd. 433－454.

Fleischman，S. 1985 discourse functions of tense-aspect oppositions in narrative：toward a theory of grounding. *Linguistics* 23：851－882.

Fleischman，S. 1990 *Tense and Narrativity: From Medieval Performance to Modern Fiction*. Austin：University of Texas Press.

Fox，Barbara A. 1994 Contextualization，indexicality，and the distributed nature of grammar. *Language Sciences* 16：1－37.

Fox，Barbara A. 2010 Introduction. In Amiridze，Nino，Boyd H. Davis，& Margaret Maclagan (Eds.) *Fillers，Pauses and Placeholders*. Amsterdam and Philadelphia：John Benjamins. 1－10.

Givon，T. 2001 *Syntax: An Introduction*. Amsterdam：John Benjamins.

Gooden，S. 2008 Discourse aspects of tense marking in Belizean Creole. *English World-Wide* 29 (3)：306－346.

Haspelmath，M. 1997 *From Space to Time: Temporal adverbials in the world's languages*. Munich & Newcastle：Lincom Europa.

Hatav，G. 1989 Aspects，Aktionsarten，and the Time Line. *Linguistics* 27(3)：487－516.

Hayashi，Makoto & Yoon，Kyung-Eun. 2010 A cross-linguistic exploration of demonstratives in interaction: with particular reference to the context of word-formulation trouble. In Amiridze, Nino, Boyd H. Davis, and Margaret Maclagan (Eds.) *Fillers, Pauses and Placeholders*. Amsterdam and Philadelphia: John Benjamins. 33 - 66.

Henne, H., Rongen, O., & Hansen L. 1977 *A Handbook on Chinese Language Structure*. Universitets forlaget.

Hinds, J. 1979 Orginizational Patterns in Discourse. *Syntax & Semantics* 12: 135 - 157.

Hinrichs, E. 1981 *Temporale Anaphora im Englischen*. Ms., University of Tübingen.

Hinrichs, E. 1986 Temporal anaphora in discourses of English. *Linguistics & Philosophy* 9: 63 - 82.

Hitzeman, J. 1997 *Temporal Adverbials and the Syntax-Semantics Interface*. Ph. D. dissertation. University of Rochester.

Hobbs, J. 1979 Coherence and coreference. *Cognitive Science* 3: 67 - 90.

Hopper, P. 1979 Aspect and foregrounding in discourse. In T. Giv'on (ed.), *Discourse and Syntax, Syntax & Semantics* 12. New York: Academic Press.213 - 241.

Hopper, P., & Thompson, S. 1980 Transitivity in Grammar and Discourse. *Language* 56(2): 251 - 299.

Hornstein, N., & Weinberg, A. 1981 Case theory and preposition stranding. *Linguistic Inquiry* 12: 55 - 91.

Hornstein, N. 1990 *As Time Goes By*. Cambridge, MA: MIT Press.

Huang, Lillian M.J 1988 *Aspect: A General System and its Manifestation in Mandarin Chinese*. Taipei: Student Book.

Huang, Lillian M-J & Davis. W. 1989 An Aspectual System in Mandarin Chinese. *Journal of Chinese Linguistics* 17(1): 128 - 166.

Iljic, R. 1990 The verbal suffix -guo in Mandarin Chinese. *Lingua* 81: 301 - 326.

Jeckendoff, R. 1972 *Semantic Interpretation in Generative Grammar*. Cambridge, MA: MIT Press.

Jespersen, O.1924 *Philosophy of Grammar*. London: George Allen & Unwin Ltd.

Kamp, H., & Rohrer, C. 1983 Tense in texts. In R. Bauerle, R. Schwarze, & A. von Stechow (eds.), *Meaning, Use and Interpretation of Language*. Berlin: de Gruyter. 250 - 269.

Kamp, H., & Reyle. 1993 *From Discourse to Logic*. Dordrecht/boston/London: Kluwer Academic Publishers.

Kang, Jian. 1999 *The Composition of the Perfective Aspect in Mandarin*. Unpublished Ph.D. Thesis. Boston University.

Kehler, A. 2002 *Coherence, Reference and the Theory of Grammar*. CSLI Publications.

Klein, W. 1994 *Time in Language*. London: Routledge.

Klein, W., & Li Ping (eds.) 2009 *The Expression of Time*. Berlin: Mouton De Gruyter.

Kuhlen, Couper & Selting, Margret. 2018 *Interactional Linguistics: Studying Language in Social Interaction*. Cambridge: Cambridge University Press.

Labov,W., & Waletzky, J. 1967 Narrative analysis: Oral versions of personal experience. In Helm(ed.) *Essays on the Verbal and Visual Arts: Proceedings of the 1996 Annual Meeting*,

American Ethnological Society. Seattle: University of Washington Press. 12 – 44.

Labov, W. 1972 The transformation of experience in narrative syntax. In Labov W (ed.), *Language in the Inner City*, Philadelphia: University of Pennsylvania Press. 355 – 399.

Landman, Fred . 1992 The progressive. *Natural Language Semantics* 1: 1 – 32.

Langacker, Ronald. 1999 *Foundation of Cognitive Grammar*. Vol.1, Stanford University Press Peking University Press.

Larson, R. 1988 On the double object construction. *Linguistic Inquiry* 19: 335 – 391.

Lascarides, A. & Asher, N. 1993 Temporal interpretation, discourse relations and commonsense entailment, *Linguistic & Philosophy* 16: 437 – 493.

Lee Eun-Hee 2007 dynamic and stative information in temporal reasoning: interpretation of korean past markers in narrative discourse. *Journal of East Asian Linguist* 16: 1 – 25.

Lee, J., & Tonhauser, J. 2010 Temporal interpretation without tense: Korean and Japanese Coordination Constructions. *Journal of Semantics* 27(3): 307 – 341.

Levinson, S. C. 2007 Optimizing person reference: Perspectives from usage on Rossel Island . In N. J. Enfield & T. Stivers (Eds.), *Person reference in interaction: Linguistic, cultural and social perspectives*.Cambridge: Cambridge University Press. 29 – 72.

Li, N. & Thompson, S. 1981. *Mandarin Chinese: A Functional Reference Grammar*. Berkeley: University of California Press.

Li, Wendan. 2012 Temporal and aspectual references in Mandarin Chinese. *Journal of Pragmatics*.14: 2045 – 2066.

Li, Wendan. 2014 perfectivity and grounding in mandarin Chinese. *Studies in Language*.38(1): 128 – 170.

Li, N., Thompson, S. & Thompson, R. The Discourse Motivation for the Perfect Aspect: The Mandarin Chinese Particle LE. In P. Hopper(ed.), *Tense and Aspect: Between Semantics and Pragmatics*, 1982: 19 – 44. John Benjamins Press. (徐赳赳译《已然体的话语理据：汉语助词“了”，载戴浩一、薛凤生编《功能主义与汉语语法》，北京：北京语言学院出版社，1994)

Lin, Jo-wang. 2003 Temporal reference in Mandarin Chinese. *Journal of East Asian Linguistics* 12: 259 – 311.

Lin, Jo-wang. 2006 Time in a language without tense: The case of Chinese. *Journal of Semantics* 23: 1 – 53.

Lin Jo-Wang. 2007 Predicate restriction, discontinuity property and the meaning of the perfective marker Guo in Mandarin Chinese. *Journal of East Asian Linguistics* 16(3): 237 – 257.

Liu Feng-hsi 2009 Aspect and the post-verbal zai phrase in Mandarin Chinese. In: Janet Zhiqun Xing (ed.) *Studies of Chinese Linguistics, Functional Approaches*. Hong Kong University Press, Hong Kong, 103 – 129.

Ljungqvist, Marital. 2007 Le, guo and zhe in Mandarin Chinese: a relevance-theoretic account. *Journal of East Asian Linguist* 16(3): 193 – 235.

Lynch, M., & Bogen, D. 1996 *The spectacle of history: Speech, text and memory at the Iran-contra hearings*. Durham, NC: Duke University Press.

Magione, L., & Li Dingxuan 1993 A compositional analysis of -guo and -le. *Journal of Chinese*

Linguistics 21(1): 65-121.

Ma, Jing Sheng. 1977 Some aspects of the teaching of -guo and -le. *Journal of Chinese Language Teachers Association* 12: 14-26.

Ma, Lixia. 2006 *Acquisition of the perfective aspect marker Le of Mandarin Chinese in discourse by American college learners*, Unpublished Ph. D. Thesis, University of Iowa.

Mann, W. C. & Thompson, S. A. 1988 Rhetorical Structure Theory: Toward a Functional Theory of Text Organization. *Text* 8(3): 243-281.

Mann, W.C. 2005 RST website: www.sfu.ca/rst.

Marcu, D. 2000 The Rhetorical Parsing of Unrestricted Texts: A Surface Based Approach. *Computational Linguistics* 26(3): 395-448.

Mayberry, M. 2011 Synchronous Narratives in Spanish: The Simple Present/Present Progressive Aspectual Contrast. *Hispania—A journal devoted to the teaching of Spanish and Portuguese* 94(3): 462-482.

McGilvray, James A. 1991 *Tense Reference and Worldmaking*. Mcgill Queens University Press.

Meteer, M. 1993. Assumptions Underlying Discourse Relations: Which Ones are Really There and Where are they?. *Proceedings of Workshop on Intentionality and Structure in Discourse Relations*. Ohio State University: ACL. 82-85.

Moens, Marc., & Steedman, Mark 1988 Temporal ontology and temporal reference. *Computational Linguistics* 14: 15-28.

Mucha, A. 2013 Temporal interpretation in Hausa. *Linguistics and Philosophy* 36: 371-415.

Musan, Renate. 2002 *The German Perfec:. Its Semantic Composition and its Interactions with Temporal Adverbials*. Dordrecht/Boston/London: Kluwer Academic Publishers.

Nicholas, N. 1994 *Problems in the Application of Rhetorical Structure Theory to Text Generation*. Unpublished M.A. thesis, University of Melbourne.

Pan, H., & Lee, P. 2004 The role of pragmatics in interpreting the Chinese perfective markers -Guo and -Le. *Journal of Pragmatics* 36: 441-466.

Partee, B. 1984 Nominal and temporal anaphora. *Linguistics & Philosophy* 7: 243-286.

Pomerantz, A. M. 1987 Descriptions in legal settings. In G. Button & J. R. E. Lee (Eds.) *Talk and social organisation*. Clevedon, UK: Multilingual Matters, 226-243.

Reichenbach, H. 1947 *Elements of Symbolic Logic*. New York: MacMillan Co.

Reinhart, T. 1984 Principles of gestalt perception in the temporal organization of narrative texts. *Linguistics* 22: 779-809.

Ritz, M. A. 2007 Perfect change: Synchrony meets diachrony. In Salmons, J. & S. Dubenion-smith (eds.), *Historical Linguistics 2005: Selected papers from the 17th International Conference on Historical Linguistics*. Amsterdam: Benjamins.133-147.

Ritz, M. A., & Engel, D.M. 2008 "Vivid narrative use" and the meaning of the present perfect in spoken Australian English. *Linguistics* 46(1): 131-160.

Ritz, M. A. 2010 The perfect crime? Illicit uses of the present perfect in Australian police media releases. *Journal of Pragmatics* 42: 3400-3417.

Rothstein, Susan. 1999 Fine-grained structure in the eventuality domain: The semantics of predicative adjectives and Be. *Natural Language Semantics* 7：347－420.

Sacks，H.，& Schegloff，E. A. 2007[1979] Two preferences in the organization of reference to persons in conversation and their interaction . In N. J. Enfield & T. Stivers (Eds.) *Person reference in interaction: Linguistic, cultural and social perspectives*. Cambridge：Cambridge University Press . 23－28.

Schegloff，E. A. 1972 Notes on a conversational practice：Formulating place. In D. Sudnow (Ed.)，*Studies in Social Interaction*. New York：Free Press. 75－119.

Schiffrin，D. 1981 Tense variation in narrative. *Language* 57(1)：45－62.

Schilder，F. 1997 *Temporal Relations in English and German Narrative Discourse*. Unpublished Ph.D. Thesis. University of Edinburgh.

Schwenter，Scotta A. 1994 Hot news and the grammaticalization. *Linguistics* 33：995－1028.

Scott，D. & Sieckenius de Souza，C. 1990. Getting the Message Across in RST-based Text Generation. In R. Dale，C. Mellish and M. Zock (eds.) *Current Research in Natural Language Generation*，London：Academic Press. 47－73.

Seiki，Ayano. 1998 The Progressive in Japanese and Temporal Advancement in Narrative，*Belgian Journal of Linguistics* 12：1－19.

Shi Ziqiang 1990 Decomposition of perfectivity and inchoativity and the meaning of the particle LE in Mandarin chinese. *Journal of Chinese Linguistics* 18(1)：95－123.

Shopen，T.(ed.) 2007 *Language Typology and Syntactic Description*. Cambridge：Cambridge University Press.

Smith，C. 1980 Temporal structures in discourse. In N. Rohrer (ed.)，*Time，Tense and Quantifiers*. Tübingen：Niemeyer.285－302.

Smith，C. 1997 *The parameter of aspect*. Dordrecht：Kluwer.

Smith，C. 1999. Activities：States or events? *Linguistics and Philosophy* 22：479－508.

Smith，C. 2003 *Modes of Discourse: the local structure of texts* . Cambridge：Cambridge university press.

Smith，C.，& Erbaugh，M. 2005 Temporal interpretation in Mandarin Chinese. *Linguistics* 43：713－756.

Spanos，G. 1979 Contemporary Chinese Usage of LE：A Survey and Pragmatic Proposal. *Journal of Chinese Language Teacher's Association* 14(1)：36－69；(2)：47－102.

Speer，N. 2005 Temporal Changes as Event Boundaries：Processing and Memory Consequences of Narrative Time Shifts. *Journal of Memory and Language* 53(1)：125－140.

Stroik，T. 1990 Adverbs as V-sisters. *Linguistic Inquiry* 21：654－661.

Sybesma，R. 1997 Why Chinese verb-le is a resultative predicate. *Journal of East Asian Linguistics* 6：215－261.

Taboada，M.，& Mann，W.C. 2006 Rhetorical Structure Theory：Looking Back and Moving Ahead. *Discourse Studies* 8(3)：423－459.

Tai，James H-Y. 1984 Verbs and times in Chinese：Vendler's four categories. In David Testen，Veena Mishra，and Joseph Drogo(ed.). *Papers from the parasession on lexical semantics*. Chicago，Illinois：Chicago Linguistic Society. 289－296.

Thelin, N. 1990 *Verbal Aspect in Discourse: Contributions to the semantics of time and temporal perspective in Slavic and non-Slavic languages*. Amsterdam: John Benjamins.

Therriault, D., & Raney, G. 2007 Processing and Representing Temporal Information in Narrative Text. *Discourse Processes* 43(2): 173 - 200.

Thompson, E. 1999 The temporal structure of discourse: the syntax and semantics of temporal then. *Natural Language and Linguistic Theory* 17: 123 - 160.

Thompson, E. 2005 *Time in Natural Language*. Berlin/New York: Mouton de Gruyter.

Thompson, J. C. 1968 Aspects of the Chinese verb. *Linguistics* 38: 70 - 76.

Tickoo, A. 2003 On variable temporal passage in storytelling: identifying constraints and evidencing constraint violation in the narratives of second-language writers. *Text* 23(1): 129 - 163.

Tiee, H. 1986 *A Reference Grammar of Chinese Sentences*. Tucson: The University of Arizona Press.

Tsai, Wei-Tien Dylan. 2008 Tense anchoring in Chinese, *Lingua* 118: 675 - 686.

Vendler, Z. 1967 *Verbs and times. In Linguistics in Philosophy*. Ithaca, NY: Cornell University Press.97 - 121.

Verhagen, A. 2001 Subordination and Discourse Segmentation Revisited, or: Why Matrix Clauses May be more Dependent than Complements. In Sanders, T., Schilperoord, J., & Spooren, W. (eds.), *Text Representation: Linguistic and Psycholinguistic Aspects*. Amsterdam & Philadelphia, PA: John Benjamins. 337 - 357.

Verkuyl, H. J. 1972 *On the Compositional Nature of the Aspects*. Dordrecht: Reidel Publisher.

Waugh, L. & Monville-Burston, M. 1986 Aspect and discourse function: the French simple past in newspaper usage. *Language* 62(4): 846 - 877.

Webber, Bonnie . 1988 Tense as discourse anaphor. *Computational Linguistics* 14: 61 - 73.

Wolfson, Nessa. 1979 The conversational historical present alternation. *Language* 55. 1: 168 - 182.

Wu Jiun-Shiung 2003 *Modeling temporal progression in Mandarin: aspect markers and temporal relations*. PhD dissertation, The university of Texas.

Wu Jiun-Shiung 2005a Temporal Relations in Mandarin: A Pilot Study of Examples with No Aspect Markers. In Aurnague, M., Bras, M., Le Draoulec, A., & Vieu, L. (eds.). *Proceedings of the First International Symposium on the Exploration and Modeling of Meaning* (SEM05). Biarritz: ERSS-CNRS.

Wu Jiun-Shiung 2005b The Semantics of the Perfective LE and its Context-Dependency: An SDRT Approach. *Journal of East Asian Linguistics* 14: 299 - 336.

Wu Jiun-Shiung 2008 Terminability, wholeness and semantics of experiential guo. *Journal of East Asian Linguistics* 17: 1 - 32.

Wu Jiun-Shiung 2009 Tense as Discourse Feature in Mandarin and Its Implications. *Journal of East Asian Linguistics* 18: 145 - 165.

Wu Jiun-Shiung 2010 Telicity and Temporal Relations The Case of Mandarin Chinese. In Young-Se Kang, Jong-Yuri Yoon, Jongseon Hong, Jiun-Shiung Wu, Seongha Rhee, Kyoung-Ae

Kim, Dong-Ho Choi, Kee-Ho Kim, & Hye-Kyung Kang (eds.). 2010 *Lectures on Universal Grammar and Particular Languages*. Seoul: Hankookmunhwasa.

Wu, Ruey-Jiuan R. 2002 Discourse-pragmatic principles for temporal reference in Mandarin Chinese conversation. *Studies in language* 26(3): 513 - 541.

Xiao, Z., & McEnery, A. 2004 *Aspect in Mandarin Chinese: a corpus-based study*. Amsterdam; Philadelphia: John Benjamins Pub.

Yang, Suying. 1995 *The Aspectual System of Chinese*. Unpublished Ph.D. Thesis. University of Victoria.

Yeh, Meng. 1993 The Stative Situation and the Imperfective zhe in Mandarin. *Journal of the Chinese Language Teachers Association* 28(1): 69 - 98.

Yeh, Meng, 1996 An analysis of the Experiential -guo in Mandarin: a temporal quantifier. *Journal of East Asian Linguistics* 5: 151 - 182.

Youssef, V., & James, W. 1999 Grounding via tense-aspect in Tobagonian Creole: discourse strategies across a creole continuum. *Linguistics* 37(4): 597 - 624.

Zwaan, Rolf. 1996 Processing Narrative Time Shifts, *Journal of Experimental Psychology: Learning, Memory, and Cognition* 22(5): 1196 - 1207.

后　　记

时间，平常却又陌生。走进时间，生命旅程开启；时间推进，生命精彩绽放。

懵懂之初，我选择了“时间”，面对这抽象而复杂的存在，我如雾中穿行、醉里看花，说不清亦道不明。仍记得2004年的暑假，我一遍遍地细致梳理儿童语料、抄录小卡片，硬着头皮啃着奇疑难解的时体“天书”，艰难地探索儿童的时间意识发展，完成了硕士学位论文《汉族儿童语言时体习得》。2010年博士论文选题时，我决定“知难而上”，继续研究“时间”，这次我换了一个新领域，考察篇章中的时间结构。接下来的写作中，我如饥似渴地阅读篇章语法方面的时体研究文献，脑海里萦绕着的都是“时间推进”，学问各个阶段的各种滋味轮番体会。人生贵在挑战和坚持，我终于顺利完成了博士学位论文《汉语篇章的时间推进系统及相关影响因素研究》。随着论文的发表和项目的获批，我越来越深刻地体会到，原来一直是“时间”在引导着我，带我从句法结构走向篇章语用，又往互动领域拓展，去探索更多的未知……

本书是我所主持的国家社会科学基金青年项目“篇章时间推进的模式和变异研究”（12CYY053）的结项成果，以博士学位论文为基础。如果从选题构思算起到如今的出版，前前后后做了10年！在不断地学习交流中，众多师友给我指点良多，于是呈现在这本小书里的，无论视角、框架还是思想认识，都有了很大的拓展和深化。

首先我要感谢恩师李向农先生，老师是经师更是人师，以朴实高尚的人格魅力深深地感染我影响我。老师再忙，但只要是我遇到的困惑、提出的问题，他都会详细约谈，每次与老师交流都是一次精神上的极大享受，老师敏锐的语感、超群的眼光、缜密的思辨，都令我拨云见日、豁然开朗。从博士论文的选题到框架拟定、写作修改，老师都倾尽所能地提供帮助和指导，毕业后在项目的研究过程中，老师也是时常耳提面命，引导我拓宽眼界、深化研究，这些鞭策和鼓励都敦促着我不断提升。辛丑年初，恩师更是在眼部手术后不久便为小书欣然作序，字里行间充满了对学生的期望和厚爱。师恩如山，唯有奋斗，方能不负！

攻读博士期间，感谢吴振国老师、储泽祥老师、徐杰老师、刘云老师、姚双云老师、谢晓明老师、罗耀华老师、匡鹏飞老师、罗进军老师，无论是课上还是课下，我都多有打扰，老师们也都不厌其烦地指导、点拨。在学术浮躁的时代，桂子山以其独特的学术气质和人文氛围，让我能抛开杂念、心无旁骛地遨游书海。每次走进语言研究所，看到邢福义先生题写的匾额“抬头是山，路在脚下”，便自觉切换到阅读思考模式，我想这就是大师的精神力量吧！

感谢香港浸会大学英文系的杨素英老师和黄月圆老师，在我读博期间提供了为期5个月的赴港工作和学习机会。从日常的点滴关照到专业的讨论启发，我从她们身上学到了严谨务实的科学精神、追求卓越的学术品质和精诚合作的团队意识。每周一次的沙龙研讨总是令我期待，两位老师精心设计主题、预备文献，强调科学训练。这段宝贵的访学经历大大开阔了我的学术眼界和格局，使我的选题思路越来越明晰，而且直接促发了本书运用统计学方法和语料库建库的尝试。

我要特别感谢我的硕士导师孔令达先生。孔老师一直引领着我做人做事，无论是读书期间还是毕业之后的教学科研工作，老师都细致过问、倾心指导。退休之后，孔老师也一直关心我的成长和生活，师恩难忘！感谢乐观开朗的陈庆祜老师，读硕士时从他的课上我领略到语言的奇妙和语言学的大用，当得知我准备报考华中师范大学博士时，陈老师不仅亲笔修书为我大力推荐，还将邢福义先生的赠书转赠与我并寄予厚望。

感谢安徽师范大学文学院的领导和同事们，为我提供了优良的科研环境和出版资助。尤其是语言学科的储泰松老师、詹绪左老师、崔达送老师、熊仲儒老师、汪红艳老师还有诸位同事朋友，在教学科研上他们将自己的宝贵经验倾囊相授，生活中更是给予我家人般的关爱，包容我的不足，支持我的尝试，让我时时处处都感受到团队的温暖。

本书的部分内容曾多次在学术会议上报告过，部分成果发表于《世界汉语教学》《语言科学》《语文研究》《汉语学报》《汉语学习》《华文教学与研究》等期刊，均受益于学界前辈和时贤的指点。借此机会，也向这些优秀的学术期刊和所有帮助过我指导过我的专家们表达深深的敬意和谢意！

本书的编辑出版得到了学林出版社的大力支持！

女儿泽霖2012年出生，和我的国家社科基金项目立项同年，我常常和朋友们笑称“娃是永不结项的课题”！泽霖乖巧懂事，其语言的精妙时常令我脑洞大开，陪她看动画片的过程我萌生了新想法，成功申请国家语委重点项目“国产动画片的语言暴力问题调查及对策研究”并顺利结项。妻子吴来安，不仅承担着繁重的教学科研任务，而且也承担着家庭生活的重担，鼓励我、支持我走上学术道路，伴我同行，分享苦乐，无怨无悔。我要把最深切的感谢献给我亲爱的父母，他们含辛茹苦地养育我长大，没有他们的理解和支持，也不会有这本小书的出版。

本书代表了自己一个较长阶段的学习和思考，虽有所得但总有不足。也是时候面对读者了，既是求教于方家，也是记录自我成长。就让时间来推进“时间”吧！

饶宏泉于芜湖春暖花开

图书在版编目(CIP)数据

汉语篇章中的时间推进系统 / 饶宏泉著. —上海：
学林出版社，2021
ISBN 978-7-5486-1754-9

Ⅰ. ①汉… Ⅱ. ①饶… Ⅲ. ①汉语—语法—研究
Ⅳ. ①H14

中国版本图书馆 CIP 数据核字(2021)第 072167 号

责任编辑 李晓梅
封面设计 严克勤

汉语篇章中的时间推进系统
饶宏泉 著

出　　版 学林出版社
(200001 上海福建中路 193 号)
发　　行 上海人民出版社发行中心
(200001 上海福建中路 193 号)
印　　刷 昆山市亭林印刷有限责任公司
开　　本 720×1000 1/16
印　　张 13.75
字　　数 23 万
版　　次 2021 年 6 月第 1 版
印　　次 2021 年 6 月第 1 次印刷
ISBN 978-7-5486-1754-9/H·146
定　　价 68.00 元